黄际遇 著
黄小安 何荫坤 编注

国立中山大学时期

黄際遇日記類編

中山大学出版社
·广州·

版权所有　翻印必究

图书在版编目（CIP）数据

黄际遇日记类编．国立中山大学时期/黄际遇著；黄小安，何荫坤编注．—广州：中山大学出版社，2019.6
ISBN 978-7-306-06625-1

Ⅰ.①黄…　Ⅱ.①黄…②黄…③何….①黄际遇（1885—1945）—日记
Ⅳ.①K826.11

中国版本图书馆CIP数据核字（2019）第089706号

Huangjiyu Riji Leibian Guoli Zhongshandaxue Shiqi

出 版 人：	王天琪
策划编辑：	嵇春霞
责任编辑：	靳晓虹
封面设计：	林绵华　何　欣
封面绘图：	周　桦
责任校对：	潘弘斐
责任技编：	何雅涛
出版发行：	中山大学出版社
电　　话：	编辑部 020-84110283，84113349，84111997，84110779，84110776
	发行部 020-84111998，84111981，84111160
地　　址：	广州市新港西路135号
邮　　编：	510275　　　　传　真：020-84036565
网　　址：	http://www.zsup.com.cn　　E-mail:zdcbs@mail.sysu.edu.cn
印 刷 者：	佛山家联印刷有限公司
规　　格：	787mm×1092mm　1/16　14.375印张　315千字
版次印次：	2019年6月第1版
定　　价：	68.00元

如发现本书因印装质量影响阅读，请与出版社发行部联系调换

黄际遇在青岛时的留影（原载《黄任初先生文钞》）

《黄际遇先生文集》序①

◎黄海章②

际遇先生字任初，早岁沉酣经史，学养精深。值晚清政治腐烂，内忧外患，相迫而来，思有以拯溺救焚，乃东渡日本，穷探数天之学，以期施诸实际，旋赴美国，益事深研。学成归国，曾任武昌高等师范学校、河南大学、山东大学、中山大学数天（数学、天文学）系教授，作育英才，声誉卓著。暇则穷探中国古籍，以存国学之精微。在武汉时，与黄侃先生为深交。商榷古今，所治日进。黄侃先生殁，曾为文致悼，情词深挚，动人心腑。先生平昔长于骈文，仰容甫、北江之遗风，摒弃齐梁之浮丽，吐词典雅，气象雍容，当日号为作手。除在中大数天系任教外，兼任中文系教授。讲授"骈文研究""《说文》研究"。沟通文理之邮，除先生外，校中无第二人。平昔治学甚勤，为《因树山馆日记》数十册。其中除讨论学术、文章外，象棋技艺亦在所不遗。先生棋艺甚精，与南粤诸高手角，亦互有胜负。而书法雄劲，光采照人，固不独以数天专家名焉。

一九三八年十月，日寇侵犯广州，形势危急，中大乃迁至云南澄江，后又迁回粤北坪石。而寇氛日炽，先生随理学院转移连县。抗日战争胜利后，由北江南下，不幸失足堕水，拯救无效。得年六十一岁。群情嗟悼，以为文理两院，竟丧斯人，实学术界之不幸云。

先生遗文颇多，因卷帙浩繁，势难全印，乃择其中一部分，公诸社会，存其梗概，庶几不堕斯文。

余于先生为后进，初在中大任教时，屡相过从，请益无倦。先生亦不余弃，奖掖有加。在坪石时，文理两院曾隔江相望，亦屡有晤面。先生意气豪放，谈笑风生，闻者为之倾倒。至今数十年，风采如在目前。哲嗣家教，治语言之学，于方言调查，尤所究心。在中大中文系任教三十余年，克尽厥职，门墙桃李，欣欣向荣。先生后继有人，可以无憾。

"文革"前有刊先生文集之议，余曾为作序。十年动乱，触目惊心。据家教

---

① 原载《中山大学学报》1990年第1期，第99页。
② 黄海章（1897—1989年），字挽波，号黄叶，广东省梅州市梅县区人。国立中山大学教授。中国古典文学著名学者，尤精于《文心雕龙》研究，有《中国文学批评论文集》《中国文学批评简史》《明末广东抗清诗人评传》《黄叶楼诗》等著作。

学兄云，该序已经散失。此次重编先生遗文，复请余序其端，余追惟先生之学问文章，言论风采，不辞鄙陋，复缀小言。数十年如石火电光，倏然消逝，余亦白发盈颠，皱面观河，迥殊往昔。所幸神州旭日，照耀人寰，先生有灵，亦当含笑于地下。

1982 年 12 月

《黄任初先生文集》序

黄海章撰　黄家教书

际遇先生字任初，早岁沉酣经史，学养深值，晚清政治腐烂，内忧外患相迫而来，思有以拯溺救焚，乃东渡日本窥探欧美之学。初期施诸实际，旋赴美国益事深研，学成归国，曾任武昌高等师范学校、河南大学、山东大学、中山大学教授，教授作育英才，声誉卓著，既则穷探中国古籍，以存国学之精微。在武汉时与黄侃先生为深交，尚论日道，黄侃先生殁，曾为文致悼惜，词深挚，动人心腑。先生平昔长于骈文卯宫甫北江之遗风，撰章丽吐韵典雅氛象。余尚日读，为文致笔，除在中大致天集任教外，兼任中文系教授讲授骈文研究、訄文导通文理之部除先生外校中无第二人。平昔治学甚勤，为困树山馆日记数十册，其中除讨论学术文章外，象棋技艺亦在纷不遗。先生棋艺甚精，粤诸高手，南亦有胜负而书任雌西无采照人固不愧以数天专家名焉。

元三十七年十月（后缺）候州帮廊上去十六道广南潋江微江北坪石道末，达肇庆水报枝点兴救授身年六十一岁，罗情激烈以孑文理而死学其人会集，结社今其祖概殿忽不堕人文今舆，先生随理学院辗转建县，杭日军事胜利败，北上广州分外行，读章振微北上复南下至矣天民死时见自目前自由调复制通，调惰皇未见，一面作诵论之方家，限定在亡文理死事家散殁以来，余未定以观以为道，况自亡之理事阁者乃无在，问是相谓成，恐倾之今无乐，其自古一度元兴地故国今，余亦顾问事，编殁述，吏本阅复，家教授以此求问事，编殁述著。

河湖理稀苦诗科州规日搜遇人寰，先生有灵当含笑歊况下

黄任初先生文集序

黄海章老师撰　家教敬录

（注：黄家教是黄际遇的三儿子，本书编注者黄小安的父亲。序的手稿与原文略有不同。）

《黄际遇日记类编》序

◎ 黄天骥

近日，黄小安女士把即将出版的《黄际遇日记类编》（简称《类编》）交给我看，并嘱我作序。我始而惶恐，因为我早就听说，小安的祖父黄际遇教授，是近代学坛文理兼长的旷世奇才，像我这样水平浅薄的后辈，实在不敢置喙。但一想，通过阅读黄际遇教授的日记，学习前辈大学者的学术思想，了解从晚清到抗日战争时期社会的状况，体察在这一历史阶段知识分子的生活方式和心态，对提高自己对我国近现代学术思想、教育理念发展的认识，实在也是难得的机会。因此，便接过小安送来的校样，欣然从命。

我在1952年考进中山大学中文系，后来留校任教，也从詹安泰、黄海章等老师口中，约略知道中大曾经出现过无与伦比的黄际遇教授。黄老教授的哲嗣黄家教先生，师从王力教授，从中央民族学院进修回来后，在中大中文系任语言学科讲师，是我的老师辈。他和他的夫人龙婉芸先生与我过从很多，但也只从他俩的只语片言中知道黄际遇教授酷爱研究象棋，写过许多棋谱而已。总之，我知道黄际遇教授是学术界的名家，是传奇式的大学者，至于有关他的具体情况，却知之不多。这次小安把《类编》的校样和有关资料交给我看，浏览一遍，真让我眼界大开，五体投地。

黄际遇是广东省澄海县人，出身望族，诗礼传家，14岁即参加科举考试，成为同试中最年少的秀才。当时，风气渐开，清政府也开始派遣一些青年才俊到海外学习科学知识。黄际遇在18岁的时候，被广东官派到日本留学，专攻数学，成为日本著名数学家林鹤一博士的高足。可以说，他是我国早期专攻西方数学的留学生之一。回国后，他立刻从事数学、物理学科的教学科研和组织工作。1920年，他受当时教育部委派，到美国考察和进修。两年后，又获得芝加哥大学科学硕士学位。

黄际遇教授的一生，主要从事理科特别是数学、天文学科的教学科研，以及从事在全国范围内组织推动科学发展的工作。他担任过多所著名高校的理学院院长、数学系主任，出版过高质量的数学教材和译著、论著，被公认为卓越的数学家和开创我国现代高等数学教育事业的元老。最让人惊奇的是，他在国立山东大学担任理学院院长时，闻一多先生辞去文学院院长一职，他竟能双肩挑，兼任文学院院长。更令人意外的是，他在国立中山大学任教时，除了在理学院、工学院讲授主要课程以外，还常到中文系开设"骈文研究""《说文》研究"等艰深的课程，并且受到广大学生的赞誉。今天，我看到他留下的日记手稿，全是以文言文写成，文章有时简约畅练，有时骈散兼备，有时更是全篇流丽典雅的骈文。看得出六朝辞赋、西汉文章，他均烂熟于胸，可以信手拈来，随心驱使。他还擅长书法艺术，行草篆隶俱精；对象棋艺术，也深有研究，能与当时广东棋坛的"四大天王"对弈，互有胜负，曾写就多达50册的棋谱《畴盦坐隐》。像他那样思路开阔、能够贯通文理的大师，在我国的学术史上实为罕见。

黄际遇教授有每天都写日记的习惯。在《类编》丛书中，收录有他在国立山东大学和国立中山大学工作时期的日记。此外，还有"读书札记""读闻杂记"等多种笔记。在日记里，黄际遇教授或记事，或抒情，虽以文言写成，言简意赅，或以典故隐寓，曲笔寄怀，但都能让我们觉察到他曲折的心路历程。在早年，他参加过孙中山的同盟会，以科学救国为己任。在抗日战争时期，他看到山河破碎，悲愤不已，那一段时期的日记，贯穿着浓重的家国情怀。在日记里，他记录了许多珍贵的史料，也让我们看到民国初年和抗日战争时期学坛中许多知识分子的思想状态和生活方式。换言之，黄际遇教授的日记，虽然是文绉绉的，却又是活生生的。这是一部如诗如史的典籍，它对研究近现代历史，包括学术史、思想史、社会史的学者来说，都有很珍贵的参考价值。

研读黄际遇教授的日记，也引发我对一些问题的思考。

在许多人看来，数学与文学，是完全不同的学术领域，前者重逻辑思维，后者重形象思维，二者似乎毫不相干。其实，在人的大脑中，这两种思维能力同时存在，甚至本来就互相依存。问题在于，人们有没有把二者融会贯通的禀赋。

我在中大，曾多次听到数学教授们对某些数学论文的评价，说它们"很美"！我愕然，不知道那枯燥的数字和公式，和"美"有什么关系？后来向数学系的老师请教，才知道如果在数学论证的过程中，能发人之所未发，或鞭辟入里、一剑封喉，或奇思妙想、曲径通幽，这就是"美"。而要达到美的境界，科学家需要有丰富的想象力。如果说，推理能力与逻辑思维有关，那么，想象能力便涉及形象思维的范畴。因此，数学家之所谓"美"，和文学家之所谓"美"，实质上是相互联系的。显然，研究理工的学者，如果没有形象思维能力，缺乏人文情怀，他的成就也只能是有限的。同样，从事文学工作的人，如果只有想象力却缺乏逻辑思维能力，那么，尽管他浮想联翩，说得天花乱坠，终嫌浅薄，乃至于被人讥之为"心灵鸡汤"。

当然，要求学者们把逻辑思维能力和形象思维能力二者贯通，能够像黄际遇教授那样文理兼精、中西并具，能够任教不同的学科，能让两种思维能力水乳交融，在学术上达到发展创新的水平，谈何容易！何况，黄际遇教授曾任多所名校的校长、学院院长，说明他具有出色的行政能力；他又精于棋艺，能以"盲棋"

的方式战胜对手,说明他具有惊人的记忆力;他又是书法名家,能融合各体书艺,自成一格,更说明他具有非凡的审美能力。这一切,在他的身上,包容整合,融会贯通,成就为黄际遇"这一个"的独特风格,这绝非一般人之所能为。但是,高山仰止,景行行止,虽不能至,而心向往之,尽管黄际遇教授的学术造诣,我辈无法企及,但他治学的思想和道路给我们指出了如何有效提升学习水平的方向。

我们从有关资料上得悉,在少年时期,黄际遇教授即饱读诗书,过目不忘,特别精研《后汉书》,在中国古代文学、哲学、史学方面打下了扎实和广博的基础。在留日期间,他和章太炎、陈师曾、黄侃等学者订交,受他们的影响,对音韵学、训诂学、文字学都有深入的研究。固本培元,六艺俱精。而在清末民初,许多青年才俊已经认识到科学救国的重要性,在现代学科越分越细的情况下知道在学习上更需注重专业性。这一来,社会的学习风气,从科举时代提倡培养全才、要求"君子不器"转向"学有专攻"的方向发展。黄际遇教授多次赴日赴美留学考察,均瞄准现代数学,正是当时知识分子学习转型的表现。然而,由于中国的传统文化早就深入地渗透了他的每一个脑细胞,这就使他在现代数学、天文学方面取得辉煌业绩的同时,又在古代文学和语言学方面取得非凡的成就。在学术上,数学的美和文学的美,他各有体悟,又相互促进、相得益彰。可惜,他意外遇溺,逝世过早,他所开创的治学方向,人们还来不及研究和继承。在今天,在需要更进一步研究教育问题的时候,对黄际遇教授治学中西兼备、文理沟通的成功经验,我们应该从中得到启迪、充分发扬,为创造性地增强文化的自信力而奋进。

感谢小安让我读到《黄际遇日记类编》的初校稿。在 20 世纪 50 年代中,我初任中大助教时,常和小安、小龙、小芸、小苹四兄妹,在西大球场玩耍,他们竟把我这男青年戏称为"大家姐"。当时,小安还只有一两岁,往往要靠我抱起来,攀扯到单杠的横杠上。转眼间,60 多年过去,小安已成为很优秀的摄影家,而且还有了自己的小孙女。使我感佩的是,她和何荫坤先生在退休后决心对祖父遗下的日记进行编勘注释,以便让更多的人知道黄际遇教授在学术上的卓越贡献,让更多的学者能利用这一份具有文献价值的文化遗产进行各方面的研究和探索。由于小安夫妇并非从事文史专业的工作,因此,检索史料、实地查询、注释章典,需要耗费大量的劳动。据我所知,他俩锲而不舍,辛勤地花费了长达整整 10 年的时间,最终才完成了这项十分繁难的工作,了却其父黄家教先生未了的心愿。现在,这部篇幅宏大的日记能获出版,我想,黄际遇教授在天之灵,定会对后人纪念之诚感到宽慰;广大的读者和学者,也将万分珍视这两位编注者为学坛做出的成果。

2019 年 2 月 23 日于中山大学中文堂

祖父黄际遇事略

◎黄小安

在编注祖父黄际遇日记的过程中，不少前辈均建议应有篇"事略"或"简历"，先让读者有个大概的了解。我们以日记为主，整理的事略大体如下：

祖父黄际遇，字任初。后自号畴盦。

1885年五月十三日（农历）出生于广东省澄海县。父黄韫石（1842—1925年），字梦谿，清贡生，以廉干参与县政者数十年，董澄海县节孝祠事。兄黄际昌（1868—1900年），字荪五，廪膳生（1882年，受知广东学政、侍讲学士叶大焯）。祖父少时依兄受文章。

1898年，应童子试，受知师张百熙（1847—1907年）先生。入秀才，补增生。"先生以戊戌按试粤东。"

1901年，修学于汕头同文学堂，师承温仲和、丘逢甲、姚梓芳等。姚梓芳（1871—1951年），号秋园。两人自始为忘年交。

1902年，考入厦门东亚同文书院，补习日文，为东游计。

1903年，继续负笈厦门东亚同文书院。7月16日，与7位厦门东亚同文书院的潮州籍同学，联袂由汕头乘船赴日本留学。8月，抵达日本，入宏文学校普通科学习。其间，认识陈师曾、经亨颐等，共同赁屋而居并成为至交。

1905年，加入孙中山领导的中国革命同盟会。

1906年，曾习经以度支部右丞奉清廷之命往日本考币制，祖父以乡后进礼接待先生旅次，自始两人结识，并为忘年交。4月，自宏文学校毕业，入东京高等师范学校（今东京大学）数理科，从日本数学家林鹤一博士习数理。学校假期，与陈师曾联袂回乡探亲，并到南京中正街师曾宅进见师曾尊人陈三立，并与师曾六弟陈寅恪订交，"临行，老六以《张濂亭集》为赠，并署曰：'他年相见之券'"。

1908年10月19日，日本政府借《民报》激扬暗杀为理由，下令禁止《民报》发行，并对《民报》编辑人兼发行人章太炎进行审讯、判决和拘留。"先生于是无所得食矣，穷蹙日京曰大冢村者，聚亡命之徒十数人，授以《毛诗》及段注《说文》，月各奉四金为先生膏火，际遇之及先生门自此始也。"其间，与黄侃、汪东、朱希祖等认识。

1910年5月，获东京高等师范学校颁发毕业证书，同时获理学士学位。自日本学成归国。初，受聘于天津高等工业学堂任教。下半年，清政府按照惯例对归国留学生按科举方式进行考试。进京殿试，中格致科举人。

1911 年，在京与曾习经、罗瘿公交往。每由津入京，均住在陈师曾处。

1915 年，到华中区的国立武昌高等师范学校（今武汉大学）任教授，兼数理部主任，期间一度出任教务长。学生有曾昭安、张云、辛树帜等。寓居武昌期间，与吴我尊、欧阳予倩交往密切。

1919 年，黄侃由北京大学转教国立武昌高等师范学校。祖父与黄侃持论不同，却是终身挚友。

1920 年，游学美国芝加哥大学，师事 E. H. Moore 大师。

1922 年，获芝加哥大学科学硕士学位。学成回国，途经日本，在东北帝国大学见到陈建功，约请陈毕业后到国立武昌高等师范学校任教。从美国回来后，曾一度在国立广东高等师范学校（中山大学前身）任教。

1923 年，国立武昌高等师范学校改为国立武昌师范大学，任新成立的数学系系主任。

1924 年，陈建功如约到校（当时称国立武昌大学），学生有曾炯之、王福春等。祖父向校方推荐陈建功再次出国深造，并提及黄侃事，"与校长意见相左"，后应河南开封的中州大学（今河南大学）校长张鸿烈之邀，到该校主持数理系兼校务主任。

1926 年，奉系军阀盘踞开封，中州大学处于停顿状态。祖父应聘任广州国立中山大学教授。

1928 年，经黄敦兹介绍，河南省主席冯玉祥敦请祖父至河南省立中山大学（也称国立第五中山大学，今河南大学）任教。祖父向广州国立中山大学请假，再度北上，任该校数学教授兼校务主任。

1929 年，河南省立中山大学校长致函广州国立中山大学，请慨允黄际遇先生留河南中山大学任教。5 月，祖父任该校校长，兼河南省教育厅厅长。

1930 年 3 月，中原大战爆发。5 月，"罢官河洛"。9 月 20 日，祖父参加国立青岛大学正式成立会议，任该校数学教授兼数学系主任、理学院院长。在国立青岛大学时，与杨振声、赵太侔、闻一多、梁实秋、陈命凡、刘本钊、方令孺并称为"酒中八仙"。

1932 年，国立青岛大学改名为国立山东大学，祖父任数学教授兼数学系主任、文理学院院长。与文学院张怡荪、姜忠奎、游国恩、闻宥、丁山、舒舍予、萧涤非、彭啸咸、赵少侯、洪深、李茂祥、王国华、罗玉君等，理学院王恒守、任之恭、李珩、王淦昌、蒋丙然、王普、郭贻诚、汤腾汉、傅鹰、陈之霖、胡金钢、王文中、曾省、刘咸、林绍文、秦素美、沙凤护、李达、宋智斋、李先正、杨善基等，以及杜光埙、皮松云、邓初先、郝更生、高梓、宋君复等来往较频繁。其间，与罗常培互订音韵学研究。

1936年1月，山东省政府借故将其每月给国立山东大学的3万元协款压缩为1.5万元，给学校带来很大的经济困难，祖父极感失望。在张云、何衍璿、邹鲁的协助下，祖父于2月13日自青岛启程南归；2月27日回到广州；3月，到国立中山大学（石牌），在理学院、工学院授"微分几何学""连续群论"二课，在中文系授"骈文研究""《说文》研究"二课。在中大期间，校内与黄巽、古直、龙榆生、李沧萍、黄敬思、曾运乾、李雁晴、王越、黄海章、萧锡三、胡体乾、林本侨、刘俊贤、张作人、孔一尘、邹曼支、戴淮清等，校外与陈达夫、林砺儒、杨铁夫、张荃等来往甚密。另外，经何衍璿介绍，结识了"粤东三凤"黄松轩、曾展鸿、钟珍，以及卢辉、冯敬如等当时国内象棋专业高手。

1937年，卢沟桥事变后，日军军机肆意轰炸广州。国立中山大学各学院分散上课，除工学院依旧在五山外，文学院回旧校址（文明路），法学院就附属中学，理学院就小学。祖父因为要为理、工、文三学院授课，故在空袭警报声中于市区、郊区之间往返。

1938年9月，国立中山大学西迁至云南澄江。祖父避难香港。

1940年9月，国立中山大学由云南澄江迁往粤北坪石，祖父重回中大，任数学天文学系主任，兼授中文系骈文课，又兼任校长张云秘书。

1941年，介绍黄海章重回国立中山大学中文系任教。

1944年4月，以老教授代表衔与代理校长金曾澄、教务长邓植仪欢迎盛成教授到中山大学任教。端午前夕，盛成教授赋诗贺黄际遇六十华寿。

甲申端午前夕贺黄际遇教授六十大寿

潮流往后不堪闻，声入心通请寿君。
艾壮韩汀惊岭客，蒲安坪石外溪云。
思家怕过他乡节，饮酒有孚靖塞氛。
醉后自寻仙境路，六经数理妙斯文。

是年夏，日军逼近坪石，理学院组织疏散，第一批教职员家属溯武水至湖南临武县牛头汾圩，临武人士闻知，邀祖父黄际遇到力行学校讲学，主要讲《说文》和古文。秋，李约瑟拜访盛成，盛成约黄际遇等教授一齐欢迎李约瑟。

1945年1月，坪石沦陷，祖父避居临武五帝坪。5月，他重返力行学校。8月，日军投降，抗日战争胜利。10月17日，国立中山大学连县分教处师生自连县起锚返广州。10月21日，舟次清远白庙。凌晨，更衣失足落水，遂罹难。11月，教育部特派员张云、新任校长王星拱、代理校长金曾澄、教务长邓植仪、总务长何春帆联合发起组织治丧委员会。12月16日，国立中山大学在广州市区文明路附属小学礼堂为祖父黄际遇举行追悼会。同时，治丧委员会决定出版黄际遇著作并筹集专项奖学基金。12月23日，国立中山大学潮籍员生联合广州城各机关潮州同乡，再假广州市区文明路附属小学礼堂，为祖父黄际遇等该校潮州籍死难员生举行追悼会。广东省政府委员詹朝阳代表省政府主席罗卓英主祭。

  1947年，中山大学呈请教育部褒扬已故教授黄际遇，经教育部呈行政院转呈国民政府。国民政府特于2月8日颁布褒扬令。褒扬令全文如下："国立中山大学教授黄际遇，志行高洁，学术渊深。生平从事教育，垂四十年，启迪有方，士林共仰。国难期间，随校播迁，辛苦备尝，讲诵不辍。胜利后，归舟返粤，不幸没水横震。良深轸惜，应予明令褒扬，以彰耆宿。此令。"

  1949年，由詹安泰教授、张作人教授等编辑的《黄任初先生文钞》出版，中有张云校长、詹安泰教授序文各一，列为中山大学丛书之一。

目 录

引 言 …………………………………………………………………… 001

《因树山馆日记》第一册(1936年2月13日—5月5日) ……………… 002
《因树山馆日记》第二册(1936年5月7日—6月18日) ……………… 030
《因树山馆日记》第三册(1936年9月5日—9月23日) ……………… 047
《因树山馆日记》第四册(1936年9月24日—11月12日) …………… 055
《因树山馆日记》第五册(1936年11月13日—12月31日) ………… 071
《因树山馆日记》第六册(已佚,只余序) …………………………… 091
《因树山馆日记》第七册(1937年3月26日—5月8日) ……………… 092
《因树山馆日记》第八册(1937年5月9日—6月27日) ……………… 105
《因树山馆日记》第九册(1937年8月2日—9月4日) ……………… 120
《因树山馆日记》第十册(1937年9月10日—12月4日) …………… 124
《因树山馆日记》第十一册(1937年12月6日—1938年2月28日) … 137
《因树山馆日记》第十二册(1938年3月1日—5月11日) ………… 149
《因树山馆日记》第十三册(1938年5月12日—6月15日) ………… 176
《因树山馆日记》第十四册(1938年10月12日) …………………… 186
《因树山馆日记》第十五册(1938年12月12日—1939年2月22日) … 187
《因树山馆日记》第十六册(1939年6月1日—7月7日) …………… 190
《因树山馆日记》第十九册(已佚,只余序) ………………………… 193
《山林之牢日记》(1945年3月18日—4月16日) …………………… 195

附录一	《旧世新书——盛成回忆录》(节选)	盛　成	201
附录二	《黄任初先生文钞》序	张　云	203
附录三	《黄任初先生文钞》序	詹安泰	205
附录四	文理兼通的黄际遇教授	黄义祥	207
附录五	国立中山大学旧址图片	黄小安	211

后　记 …………………………………………… 黄小安　213

引　言

　　1936年年初，山东济南政府借故将每月给国立山东大学的协款由三万元压为一万五千元，给学校带来很大困难，黄际遇极感失望，于1936年1月11日"作密柬张生子春"，告之决定离开青岛回广州。在张云、何衍璿、邹鲁的协助下，黄际遇于2月13日自青岛启程南归，2月27日到广州。此时国立中山大学已由广州市区文明路迁至东郊石牌。

　　黄际遇一生四入中山大学。第一次是1922年，当时是中山大学前身国立广东高等师范学校；第二次是1927年至1928年（《因树山馆日记》第10册1937年11月6日："予壬戌、丁卯两度假馆于此"）；第三次是1936年至1938年；第四次是1940年至1945年。

　　黄际遇回到中大时，中文系古直（公愚）、龙沐勋（榆生）认为他的文名不显，实被数名遮盖，力争他到中文系任教。然黄际遇从山大顺利回归中大，得理学院何衍璿、张云等出力不少，故不便表态。经学校决定，最终黄际遇编制属数学天文系，在理、工学院授"微分几何学""连续群论"二课，同时又在中文系授"骈文研究""说文研究"二课。为此龙榆生对何衍璿颇有微言："数学系夺去其文学系教授一人"。黄际遇在国立中山大学分别为文、理、工学院授课的做法，一直延续到坪石时期。

　　黄际遇坐船离开青岛时，其日记由《不其山馆日记》改名为《因树山馆日记》，是取黄氏在澄海的家塾"因树轩"之名。"因树"出自《后汉书·申屠蟠传》："乃绝迹于梁砀之间，因树为屋，自同佣人。""因树为屋"即依树架屋，喻指隐居乡野。宋朱熹《答黄子厚书》亦曰："世间群小，无非敌国，便能因树为屋，自同佣人。"

　　八十多年过去，到现在能幸存的《因树山馆日记》是第一至第十六册（其中第六册已佚只余序），《因树山馆日记》第一册始于1936年2月13日，第十六册讫于1939年7月26日。因此，黄际遇第三次服务中大时的记录保留得最详尽。第四次在中大的记录只剩《因树山馆日记》第十九册自叙以及《山林之牢日记》（始于1945年3月18日，讫于1945年4月16日）。其余只能参考其他的一些资料了。

《因树山馆日记》第一册
(1936年2月13日—5月5日)

《因树山馆日记》第一册·序

　　游子轻去其乡，慨然有四方之志。在陈忽思吾党，浩然兴盍归之怀。去鲁何止十四年，亦已半生车马；学《易》敢期五十后，忍令上国衣冠。落日边城，萧萧坠叶，大风永昼，悠悠黄河。追理曩①从，不胜逝水之感；低徊来轸，爰草去齐之篇。

　　我年甫冠，担簦②五羊。一罢计偕，遂渡东海。羽毛未满，急于自售。津馆五载③，方及三十。薄游江汉，一卧十年④。京雒之馆，冣⑤为祭酒。翱翔馆阁，缁尘素衣。葆我初衷，卒应齐聘⑥。

　　志业未就，而吾将五十矣。偶爱清胜，遂栖山下。久无远志，未卜当归。阿涧栖迟，以避世忒。闭门埽⑦轨，往往弥月。不见一士，可与共学。发为学记，达百万言。汰砾披沙，或终无得。然浪游半世，孤馆六年，悉索敝赋，尽在是矣。稷下之人，谈者数万。急功牧马，挟策亡羊。食禄此邦，羞称王绩。仅一亚父，亦无能为。一夕数惊，相呼伯有。或致寇至，如居武城。百尔君子，雄雉于飞⑧。被发伊川，若敖鬼馁⑨。柱下史守，杞室螯忧。自有百年，不可一日。去来今古，高密安邱⑩。郑乡匪遥，于门在望。非略世尚友，安能少日此居乎？江南草长，春水涛生。折柬故人，舣舟门吏。谁谓宋河之广，毋令谓秦无人。约坚十年，杭轻一苇。池北旧馆，履屐可怀。瀼⑪西高斋，草堂未圮⑫。曝麦迟诵经之侣，历齿速投耒之归。一经可终余年，百钱亦支一日。采药卖卜，昔贤不羞。柴车羸牛，老子与之。名山其人，付之不可知者而已。

　　不其之馆，只在此中；因树为屋，请自隗始。

【注释】

①曩：以往，从前，过去的，如曩日、曩年、曩时。

②担簦：背着伞。谓奔走，跋涉。簦，古代有柄的笠，犹今之雨伞。

③津馆五载：黄际遇1910—1915年任教于天津直隶高等工业学堂。

④薄游江汉，一卧十年：黄际遇1915—1924年在国立武昌高等师范学校（今武汉大学）任教授，曾兼任数理部主任、数学系主任等。

⑤冣：古同"最"。

⑥卒应齐聘：1930年，黄际遇受聘任国立青岛大学理学院院长兼数学系主任。

1932年，国立青岛大学改名国立山东大学，黄际遇任文理学院院长兼数学系主任。黄际遇在青岛的时间为1930年8月至1936年2月。

⑦埽：古同"扫"。

⑧百尔君子，雄雉于飞：出自《诗经·国风·邶风·雄雉》。

⑨若敖鬼馁：若敖，指春秋时楚国的若敖氏。馁，饿。若敖氏的鬼受饿了。比喻没有后代，无人祭祀。

⑩高密安邱：两个地名，属山东省。安邱即安丘。

⑪瀼：瀼河，地处河南省。

⑫圮：倒塌，破裂。

1936年2月13日

晴和，付宏成发七百三十六金，取二百金，结存一千二百一十二金，晚稍冷。

晨起清行囊，分广州者六件，归汕者二十余件，老鼠搬疆更相关也。晤知斋，即来宏成发，补日记。为纫秋书手卷，写《直妇行》全首六百余言，以行草行之。心思二王（孟津、阳明）之意，欲出以简劲清适而未能也。知斋来共饮几爵①，亦索一轴以爪印之迹。晓舫、玉君夫妇来（各资馈行粻②）。啸咸来以《胡念修纂文叙录汇编》一小册为订交之券。宏成发馈花生、食油、菜韭各若干。它友均未及知予行，刘康甫赶上。一别诸友，言欢拳拳。日加申，旁人催行，乃接淅③而行，同车至海嵎，少顷，鸣钲解缆矣。……

夜饭独尽三器有半，胸中无一事，粗粝④亦肥甘，北风尚寒，缊（隶概作"重"平声，重行而缊发矣）裘欹枕，阅完《求阙斋日记》（类抄本），夜早睡。

【注释】

①爵：古代饮酒的器皿，三足，以不同的形状显示使用者的身份。

②粻：粮食。

③接淅：指行色匆忙。

④粗粝：糙米。

1936年2月14日

午三十九度，怡生"渤海"舟中，日在西隅，微雾，入夜益暖，气如江南。

是日先王母蔡太恭人志辰，乡早南向心祭。问船长英人某，知舟明日入歇浦①，当晚即行，深感到申无多时，日可与乡友畅叙离踪。明日本有"浙江"轮直下汕头，此行特欲至申纵谈，天下事不可预定往往如此。舟行涛静，风和不辍，我记不及，别成劳②诸山矣。……

夜乞得蜡炬，孤坐，补二日来日记至三更方罢。舟人相爱，时有来问讯者，山居已久，弥感旅行之乐。

【注释】

①歇浦：上海市境内黄浦江的别称，也称"黄歇浦"。亦常指代上海。
②成劳：青岛的成山与崂山（古称"劳山"）。

1936年2月15日

晴阴，在上海，四十五度，夜微雨。

未晓，舟抵黄浦江口，少停即溯江而进。两岸如线，一发青青，千樯若林。视天梦梦，计吾生过此几及百回，自乙巳迄今三十余年，年不一过者惟于役日美时，余则以公私奔走，年或两过至三四过也。人事桑田，过车历历，今复来此，或遂长辞，下溧可耕，不再弹冯生之铗，下冯妇之车。刖璞楚廷，吹竽齐室。为此娄娄①，博是区区矣。

泊舟杨树浦，上流土人呼曰顺泰码头。锐儿及史镆仆人来接，赢车三两，断句两三，有刺不怀，无人复识。乡友侄行，维桑与梓而已。放谈竟日，即此是天。嚣俗冶游，百无所爱。惟兹谈燕②，独惬我心。思敬史镆，呼厨沽酒。莼菜未美，伊鲂可鲜。闻讯而来，靡非旧识。南风不竞，百业凋苓③。言念前途，大非昨日。张生不运，萧发独多。慰藉多方，幽息并解。相将渡世，相赖嘤嘤。郑重话言，居诸漏尽。

思敬馈雪茄淡巴菇二合，松花腊肉如干。奋可、织云馈白兰地一瓶，新茶尖四合。购得吴荣光《历代名人年谱》一册，收到商务印书馆第一期丛书集成一箱一百种四百册，行縢④添富，长旅有书，殊可以助游学之怀，壮行人之色矣。

时已将曙，挥别友生。不解依依，再歌辘辘。御车及岸，述旦、仲儿相从焉。暂息劳薪，小别子侄。冀温早梦，绕室骚然。北来何期，东方已白。

【注释】

①娄：烦琐。
②燕：同"宴"。
③苓：古同"零"。
④縢：古通"滕"。

1936年2月16日

重阴，晚成雾，下锭小白门（去宁波百里，离上海二百里），舟山群岛所在。

入睡为艰，系舟江干①时，众口喧腾，稽征倒箧，不易求一息之安。舟未展轮，例不具食，乞诸舟子，杂买油条咬之二，吾犹不足，益以三方塞饥肠。睡既不成，不能不食也。食已又不能无所事事，自愧对于静坐之法绝无工夫，乃发新书匧②读之，阅王昙《烟霞万古楼集》一种（"粤雅堂丛书"本）。所得尤多，阃不可越。昼犹以灯，五号字聚珍之书，难云老眼无花矣。仲儿午再来，及舟开行，午遂得一饭，痛尽四器。客樊某以所携酒果遍饷舟人，如此胸无城府之人，不多见也。既得一饱，舟中亦已就绪，不复狺③争。展衾一睡，直至黄昏。晚食少进，有三客可棋，如此容易过却一日。夜阅良士、敬山各家骈体文。

【注释】

①干：岸，水畔。

②匦：古同"篋"。

③狺：犬吠声。这里指攻击性的言论。

1936年2月17日

晨五十六度，辰刻雾稍开，望见舟山诸岛，交巳启锭行，午过甬①，夜温州。

早起独坐船舳客厅，补昨二日日记，泊午舟稍簸动，记者不为动也，然书不成字矣。……

稍读文作记外，与舟客三人弈，无识机趣者，复与舟伙镇洋李君对至深更，几二十局，客仅得二和局，而不悔着，不有显然之漏着（按用互先法），为难能也，然不及记稿矣。

【注释】

①甬：指浙江宁波。

1936年2月18日

晨五十六度，重阴，日昃有微雨，晡息。

舟过福州，酉正过牛山，航海者以此为标识，其形如牛碑浮水，仰首牟鸣，山脊竖灯塔，光芒横射，状如横笛牧童也。未昏过此，卜明日必抵汕头。汕头去上海六百六十英里，牛山当其三分之一里程，舟速十英里有半，全程需六十小时。渐歇征帆，乡山在望矣。

晨作昨日记，舟舷颠动，据一小凳，且以两胫作犄角①之势，欹斜偏坠作字，至不克效蚯蚓蠕动，姑学黄雀跳梁耳。旅中不脱常课，此行为第一次也，未阅书。

又与榜人②李君共隐橘中两次，总不下十数局中，和二负一，饱尝棋中之味，渡兹海上之航，长日光阴，共此千古。

夜早就榻，卧闻客言，老者类多悲天悯时，少者忾③然揽辔在手。今大学讲师，无能背诵大学章句者矣，而筦④政之夫，嚣世之士，倒诵《大学》，先言治平，未离负剑之母阿，雅荷与胞之远志，独于己则检防俱裂，帷薄不修，离畔⑤誓言⑥，充塞天下，蒿目鲁鳌，正复不知所税驾也。展转反侧，遂不成寐，漏尽起，视思明

（即厦门）港口灯耀如极星。

【注释】
①犄角：同"掎角"。
②榜人：船工。
③忾：愤怒，愤恨。
④筦："管"的异体字。
⑤离畔：亦作"离判"。离心，背叛。
⑥誓言：不实之言。誓，吹捧坏人。

1936年2月19日

晨五十八度，重阴，时日见，微雨间之。

比日少语言，虽无息妃之隐衷，已種①焦先之怪癖，尚恨味道无常，俗胸未净耳。今日始与同舟诸客略事周旋，茶役以圊溷②不通，诃③及妇人，口有月经字样。予立指日记二字为对，客有冠缨索绝者。眼看诏安④乱山，乙丑当年，飞鲸遇险，仅以身免之处，一箭而遥，"古今三更生，中垒北江南海"，予可附之为四矣。过此而外四屿、内四屿，南澳、莱芜（俗曰"乳婆"）诸峰次第来迎，部署行囊之余，指点钓游之迹。申正安抵怡和码头，儿子家器来候舟未晤，陈夥在焉，刺之峻六不在汕，计日已落。即雇小车直趋公路车站，趁上尾车，过华埠桥，恍然在汕。未发电，家中不及知舟已到境，适陈巽琴识予，便托发电报宅。

渡外砂时姑表侄陈涧先已闻电，拱候江边。呼渡舡开及小北门，儿侄成群，笑迎道。入城犹未灯也，不五百武，家人候门，老少怡然，山妻加健。一杯税驾，半载归来。夜授文篇罢，久谈为乐。

【注释】
①種：古同"种"。
②圊溷：指厕所。
③诃：同"呵"。
④诏安：地处福建南端、闽粤交界处。

1936年2月25日

晨雨，交巳甚，达夜滂霈有声，是日丁祭，有雷殷殷（丁祭见九月二十六日记）。

早起诸小儿环而戏。视天霢霂，襆被未行。残书半肩，畏行多雨，席卷被覆，祖其无恙。报舟以下午行，早有预定，不愿愆期也。是日有事节孝祠公私旁，午雨有间，即抽足就途，行具亦以午挑而抵汕，而甚雨及之矣。午饭吴梦秋来共之，诵诗品文，旋怀为摅。饭后冒雨登"潮州"快轮，杜鸿飞及器儿同行，雨中衣无方寸不湿矣。木筏横渡，海天壶芦，老至不知，饥来驱我，心焉乐之，天地为宽，亦既攀舟而登，遂觉征衣顿解。滂沱未息，云岫不明，深浦、莲华诸峰之胜皆不可见。满舟阓①货，无从卸委，榜人来告改以明晚行，且派小轮护予上岸。予已启箧陈书而观矣。雅不欲往，亦无良策，嗒然而返。息肩宏信庄，以梁茞林《制义丛话》消闷。雨声中衣履付人尉②炙之，随弈三两局，复与周植三贤郎廉洁谈至夜分，以词章大法授之，嘉其谦能受益也。已电子春、镜潭报行。

【注释】

①阓：借指市区。

②尉："熨"的古字。

1936年2月26日

在汕头，雨时作，入午阴晴间之西北风，夜舟激浪。

孤坐以守舟，行时阅《制义丛话》，温摭旧闻，交申鸿飞送予登"潮州"轮。加卯启行，小舟骏奔，逆潮西驶，从横震撼，助以急摆。饱餐之后，立据楣手书，不出户知天下矣，老于舟行如予者尚具戒心也。两日驰驱，稍感委顿，心怀宽泰，眠梦皆舒（有信电香港分庄报行，并接过早渡）。

1936年2月27日

阴。巳刻六十五度，温和，不胜重裘，在瑞安珠江舟中。

五更舟已泊香港文咸街口，盥漱点心毕，阅书待旦。拂晓有信港庄黄、曾、蔡三友来接，以换舟尚有待也。登陆入四海通楼，上有信庄小憩，峻六族兄已戒旦相迎。四十载贫交，它乡情话别怀，未倾十一，已报瑞和省渡以七时三十分行。匆遽①赴之，甫上船楼，即解铁缆，间不容发，无暇与峻六诸友话行。"送者未及返，君在天尽头。"（黄公度先生《新别离》诗句）指点旅装，汗湿可掬。舟中铲厅，无第二客，空明幽敞，书读咸宜。申卷纪行，几案颤动，作字如马上露布也。卯②望江航，三五可数。虎门雄峡，领袖群峦，航海半生，无此雄特。

晨峻六询及张幼山，以仍执事山东建设厅。对幼山丁卯之春尝偕凌济东（冰）访予鮀江鸿泥一夕，此后亦常问及峻六，忽忽九年矣。予仍囊书觅食，橐笔代耕，戴笠乘车，能无怆浪。峻六云："子自有学者之业，则又何以当此。"……

逾午帆樯益盛，突阁交骈。南土壮图，北省未能或之先也。未正抵西濠口，车摩毂击，当年临淄、稷下或有此境耳。镜潭亲家已率伴相迓③。江干粤关，讥检奇严，以盐布火柴等物，港值不及省中五之一，故铤而走险者寖多。予书匧凡六，以刺干之，竟蒙宽免，晨上港渡时亦然，稍免搬疆之劳。卸肩成发旧行陈荫三⑫门焉，八年于外，堂燕复归，臧仆犹欢（余十六年冬、十七年之春住此楼，今二旧仆俱在），故人之乐可知矣。而磨驴未已，感喟交加，晚遂纵杯。陈、蔡二君，对酒成三，已过微醺，助以看竹。张子春闻讯，中夜及予约明日以车来驱出东门。

舍榻移灯，温阅《翁文恭日记》戊戌放归后一二册。行草杂投，偏旁不讲，年约一册，日止数行，记动记言，似卒岁未阅一书者，当检其少作覆视之。苦于一肥虱，多醒不成梦。

【注释】

①匆遽：亦作"匆剧"，匆忙急促。

②卬：古同"仰"。仰慕，仰仗。

③迓：迎接。

1936年2月28日

阴有雨，间之西风，午五十六度，棉衣觉寒，易以氍求①。

早起偕镜潭驱西关访友靖山，年七十余矣，矍铄如昨，长杯弥泽。十六年广州之变同困八邑馆中，烽火迫门，杯酒以之，危急从容，宛然心目，十年无恙，故我依然，可为感叹。

因有宿约，归待子春，同往大学石牌新舍。出东郊二十里，杰阁巍然，不特南州冠冕也。晤何衍璿院长商定连续群论、实用数学、代数数论诸课，卜舍未定。老友柳金田同入市茶饭于半瓯，衍璿别来棋术大进，据说可与当代一流周德裕抗衡。而戒酒已久，今日竟引满三爵，欣接故人。复同致勷勤大学②访陈达夫未晤，一刺漫漶。呼门者将意而归，已感荼③顿，闭目二刻钟以振之。达夫随相及，详叩予南来事，晚酌又逢劲侣，欢呼震屋宅也。燕方族侄来。夜半达夫始归，约明晚再会，入室罢阅，乃得甘寝。

【注释】

①氍求：氍，俗称"灰鼠"，毛皮柔软如绒，可作衣物。古代"求"与"裘"同字。

②勷勤大学：陈济棠创办的一所大学，只办了4年，因陈济棠下台而解体，是一所短暂的大学。该校的校名，意思是纪念国民党的元老古应芬。古应芬，字勷勤，亦作湘芹，广东番禺人（祖籍广东梅县）。国民党元老。自小入私塾读书，1902年考中秀才。1904年他与朱执信、汪精卫、杜之林、胡毅生同时考赴日本留学。1905年在东京加入中国同盟会，追随孙中山先生参加革命活动。1906年毕业于日本法政大学速成科，升入专门部。1907年毕业归国后，历任广东法政学堂编纂、广东咨议局秘书等职。1931年11月18日因牙疾重症，不治逝世。

③荼：疲倦。

1936年2月29日

　　太阳历二月独为二十八日，惟可以四除尽之年曰闰年，二十九日，今年一九三六也。晨五十四度，重阴。

　　早柬秋老约晚会。出寻雨衣，羊居苦雨，不可少也。……午何衍璿假福来居席为予洗尘，理工两院诸同人互相道意，旧识固欣然，新知亦可喜（皆粤籍），人生本应有此乐，为机械之巧者乃别有用心耳。此日高会，主人把臂，众宾倾心，为之连饮二十余杯，群饮交错，都有雅怀，被酒者及半矣。酒肆设城隍庙中，罢呼！后独寻钓游陈迹，已不复识。子所罕言之命，许负所负之相，列坐如举子遇考，填喧之状，可令山中人屏气也。入府学东街阅市，有书肆二十余家，殊助嗜痂之兴，以十一金购书七种三十六册，行色骤壮。

　　夜镜潭盛馔洗酌，并招予友以张之。秋老先到，靖山翁踵至，衍璿、子春、柳金田、黄巽以次来。达夫来函牵于事，反约后日之会。啸侣既集，嘉肴毕陈，酒兴之豪，无出靖山老人右者。衍璿卖力应战数十合而不休，老安少怀，皆有揽辔中原之势。予以近有戒律，适可而止，若更桴鼓助战，天下斯于是乎大爵矣。酒酣有曼歌者，衍璿间为阅正日记中棋谱，所指争先着法确有分析之方，非浪博执耳之名者。舍馆未定，宴处未遑，而得于友朋者远非胶游可比。

　　方彬士来访未晤，夜卧阅新得书。

1936年3月2日

　　辰正五十度，重雾。（潮谚：惊蛰未过雷先响，四十九日不见天。娄①验而信。）日中犹暝，晡小雨洎夜。（市报云：下至四十度。）

　　早餐后由西濠口四号车东行至旧校后门，改坐校车，候客良久，正午方抵校，则纷纷退食自公矣。子春、衍璿待予于门，仍同车返市，在桃苑茶室小食，参加天文学会。归成发午睡。晚陈达夫开宴文园，约衍璿、子春、镜潭、荫三、黄仲诚、林砺儒、林本、黎某诸君作陪，秋老以雨不克来。主人自携陈酒，快饮迈伦。举坐皆十年以上旧识，倾襟②可想，不觉为之笑言哑哑，妙语庚庚，满园笙歌，如助吾侪之乐也。席阑，达夫、林本同至成发茗谈，林君并下榻焉，约翌晨同入校舍，以为先容。

【注释】

①娄：假借为"屡"。多次。
②倾襟：亦作"倾衿"。推诚相待。

1936年3月3日

食时五十度，春雨如丝。

来五羊五日矣（《寰宇记》：广州南海县五羊城，旧说有五仙人骑五色羊持谷穗遗州人。因名五羊城）。爰居未定，酒肉是谋，不惟误公，且难娱己，决计迁榻横舍，冷僧寂院，心甘久矣。镜潭躬为屏挡行旅，遣人伴送，林君乡驱入校。新校去东门二十里，占地可万亩，坫坛①宫阙，肩立相望，非有指途，靡不失路。至则萧君已为前定，住二楼前轩，据牖而南，最称凉闿。室大虽止方丈。而床一榻一几一凳三，占地无多，差如人意。书架特增三具，可安箧本，更衣靧面，范椟室隅。明镜水头，照盥惟便，电灯高悬，床头别置其一，以咏以读，高下在心。室傍听事②宽明，溲沐清洁，无远涉之苦，有放足之堂，尤令作客托居消摇。客与食时，林君邀入食堂，饭侣五六人，亦复可口（月十五金），不须别寻伴食。自营郫厨，凡此皆入室所必需，果腹之亟赖，天生五材，民并用之，缺一不可。求已未能，叩广厦之一间，惭苜蓿之供亿矣。奚获二人，理我箧莒，破书整列，杂器毕陈，遂克申翰报家人息念，及叔明、镜潭小柬各一通。衍璿、金田来舍，视予已井然可待客共坐，理工两院以课表来，既已住舍中，亦无不合之处。当窗独坐，远望弥佳，双峦峙前，横宇间之。全图入览，不见行人。阡陌阑干，竹松交错。霓雰霖霂，小窗多明，还读我书，不作市肆之想，但又苦有晚约耳。……

【注释】

①坫坛：同"坛坫"。会盟的坛台。

②听事：指处理政事，也作"厅事"。见《礼记·少仪》："适有丧者曰比，童子曰听事。"

1936年3月4日

晨四十七度（成发），午五十一度（石牌），重雾，间有雨如丝，子夜缊衾犹冷。

早饭于成发，镜潭送至长堤，登一路车驶至小东门易校车，车中阅清人文篇。午入舍甫安床榻，校书无力，终日独处，摩勘①何氏集谱，精神似尚未振，虽小道而未有特入之处。夜思此道贵以科学分析致思之法走子，以宋儒跬步不苟之法临阵，吾辈用以自娱。止此薄物，相伴空斋，出不干人，居可安己，拜君三年之赐多矣。

家中转来秋老自羊复柬（正月二十一日），有"得书狂喜，但盼早临，所陈高论，至佩卓见"之语。

叔明自石岛复柬云："到粤当在二月半以后，与秋老毗宅，消息可相闻。"皆答予上元后青岛报书也。

"不受朝廷不甚爱惜之官,亦不爱乡党无足重轻之誉。"(京江张文贞《不患无位》一节末比名句)此意可与二君道之。

夜寒,枕上乡梦萦之。

【注释】

①摩勘:同"磨勘"。反复琢磨,钻研。

1936年3月5日

晨四十八度,霓霑,南来未见天日,夜枕感寒,屡醒。

粤民性物,力要为天下雄,尤非北华所能几及。靧沐既毕,出步校庭,适馆就餐,生鱼鱼粥,坐列池北,指顾漾漪,迤北入理学院。晤旧门人苗子,导视授经精室。历时始返,已足涉天文数学室、工院二室,尚未睹宫墙什一①。大哉圣人之门,互乡无是也。束秋老略云:连日车过东山,乘人之车,恣君所之,未克独行,甚惭过门不入。自前日东迁石牌,托广夏之一间,憩频年之敝篋,冷僧萧院,尚有好怀,舍下转到赐书及叔子手笔,蛮然之感,彼此同之。晚课表如残棋一局,要着元多,而布防殊密。成发主人约以星期三、六两日出就外宿,侍教有日,走使以闻某启(花朝②日)。

子春来谒未值,复以束来订后日夜饮,将约武昌旧同学共聚也。下午授电气工程生一课。洎晚治算书。晚饭后林本侨招游,校园略遍,野外无人,朱栏交跱,信南国之冠冕,东山之胜概也。理发而归,道闻子声丁丁,此中人兴复不浅。

彭啸咸尝言湖南计田之法,以六亩为一晌,盖清初旗田之制(四十二亩为一绳,百八十亩为一所),乾隆四十六年诏废之,嗣后统以亩计,不用晌绳名(见《癸巳类稿·记田名数》)。

【注释】

①什一:十分之一。

②花朝:也称花朝节,俗称百花生日。一般于农历二月初二、二月十二或二月十五举行。

1936年3月6日

是日惊蛰,晨四十八度,旁午始见淡光。

早授二课。凡授三课本即 *Osgood's Advanced Calculus*,*Murray's Differential Equations*,*Granville's Calculus*,多芝加哥大学用本,今行于国中矣。坐池畔得食,已巳三刻,间温课自遣。晤旧识陈志强(文明路五十三号三楼),极缱绻,来此未一句,殊感此间乐。

1936年3月7日

晨五十度，旭日出，北风仍寒。

午食后为人书箑①。子春旋来，晤邹海滨，三十年相知，艰于一晤如此。是晚子春招饮东山祺园精庐（东山合群三马路四号），为其自营私宅，南临珠江，楫樯数武，室局如舟，匠心独运，室灯罗列，嘒彼小星，近瞩远观，不愧天文家言。其少夫人出拜，周接有仪，特导精室，待予下榻，饮水思源，至可纫感。招客半属二十年前武昌及门，霍广河（一中校长）、龙文焯（一师校长）、韩旅尘、郜重魁，又陈达夫、袁武烈、刘俊贤、黎诸君亦翩然莅止，互述趣联，以为笑乐，酒爵肴核，又饫中肠，南中人物优秀挺出有如此者。馈子春、衍璿以乡里银鱼各二百头，以所书《三字经》馈子春、衍璿、国昌（西湖路流水井二十二号）、重魁（并托带二册云南赠赵济、张禄二生）。子春尚为保存八年前一旧物，则名章一颗，代受月奉②之印信也，辗然而笑。夜国昌以车送予成发。已劳陈、蔡二君久待矣，茶话移时，入浴更衣，此睡良好，夜月尤佳，久别经月矣。

【注释】

①箑：扇子，如箑蒲（编织扇子的蒲草）。

②月奉：亦作"月俸"。旧时官吏每月所得的俸钱、禄米。后亦泛指每月的薪俸。

1936年3月8日

晨四十七度，晴，日光明霭，南来第一日也。

补记六日之夕嘉会：六日下午，黎国昌君招晚饮于其私室（粤华路九十号天香书室），远出夜宿，予有戒心，已飞笺托何君婉谢，衍璿旋以车亲迓，谓黎君再电速行，经为扫榻，且以拂晓专车送回，情难再恝。至则旧雨今雨共话一堂，且晤云南门人郜重魁（昆明市卖线街三十一号），说昆明弟子二十许人并以教学干才见重，为之色喜。汴人许逢熙娄称予中州去，思斯会增趣不少。

夜上大新公司高台，见二客弈，如比赛式，而奉技平平，应胜而和，无足存录。返黎室借榻，主人躬自照料，侵晨盥沐饮食，靡不周至，又将私车远送至何宅（法政路五十五号），偕衍璿同入校。

午返横舍，方见许逢熙招饮太平支店，不及住矣。村居兼营市饮，鹿驴①可惧也。温课补日记，日落独步北园，望白云山兀秀如睡，慨然有好展之思。山在番禺县北十五里，闻上有九龙泉，流为大小帘洞，古迹良多。夜杂阅遣日而已，授餐甫定，难言收获。……

一月以来皇皇逐逐，去就也，行李也，舟车也，妻孥也，饮食酬醋也，外役我形，内婴我心，亦诩十年养气之功，复逾五十知命之岁。况复途中旅次，必携书以自随，客退更阑，犹削简而补记，而憧扰之。往来日长空莹之方寸，日蔽知新，无勇进之果力，温故亦相对而憎然。故知精力就衰，弥歉程功，不邃夜深矣。亦无必读之书，检李次青《国朝先正事略·遗逸传》，心维目想之，遂觉胸次澄然。先贤如诏，此书得自童时（光绪己亥石印本），随予四十年，旅行四十万里矣。今夕始于白云山下，明月在天，挹彼高风，涤其旧染也，或遂可以无大过矣夫。

【注释】

①鹿轳：同"辘轳"。车轮。

1936年3月11日

晨五十六度，露雾酝①氤②。

早起，盥栉③剃沐溲解，刷振衣履，整比饮汲诸事毕，费时三刻，自去扶持，日感灵动，重腿之疾如蠲④，畏蔥之习亦减，习劳之益于我者如此，望行人张盖而趋，辟窗以手承之，知雾结也。春阴欲滴，山麓笼烟，水鸭先知，翩鸿无影。载言适馆，不及就餐，师已升堂，徒半入室。叩之则为附属中学易长事开会也，既有来者，因人施教，各令满意而去。退乃买池北小肆茶坐，视天梦梦，无怀耿耿，白云北望，邈若山河。……

下午尚有一课，假寐瞬刻，及时赴之，徒三十余人，及门者二焉，则又有事，所愿敢讲也，既竭吾力而已。镜潭、荫三本约未刻御车来游太学，并同乘而出。守至申正，车声渺然，收拾便装，往俟公车，适衍璿迎面而来，分占一席，飘飘乎御车而行。何君约同往视某弈手，以心欲往成发，明其有约不来之故，婉词谢之。车中龙君税驾东山，随之下车，导诣叔明寓庐，遥指竹林即是高宅，与学海书院衡宇相峙。至则应门者云："姜君今日到香港，主妇亲往接船，计以翌午来。"怀书留言，良晤不远。龙君又引往乘黄沙一路车，所过菁竹成林，榕楠接叶，橹歌可数，珠儿五三，诚南国之丽园，东山之泛宅也。迨入成发，方知镜潭前日在公车中。车转角时，倾身触椅墙伤胁，呻吟达夜。人生不如意事十常八九，登楼慰问，为状尚轻，延跌打损伤技医，但云伤气血不伤骨脏，或不须延它医也。晚食与荫三共尽双精粤酒盈斤。

【注释】

①酝：古同"蕴"。

②氤：氤氲，烟云弥漫。

③栉：梳头。

④蠲：除去，免除。

1936年3月14日

晨六十二度，薄阴，午日见复隐。

起早，倚窗眺望者久之。课毕已午昃，残炙疗饥，即趋而之市，我徂东山，晤姜子叔明夫妇，应门奚姬犹是北方偕来，能相识也。谈逾晷刻，道胶庠学潮澎湃，以予不亲其役为幸。青岛并晤蔡纫秋托补抄《广事类赋》一卷（抄胥六金），郭贻诚（式毂，北平）托宋知斋转致朱墨二笏①，重逾二两，标名万年红，边款为光绪三十二年安徽巡抚奴才诚勋恭进，则当年御朱也，川人傅增湘太史（沅叔）得之以题名。名山丰泽之间，霜苦风寒，久作枫色，何修得此，为之奋起。墨不磨人人自磨，此生能磨几两墨。郭君所以饷我者厚矣，励我者至矣。丹铅久废，对墨自惭，点易研朱，而今而后。学海书院，浼予主讲数理哲学，辞受两难，传经乎？弹铗乎？辞曰馈贶是货之乎？与叔子订再会而别。万里相逢，叠书坚约，何尝不思移前席之膝，遽轻回访戴之舟。一以主人下车伊始，久坐未安，一以镜潭伤胁如何，中心怀之。抽身西指，甫折晏公小衖②，陈蔡二君已计时相候于门，不虞老友之无恙也。欣然纵话，索食复出，鹿鹿再驱东山，不爽姚宅之约。万年、桥梓刮目相待，且徽里人教授大学诸君来共匕箸，郇厨家酿，陶令乡情，其融和有出于寻常酬酢万万者。盏酌既撤，肩随秋老夜登寓庐，见惜抱手书二十言屏条，饶有魏晋人逸趣。

【注释】

①笏：指成锭的东西。

②衖：同"巷"。胡同。

1936年3月15日

星期。晨六十二度，阴。

早兴，独出阅市，物华天宝，南中足当此语。夷风煽方处，土货日不振矣。返尼①，小奚买油烩餤②之而甘。俄顷达夫袖别来所刻印谱二册至，阴文难于阳文多矣，兹事自石如、撝叔辈振起皖浙之间，后有作者，莫能越其范围也。达夫奏刀之术受之于义宁陈衡恪师曾，上虞经享颐子渊刀法直上直下，已具快马斩阵之势。今日见尚非其最近者，庶几已得宛曲敦厚之旨耳。午同倾数杯，相将东出往诣秋老，坐少定，三人同访叔明，未晤。上姜楼广东室，评姜钟佩怀画品，遂分手各归，未正抵石牌校舍。夜访戴弈二局（让二先）。张淑岱访予成发，不晤。

夜朱校《南史》半卷，灿然可喜，复阅名手若干局。连日睡不足，早息，冀营甘寝。

【注释】

①返尼：粤方言，即"回来"。

②餤：古同"啖"。

1936年3月17日

阴,坂。午六十六度。

凌晨走何宅伴车返校。衍璿意气胶投,游扬备至,执礼甚恭,可感也。检《三字经》数册托转致海滨、松轩诸友,且柬谢之。午又枉过代前,八年从学算经,今襄教太学,诸人致意,约旦晚之招,旋称受业者苗文绥、陈飞、黄覃、刘政举、梁苏文、谭明昭、李明桀亲下酒笺约会(宝华正中约万栈酒家),旧雨拳拳,增人雅兴不少耳。

午睡不熟,开轩临圃,把笔记游。龙君来阅日记,借《制义丛话》二册。黄仲诚来订星期日午酒会。自来羊城,尊畔车中,大耗时日,校书无间,解题又繁。然友生嘤嘤之鸣,邦人依依之悃,既解劳结,遂忘其以身为形役矣。一枝之安,没齿之业,焉能离世?未闻买山俯仰藏息之间,弥感天地之锡①我者厚也。解题点《段注说文》,夜校何氏局一卷。

【注释】

①锡:通"赐"。给予;赐给。

1936年3月18日

午七十一度,雾,日中微见,只堪夹衣,晚湿。

督门人习题,老来无别法,恃此为馇饘①耳。上下午并有课,汗流心逸。每饭三器不饱,食粟而已,不意子学古之道,徒以餔啜②也。盼家书甚,今日方得三月八日书,辗兮转兮。政(邮政之政)出多门,此大学所以为大也。

翻书未竟,日将夕矣。出应七子之招,与衍璿西驱至宝华,正中约万栈酒家,刘、袁、张诸君作陪。乡谊师情,叨逢盛饯,不觉酩酊。夜抵成发,闻李业宣两次过寻,未晤。偕荫三、镜潭坐至三更。

【注释】

①馇饘:亦作"饘粥"稀饭。
②餔啜:同"哺啜"。

1936年3月20日

午六十五度,阴,晡稍淡,昏时闻雨声。

上下午授课、监考,奔走加劳。午餐后得甘睡,尽日阅算书。昏黄偕同舍人间步校山以舒胸鬲。此最寻常事,而胶州之居,即此步侣亦不易得,异哉!

(略数学习题)

1936年3月21日

阴。

晨本有二课，又加授一课，多衣则汗，少衣又虑感凉，羑羑可弞①。午海滨约饭于蚕学馆，闻步行又须南极三里，惫甚矣。衍璿命车来送劳御者一金。饭时晤古直（公愚），两致倾挹②。同坐皆工学院同人，萧冠英院长云来迎未晤，予下公不及返舍也。校长一楼在茶山之麓、湖之滨，白云远峰遥与擅③让。黉舍经庐，大可消摇颛④印，何必拂袖，嚣尘湫隘之市哉？无如有约不往，畏我友朋，萧君为觅黄君私车，驾至东山访叔明，约定学海书院讲席，慨允之。晡抵成发小饮，方静山翁同坐。

夜出访棋客，过少士寓，不觉对局至浭，且弈且茶，归榻不克成梦，比好兹事，殊伤玩惕，展转至四更，蛩且来如寇，至五更方得睡。

午得（十五日）家书，渚儿分榻，安养发疹，内助多劳，即在成发，发书劳之。海滨、公愚并索手书《三字经》，函谕三儿邮致。

【注释】

①弞：古同"哂"。微笑。
②挹：古同"揖"。作揖。
③擅：古同"揖"。拱手行礼。
④颛：同"俯"。

1936年3月22日

阴。有北风，晨稍感凉，六十度。镜潭衣以皮衿。

起迟，亦无事也。张淑岱来谈。午黄敬思（仲诚）招饮私宅（农林一横路三号），同席者皆治教育学者。仲诚曾祖讳钺（礼部尚书）字左田，家中藏其绢书行草四帧，极工，清史称其工书善画，与大学士董浩称"董黄二家"者。故人久暌①，异地款情，多饮几杯，清言娓娓不绝，席阑黎君驭护往晏公街小憩。

日加西，应秋老之命，又至东山。客有唐天如、方孝岳、姜叔明、龙榆生、李沧萍，并皆知名，深蒙结侣。主妇治厨，盛于市脯，后生执盏，频为添筹，吐纳生风，饼茶皆韵，老子兴复不浅，此会乃在人间。属②以戒早来朝，未敢贪谈继烛，结邻有约。署券入山，归己颓然，乃安斯寝。忆容见秋老前楹帖：

八千里外初归容；四十京朝老学生。

俊句也。（壬子秋老主天津余宅，姬人称以老学生而深喜之。）

【注释】

①暌：通"睽"。分离，隔开。
②属：古同"嘱"。嘱咐，托付。

1936年3月23日

阴，午六十五度。

早几失卯，镜潭呼起，披衣及何宅，果得车。又饱二器，偕衍璿行，抵校犹有溲溺余暇。授二课，解题毕，方退食。家中转来毅伯手书，殷勤问前途计划。呜呼！尚何言哉？作书复慰之，由智斋转致，并柬谢郭式榖馈朱墨。

衍璿偕李君来，以方午睡，甫坐定即去。已渐有穿限索书者，侍书无人，久深以弄笔为戒矣，婉语却之。（校舍厅事多为研究所占而有之，实空设书架数具耳。黄君曰："此摆架子也。"）

1936年3月24日

初刻六十五度。

夜来静如山寿，众灯即灭，万籁息响。纵非空明世界，自非角逐之场。片席为安，诸缘便了。凌曙起，推窗纳新。双峦笼烟，一湖当户，幽赏未已，降级近临，少于此间，得适其适。月来心役于形，形役于境。郊居虽赋《北山移文》①，一旬之中，入市几半。晓钟乍动，挟策而奔。虽不泯性，难云养气矣。兹晨始稍寻得孔颜乐趣，道本可望不可即也。

午毕课，子春亲御归舍。甫抵门，衍璿、金田已驾车相待，遂同入市。息于海珠河畔，饱餐异味，尊酒不空。途中见二僵尸毙于火车轮下者，水火风雷，动戕百万。谁复起而兴问罪之师者，则亦有憾之而已矣（袁子才"天地之大也人犹有所憾"八比文中句）。未三刻仍返舍为安，治算书至二更。夜睡为之不稳，思力之有时而穷也。

【注释】

① 《北山移文》：孔稚珪所写的骈体文。

1936年3月25日

阴。午小雨洎晚。

午退食，见秋老遗刺在户，属于餐馆相晤，不俟驾而走觅之，至则行矣。仍返舍啜饭，劳惫之极，日昃犹有一课，抱衾与裯。趁公车西行于学海书院，晤叔明谈论久之。钟介民来会。

复访秋老答借日记（四册），秋老屡以予移家事为念，结邻有约，买山无缗，深可感叹。坐未定急趋成发。晚饭一杯在手，聊偿终日之劳。

夜招少士对局，仍不得早睡。

1936年3月26日

　　晨六十一度，小雨。

　　凌晨饭于何宅，假车归校，授徒阅课，午方毕事退公。数百武之间泥淖苦人，鞋履没齿，匕箸在手矣。何、黄二子及于食堂，挽之入市，西走三十里至西关，入谟觞而茶焉。《记事珠》云："嵩高山下有石室名谟觞，内有仙书无数，方回读书于内"者，彭甘亭以"小谟觞馆"名其集。今粤人以名茶居，然而雅矣。各室区划尤饶富丽幽胜，东粤蕃昌，兹可见也。

　　夜林本侨来，并榻而谈至二更。阅《黎选类纂传状》一卷，斯道亦自有至者也。

　　刚甫手阅书帙散在人间，所余者复以一千二百金鬻于学海书院，自此悉索尽矣。好屦好货之讥，盖将毋同，改玉改步之余，此何足论。但不堪生前华屋，零落山邱，及吾生见其子弟不事读书一至于此，手泽杯棬之谓何哉（事据叔明云）。

1936年3月27日

　　晴。午薄见日轮，七十一度，昏后山行，见新月殊肥，决是月小建。

　　授二课毕，坐研究室解题，颇悟物理。是日始往受奉，得上月全束①，相待殊厚（发上海、汉口诸柬）。龙榆生（沐勋）留刺未见。衍璿来阅日记，竟日阅算书，别稿录之。

【注释】

①束：即"束修"。古代入学敬师的礼物。借指薪俸。

1936年3月28日

　　晴明和煦，午七十五度，来羊第一日也。

　　授课解题，午毕公。约数学系同人上茶楼，与子春同车，登其所手创气象台，遂同入市。抵珠江堤畔大三元雅坐，衍璿夫妇偕俊贤、黄、朱诸友已先在坐，复柬邀镜潭、荫三，以相去甚近也。点心可口，粉面宜人，小饮盈尊，旷怀千里，相于雅意，春水俱深（付食单十金）。茶罢诸子复同至成发品茶。晚酌继之与陈、蔡、成三人为叶子戏①。博中夜之宴食，燕方来共坐。呼浴就榻，鸡已再唱。

【注释】

①叶子戏：一种古老的纸牌博戏，类似于升官图，兼用骰子掷玩，最早出现于汉代，被认为是扑克、字牌和麻将的鼻祖。

1936 年 3 月 30 日

晴和，夜有雨声。

授徒解课艺，午方归舍，同舍生恨见面，共食之时不多，予亦不自知，一车两马，所周流者何事。午枕罢，复驾言出游，晤叔明于书院。晡抵成发，买舟定初二日"海亨"招商轮（十一金），计可到家过清明也。柬峻六转告家人。夜小酌而嬉，一视少士之疾而已。长夜悠悠，早睡以遣之。

1936 年 3 月 31 日

淡阴，晚有小雨，旋见上弦隐约中。

早偕衍璿入校。为一微分所窘，思之忘食，午方退公。适何、柳、刘（生政举）将赴沙河食名粉，复同车西北而驰，入新奇亭，则九年前来勘石牌校址，甚雨及之，御车如船，折入此馆受餐旧地也。小食大佳，东道衍璿榆杨已至，且传龙榆生之言（国学系主任，赣人），谓数学系敚去其文学系名教授一人①。予则何以当此。

归校默思算理，晚徘徊邱阜之间，傲啸有群，不愧此间之乐。孔芥（一尘）君以早作《奈何集》见诒②，风怀未删，月旦盈简。榆生介台州刘生锡基来见，以诗一卷为贽，年甫十八而已，井然有家法，好学可嘉。

【注释】

①谓数学系敚去其文学系名教授一人：黄际遇初到校时，被列入不分系教授，分别为理学院、工学院、文学院任课。不久，中文系古直教授、龙榆生教授要求学校把黄际遇划归中文系，然学校应何衍璿、张云要求，把黄际遇划入数天系，但仍然分别在理、工、文三院任课。对此，龙榆生教授有微言矣。敚："夺"的本字。强取。

②诒：同"贻"。

1936 年 4 月 1 日

薄阴，午七十八度。（略数学习题）

下午方完讲授，今日本可少休，不必为是栖栖者。以镜潭代约达夫，晚将祖道也。复西车而下，在学海小坐，加申入成发。淑岱来言，遇黄德荣于市中，逆旅述其艰苦之状，托意于予谋一抄胥。闻之心酸，荣悴菀枯，转眼如此。高帝子孙尽隆准，问之不肯道姓名。其妻亦蔡姨也，兹事殆不堪为闺中人道之。达夫旋至，乞代设法，彼意欲谋之冠盖之交，是奚足恃哉。晚有良友，颇极暂欢，流连至夜分始分手去。

1936年4月2日

晴霁，夜宿白鹅潭舟中思月。

未曙起而戒行，主人已兴而冠栉矣。云将与旧东主相见法庭也。池涸鱼挤，其然豆迫，伤哉！一茶之后，道何宅得饭得车，笑谢主妇曰："衣履尽敝，则如之何。"何夫人曰："为子补之。"告以今夕归矣。则坚约室人来。谢以田间之妇，非都城敢望也。

入校寓庐收拾行囊，一而足。授课罢，告同人小别，未见子春，留片辞行。午黄、何二子速同品茗。本与陈、蔡有约，午后以车来观光，并接予出校，而语涉游移，予又不便拂友意，急车逆之，或乘舆甫驾而止，乃至则行矣。叩诸小奚，则东去旋踵耳，动而相左，命途可知。衍璿亦耿耿于怀，登茶阁，电话理学院执事，妥为照拂，是则予之爽约也。无可如何，且茶且弈。坐有主妇，卖笑者屏迹，终亦飘鸿一见。善戏谑兮，不为虐兮，何氏伉俪真妙侣也。车中闻子春尊人逝于昨日，羊俗非亲族例不拜尸（俗曰拜生），亟遣楮币祭之。茶歇，诸胜侣同车入成发话别，主人亦甫下车，互谢不周之咎。……

复拳拳以结庐东山为券，叔明且令多携佳书，俾相周流，但泛宅移家，殊费脚力，频年独客，又感仳离，秋以为期，方有定局耳。濒行检《师友渊原录》及《学海书院课存》各一卷，久矣不闻诸老同声之謦欬也。夫今日之会，倍助古欢。达夫携名酒相从，则贵阳陈酿茅台酒也。垒古于敦盘①，味馥于高粱，助以多肴，博诸佳话。秋老属有他约，不惜为倾三杯。衍璿再来祖饯，刘生政举从焉。顾我友生，已增旅福。天涯何处？故乡可思。今夕何夕，见此良人。盖遂颓然不任再酌矣。

【注释】

①敦盘：古代天子或诸侯盟会所用的礼器。见《周礼·天官冢宰》。后以"熟槃"指宾主聚会或使节交往。

1936年4月3日

晴明，舣舟香江。

早鹭毕，舟已维岸。念香江故人，一蹶不振，纵迹无闻。往寻少年，无多可语。不如就橹①楼补日记，还读我书。……

午健饭后得熟睡。申正舟东行，风和日丽，真春秋佳日也。北土多风，黄尘缁衣，南州景物，尤令初归之客爱赏不置耳。趁舟舱客，几无立锥之地。信宿清明，乡人群归扫墓，祖宗邱垅之乡。不必衣锦，无妨夜行。倚舷无铁琵琶，仍阅算书，解题自遣，灯下招舟人弈数局。

【注释】
①橹：百越语言，是船的古音。
②邱垅：亦作"丘垄"。指坟墓或垄亩；田园。

1936年4月12日

阴。午霁，舟泊香江。

舟中多睡，年来觉食少或肉恶，吾可以素淡之心应之。衣薄或眠缺则身心交瘁，故尤加之意也。独客况味，久自知之。起则自谱名手对局，虽小道，复非专心致志，不克深入无间。一日之长，所悟不少。舟泊香港已及灯红，雅欲舍舟而车，趁明晨之课，而事与愿左。姑至有信分庄晤蔡际云，商定即夜以"西安"省渡行。电镜潭相待，录录移时，二更方定，际云别去。舟行，心计可及早课，遂登榻治枕上工夫。

1936年4月13日

晴阴。

凌曙过虎门，泊珠江岸，方卯三刻也。镜潭鹄俟江岸，一握之余，飞车东诣。辰初抵石牌，克如初心，授二课毕，乃返广州，过书院一面叔明，退稍感所言之过。午饭于秋老寄庐，顷刻尽四器。姚宅长幼或熟视而笑之，何来此饕客也？谈久，意欲入成发小休，絮絮乡谈，遂消永日。夜浴。

偕镜潭、荫三作小别之饮，偶往视少士，疾已愈，约再会。

1936年4月14日

竟日阴沉，午六十五度。俗以是日为天后诞日。

早起往何宅偕衍璿便车，饮杏仁酪而行，入公室解题阅课、授课。午返舍门，有罗文栢、陈梅湖两刺，梅湖四投刺矣。午后始得一见，多言广东通志馆事，甚以予断代修志之言为然。午睡殊熟，补起行后数日日记，寄平安书内子。

一旬归来去（可对"三绝才痴画"。晋顾恺之才绝、画绝、痴绝也），同舍共爨诸子亦游罗山甫归（据云浮山未及往），亟相问讯。孔一尘（芥）馈佳茗一撮，增城邹君约端午往餤荔枝，戴君来弈。林本侨、王士略（越）人定入斋，犹来一见，缱绻之意并可感也。卧阅王伯厚《小学绀珠》十卷略遍。

1936年4月15日

阴。午日微见，七十二度。

讲诵至日昳乃毕，补午睡之课。薰风南来，山人闲闲兮，午睡何足书。羊居以来，尘劳甚矣。念此后须以简出为是，不以心为役也。罗文柏柬明夕南园之饮，却之不恭，殊非山人之意，昔人有句云："无事此静坐，有福方读书。"谅哉。……

日入偕同舍人散步乱山，晚烟暖暖，村妇五六，得食负檐而归。吾辈所居，亦成聚矣。夜阅王丹麓《今世说》八卷，颇多隽笔，惟夫子自道，殊非宋刘（义庆）旧例，沽钓之弹，恐所不免。"夙慧"之目，排本误作"夙愚"，目录又误作"夙惠"，野草之烧，乌能尽哉？

1936年4月16日

阴。晡有小雨。

治书洎午，古直（公愚）来谈文，甚洽。公愚治容甫文甚深，今日以所著《客人对》一卷、《汪容甫文笺》三卷见馈。五年之前见之于傅孟真燕宅，盖学容甫之张广凌《比事类词》，自成馨逸。又与扬州李详有《容甫文笺》，尤予所有志未逮而先我为之者。相知有年，不嫌初识，径乞公愚更贻一册。

午衍璿以车来，以柳、黄同乘而出，茶于西关谟觞，既有弹棋，不须六博。日昳入成发小息，略治算经。今日检何氏弈谱六册还之，复易得四册而学焉。以邑中糖梅馈所知，金曰甘甚。

镜潭屡诘吴女，无以应也。晡有客语，镜潭方知以是日北归，从此侯门真成万里萧客，何啻路人。此豸娟娟，前尘历历而已。昏时践文柏之约，诣南园酒家。不见二年，相需尔许。胶州旧雨尚有叔明，以次入坐。张郡劢、罗文干、王某、海滨夫妇、词客陈洵（述叔，未至）、康同璧女士。裙屐连翩，酿茶香熟，主人健饮，客复剧谈，南州人物，伊可怀也。同璧匿其年如深，则莫不忆其庚子后游英伦时。有若问女士，西游者我是支那第一人之句，以射其覆语，以潮剧有"康同璧万里寻亲"数阕（壬寅年实予与亡友王少蕴编授歌者），女士则已知之。酒酣，文柏夫妇驾送至成发，约信宿之会而别。责予受酒不报，而梁实秋信今之殷洪乔矣。夜劵[①]甚，不胜酒力。

【注释】

① 劵：古同"倦"。

1936年4月18日

阴。午七十七度,晡骤雨倾盆,先以殷雷,旋息。

早起入公室勤劳半日。午刘俊贤招往沙河小餐,卜坐新旗亭,不以嚣尘,掩其幽雅。何氏伉俪及旧门人苗、黄、李同席,酒肴攻饭亦尽三器。沙河本以面粉著,因亦未甘舍而勿御,不觉逾量矣。坐车入城,久而始达,盖已出北郊外二十里。比入成发,渴急乘之,昏时时雨奔迸,遂抵夜裹足,与陈、蔡二友犄角久谈,此亦不得志于时者之所为也。

1936年4月19日

苦热,日昳八十六度,日入犹蒸热,飘雨斗至,旋止,夜不生凉。

美梦难逢,卧楼上,樵爨屏营①,闻声起舞。罗文柏偕张君劢来访,旋同往西关拜粤南词客陈述叔,满坐理学之书,两厉(樊榭)、朱(彝尊)之帖。"古董先生谁似我,蓬门今始为君开。"亦尘世中之自爱者。午已有公约,无意逐伍,文柏驾邀张在衡买聚丰园之醉,三人对影,倾爵者屡矣,慨然思归,罗、张远送至石牌,坚约五日痛饮之约。

舍中便了不解事,大为先生不便,今日自买茶炉,屏当移时,手灼床焦,几不可得一杯解渴。客居之难,动增欹累②,挂冠不易,弹铗无闻,开到荼蘼花事了,悲哉。

翁文恭公临终句曰:

五十年间事,伤心到盖棺;不将两行泪,轻为汝曹弹。

有谓此为文恭艰于传后与梁山舟李梅庵,同抱天阍之恨者云。

夜苦热,开牖则百虫扑炎,斜阅孙弈《履斋示儿编》、卢文弨《群书拾补》,灯下犹挥汗。

【注释】

①屏营:彷徨。
②欹累:又作"欷欷"。颓丧的样子。

1936年4月21日

大建。晴。午八十五度,南风。

适馆授课,多莫知先生谁何,既竭吾才,末由也已。以昨联柬付万年转致秋老。

龙榆生来访,颇论文章之道,端在声色,彦和《情采》《声律》二篇,即传兹秘，小姑刺绣，布谷催耕，并配称之慧心，飞沉之天籁矣。

是日又成挽联二首，则一笔呵成，饶手挥而目送之矣。夜在石牌初浴。

张卓南太公（张生云子春尊人）讣来，据状通灸术，老病便溲不通，以三月初十日殁。

针石上传郭涪翁，一经遗子，又远令江汉担簦，门下三年居，善数我惭商高术；

显扬可方梅定九，绝学匡时，犹归及抑搔尝药，椿阴百岁尽，攀柏人认王褒庐。

……

俗叩人之年曰"贵庚"，语有所本，《墨客挥犀》云："文彦博居洛日，年七十八，与和珦、司马旦、席汝言，为同庚会，各赋诗一首。"按郑注："月令，庚之言更也。故以纪旬或数年齿耳。"

1936年4月22日

晴。八十四度。

早起饮牛酪，盘中面包二片，居然服御①拟于王侯。连授三课，尚可与立。傍午越阜入室，道中犹吟哦昨句，撚须窜字也。

夜阅古直所笺容甫文三卷，所著《客人对》一卷竟。

【注释】

①服御：亦作"服驭"。指服饰车马器用之类。

1936年4月23日

阴。午八十五度，南风。

午衍璩招往沙河便饭，掬①胆相见。返得十九日家书，知长媳病有危状，为之悬念，弱质之躯，不堪生育，殊可虑也。

日昳衍璩仍过谈，予是日智②然大澈大悟，菜根③有味，即苜蓿亦不须干人余荫，尚阴名山可念，浩然于怀，不待再计决矣。

【注释】

①掬：用两手捧。
②智：古通"忽"。
③菜根：比喻工作艰苦、条件较差等。

1936年4月24日

晴。

早仍授徒以微分方程式应用法，是亦教诲之而已矣。未取孺悲之瑟，已弯逢羿之弓。到处不承权舆，吾道真成铺啜，尚可言哉？

罗文柏（节若）本约午饮，定于五日之前，衍潗闻而夺其东道之主，更招健饮同人会师沙河。节若日在隅中已挈其爱女俟①我天文台下，邀往罗家，幽兰盈百盆，插架逾万卷。彝尊②席几，俱古色香。乔木故家③，其来有自，所悬谢兰生《山兰》小帧尤挺秀欲绝。兰生南海人，字佩士，又字澧浦，嘉庆进士，善诗文书画，与黄子高同馆学海。予家藏有里甫居士朱墨兰竹，去夏未审谁何。见《九江集》有《和里甫夫子诗》，始知即佩士先生，今日证诸节若，益信。且并见家叔立（子高字）篆书，悠然欲溯洄从之。其周天球一帧追摹虞世南，神理入木三分，文曰"倪若水藏书甚多，至借书者先投束脩羊"数语，本出《云仙散录》，而书体作"束修羊"，按修，饰也。脩，脯也。自孔和、史晨等碑以脩脯之脩为修饰字，已启承用之，渐至假"修"作"脩"，则未之前闻也。"束"谬作"朿"，更非小失，明人不讲小学，其舛淆及于习用之字乃有如此者。节若出王壬秋白书《圆明园词》册页，属为题籤，全词已见《湘绮集》。兹卷且有笺注，注文字数与词相埒④，署记同治二年，则湘绮四十之作也。绮丽端赡，一卷备之，原为晦闻旧藏，节若以十粤金得之者。促膝背词，鬻茶读画。片时小聚，望古遥思。兰笋茶尖，可谓极视味之娱者矣。

午驱新旗亭，夹道垂杨，当年走马越王台畔，贾胡⑤江边（河南旧传有贾胡，自异域负其国之镇珠逃至五羊国），缅此殊方，有抚弦动曲者矣。日中，何氏伉俪、柳金田、朱谦之、龙榆生、张在衡、许逢熙以次入席。红棉阴裹，丹荔阑干，肴核既陈，桑麻在望。侑觞行爵，饱死侏儒。嘉会不常，盛筵难再，张子在衡，接其高兴。执杯订展，夜移西园。予已被酒，不克从诸君阅市，张、罗躬送往成发。废然一榻，御箑纳凉。有乡人蔡适自东来，为道长媳陈病状，甚悉，已可无虞，谓天日前闻诸陈之女弟，彼之于陈为亚侄也。可谓君自故乡来，家书抵万金者矣。

日加卯，节若来迓，复赓⑥饮榕寺。西园枝柯扶疏，风烟掩抑，欹床点石，并移我情。与许子对一局，未终而馔设。沽酒于市，不必携榼，欢无不尽，杯靡不倾。何妇健啖寡言，弥增筵前清永。信陵十日之会，此来不虚；献子五人之游，今乃过之。酒罢，何车犹护至成发，旦日相见，夜多思不成寐。是日饮茗过多，以致之与。

【注释】

①俟：等待。
②彝尊：亦作"彝樽"。古时祭享用的酒器。

③乔木故家：同"故家乔木"。指世家的人才、器物必定出众。
④埒：等同，并立，相比。
⑤贾胡：泛指外国商人。
⑥赓：继续，连续。

1936年4月25日

晴。晡有骤雨。

起早，已命车小东门趁校车，计何子方高卧也。旋念因惜顷刻之阴，而失约言之信，此胡可者，仍折住何宅前，徘徊蹊路，及时始叩扉而入。尽粥二瓯，驾言东去。

先生之于徒也，尽心焉耳矣，午毕所事，力竭声嘶。以达夫有晚至成发之传言，迟出则不易得车，仓皇西遁。我徂东山饭于秋老之庐，主人已释匕勺。有不速之客来，冷饭残羹，亦是一饱。纵谈文章，几同睥睨，秋老之宠予甚矣。夜宿成发，急雨泷然。达夫不负宿诺，无多盘餐，欣然共之。十年胜友，未免时有一场春梦之感。子夜漏残，丁年人往，呼汤尝粥，入梦而甘。

1936年4月26日

阴凉，午七十七度。

写联剪锦，送赙张宅之丧。忽念丁静斋别来十经寒暑，挽镜潭寻访，静山翁导往访之。西诣十八甫而静翁不晤，乃自沿车道，倦鸟思还，车中无多共者，以其时考之，尚须劳君小坐也。忽戛然东行，此中人别有青眼者，赏识在风尘之外，犹诸事有伤心者乎。家书来（二十一日），述长媳已脱危象，侯医生汝霖之力也。即复示诸儿侄，并作小柬贺思敬新宅兼谢馈物。

入春重腿之疾若失，今日自午坐木凳至夜了，不感麻痹，心焉幸之。去年此日呼謈①扶几，大虑今春宿疾复发也。经利彬针石之力，不可弭忘。夜吸镜潭所馈雪茄，芬馥无伦，据云光绪时陈物也。

【注释】
①謈：因痛而叫喊。

1936年4月28日

午八十七度，晴，东风颇紧，晚初见是月，上弦。

解题背书，卯出午退，五百之徒，谓之点卯，而先生不朽之业也。研朱墨点《班书·刑法志》①一卷，能坐得住蒲团上本有至乐耳。

既晡，同舍人呼啸越乱山。清风冷然，披襟当之。隽说纷然，目笑存之。既不辨色，有闻其语而不知谁何者，传白下一联："孙氏骷髅陈氏客，蒋家兵马宋军为。"为之三日大索，一夕数惊云。夜试浴坐盆而熹，赁庑之生，索居多感矣乎。

【注释】

① 《班书》：指班固所著的《汉书》。

1936年4月29日

阴。日微见，午小雨，昳加急，先以雷声，晡倾盆下，入夜蒸热稍解。

礼闻来学，不闻往教。今则骏奔二院，迹等卖唱者之沿门矣。盍各言尔志，《颜渊季路侍》，今则鹄立一堂，状类尸祝者之托钵矣。夫子之道，哺啜而已矣。毕三课，午归已癙悥甚。食脱粟而甘之，枕上抛书，补寻佳梦，起自烧汤，两膝殊重，渐尚以筋力为礼，博此嗟来之食。伊颖之上，负郭之田，信今昔之所难，贤愚之同慨哉。

飘雨撼窗，飙风侵几。计无它出，谁相送还。丁丁一枰，庚庚乱架。于此中得少佳趣，亦足以畅叙幽情。（朱谦之亲以束来约旦晚西园之饮，未晤。）……

龙榆生诸子倡为夏声社月刊，属参其事。《地理志》"秦地"条云：秦吴札观乐为之歌，秦曰此谓之夏声，夫能夏则大，大之至其周旧乎。

闭窗既无风，开窗又招趋附者，草虫阜螽，喓喓趯趯，扑额丛首，无计剔灯，独坐厅事，阅潮本《汉书》，温故而已，无新可知。

1936年4月30日

阴。晨七十四度，凉爽适人。

温习算书，偶作细草。（略数学习题）

晨要衍璿于路隅约晡时同车而出，应朱谦之文学（唐各州并置文学，掌以五经教授诸生）西园之会也。园故有红棉树高数仞，昨夕雷电以风削去一支，闻之尤为变色。今夕入席者皆旬日以前联翩胜侣，谈吐俱豪，酒行数巡。侍者告予电话，予销声养晦，可谓至矣，彼何人斯，从迹之而穷其所往。下阶聆之，则镜潭、桥梓打自石牌也。莫夜郊迎，必非无事，相失交臂，于今为信，约仍见于成发而中心藏之。酒杯为之少进，席上谈风，节若独健矣。

何氏伉俪送予归晏公街，见蔡智适自家来，故园无恙，而为谳讼事，将伯无人，昔时征选华筵之侣，今成雀鼠公庭之敌，可伤甚矣，许为囚人缓颊之。枕上以梁江枫《象棋比赛汇刊》自遣，至子夜始熄灯。

1936年5月1日

晨大雨,隅中阴曀,午七十二度,御夹衣。

晨起檐滴有声,蔡詧告归,付以二十金交室人,为长孙哺乳之费,以五金交子侄莳花木,无多可语。顾车东出,甚雨及之,单衣布履,濡湿无遗。少息何宅,得车,撞钟毕。节若教授率其女公子应约俟予于门,面为儿女亲家求驰一事,生不干人事,已至此即专人驰函坐之当事者。旅榻不得好睡,退食补之,竟夕订谱,真成坐隐。

1936年5月2日

早雾午晴,八十二度,夜月瞹瞹。

隅坐厅事,待钟未鸣,成日记序一首。校报见李沧萍诗题曰《简姚秋园丈》"惜抱宗盟一代中,高文秋叟最推崇。襟怀朗朗争天月,义法森森凛朔风。少日常思亲老辈,中年竟善结邻翁。丈人自有千秋在,峻洁刘彭道岂穷。"(眉注:岭南文如刘轲、彭泰来两先生毕卓立千古者也,刘文当时与韩、柳齐名,彭亦在龙翰臣、王定甫之上,盖将与梅伯言同骖行矣。)存其事焉可也。

每休沐必入市,既不得休,又焉得沐?酒肉席撤,嗒焉倦归,身心交瘁,业益不进。今日破例,守此孤馆。领略闲适之致,爵山如醉,逸梦钱春。

晚食有肉,弹铗不歌。林本侨、孔一尘、戴淮清共步北郊。积潦满畦,蓬蒿塞径,裳跃雀适,彼田间土黝知沃,流泚①可数。耕牛当道,避如市虎,都阃少年生鲜见此也。牛羊下来,鸡栖于埘。直北有村,询曰长泲沉涛。《说文古本考》云:"《一切经音义》引泲,涉渡水也。"云村不满百户,去石牌横舍可三里,为今广州市番禺县之界,民多业农,而书院家塾旧额所在,皆是负郭近水,移于一王之制者然也。傍水茶棚,既昏不客,樾荫横石,少息劳薪。畏行黑途,呼啸回辙,飞云翳②月,出没共之。野有新垒,阁闳③自鸣,信所谓吹皱一池春水者。听事堂皇,有二客掎角,望之萧然。孔一尘以歌诗攀谈,且盛言平仄抑扬之道,证以新说,信而有征,锐进博搜,岂惟可畏?舍声音固不足以言诗,而敦厚温柔之教则又别有所在,非尽可以《风怀》之什该之也。中夜苦蚊,起而扑之者三焉。

【注释】

①泚:清澈的样子。
②翳:遮蔽、掩盖。
③闳:巷门。

1936年5月3日

星期。阴,午八十六度。晴,奚者晒衣。

扰扰二月,昨夕星期之六始宿石牌。今晨起稍迟,整比斗室,悠然而坐,稍稍复得此中乐趣,以兹暇日。独攀上宫远眺(孟子馆于上宫,注:上宫,楼也。郝疏:是楼最高而在上。今别曰天台),南东之区,名城在焉。珠江一角入我凝眸,番禺诸山北固吾圉①,辟雍频水②。民力维艰,吾侪所居居然成聚矣。裁斗方纸,自刺其名,叩温丹铭翁之门而投之,阍③无应者。

【注释】
①圉:边陲。
②频水:借指学宫。
③阍:宫门。如叩阍,司阍(看门的)。

1936年5月5日

晴。午八十七度,夜月初弴后明,南风在榻。

早食有酒,足疾不发,遂解戒杯之严。惧前所见,非复当年得意之人。多感浮生,更在中年。沧桑之后,愈求解脱,愈陷重蚕。舍一二人外,无可告语者。余生未竟之业,名山可求之事,中心藏之,何以自了。午归村中,温丹铭翁、姚万年有刺在门,未晤。(两儿禀来,即复谕,并柬室人。)……

北窗灯下然香辟蚊,薰风自南可以读书,阅陈均《唐骈体文钞》数卷,枕上犹相偎也。

《因树山馆日记》第二册
(1936年5月7日—1936年6月18日)

《因树山馆日记》第二册·序

  先人之敝庐无恙，南中之景物何如？在昔哀赋江南，不无危苦；节持塞北，谁与为欢？归与有怀，浩然而决。正桑麻之春及，遇村尨①如旧识。何待秋风，方思莼鲈；坐看落日，不知早晚。早与晚其代序，春九十而已度。洛阳花事，理咏何人。山寺钟声，瓦釜乱之。一例春士，千回逝波。只在山中，先生安往？粤秀之秀可餐兮，为君艁②闭门之轨；荔枝之枝可折兮，无人知一骑之尘。冢傍要离，先赁伯鸾之庑；言经旧苑，有吊守真之文（古公愚有文，表明南国诗社女侍张丽人墓，名乔，字二乔）。溯榕水于望溪（秋叟），登东山而思鲁（叔明假馆东山）。汝坟赓豚鱼之格（陈达夫专攻鱼类），象胥来万国之同（罗节若治英诗二十年）。亦有三绝王瞻，五噫③梁妇（何衍璿棋艺几突前人，伉俪称最笃）。唯弈秋之为听（时从黄松轩游），未逢羿之弯弓（及门张、黄、李、刘辈时过从）。善数闻诸大夫（数理系同人刘俊贤、袁武烈、柳金田、黄绎言无日不会），谈天高于驺衍（门人张子春以天文名家）。五步之内，北郭买春（林本侨每夕结伴信步）；一斗最欢，西园载酒（罗节若、朱谦之、张葆衡连夕招饮西园）。订期裹东坡之腹（增城邹君约五月啖荔枝），执简征南史之编（广东通志馆订聘有年，来速稿草，时温丹铭在馆）。斯并越王台边，畸人胜侣；贾珠潮长，独士孤踪者也。考先眠罢，还读我书。嗟来食余，存为私记已耳。丙子暮春，任初自序。

【注释】

①尨：多毛的狗。
②艁：古同"造"。
③五噫：《五噫歌》，作者梁鸿。

1936年5月7日

  晨薄雾，午晴，熏风多凉，夜望月廓，自东山上。

  起早亲理斗室几案之属，加以拂拭，比于运甓，亦以洗心。里人郑振文（潮阳）来访，并丐书便面二方。日在禺中，稍毕记札。罗节若来报所托事，乃兄（文干）破例周旋，情殊可感。旋被邀诣新庐（犀牛路二号），兰若盆花，棚以荫己，幽人之宅，王者之香。为之流连，佐以午酌，持蟹嘬尻，所欲两备，不必入市，竟厌郁厨。节若又见其二公子，命之持壶倾爵，友朋之好，直成五伦，遂为极欢，啖饮皆饫，兰馨畹秀，透窗沁入，醉翁横陈，悠然非复人境矣。

日加申假车西报镜潭，酒意在胸，难于酬酢，仍借友车东归（赏车御一金）。室虽云小，究是主人，几上留柬，则衍璿、绎言亦以午来约出饮，口腹之欲，累我良朋。

夜与诸生共坐，满月在床，客退则题跗签眉，亦助进修盛业。馆人牙角，重劳解排，何足重轻，金人之兵且渡河矣。

1936年5月8日

晴煦，午八十七度。

早方栉沐，讼者及门，急趋公室理课，傍午修我发而归。龙榆生过谈，盛言今之骈文作者当数黄孝纾云，又《越缦堂骈体文》久寻不得，托函杭人大索之。

1936年5月9日

午无风，感溽蒸，夜凉。取二月春直存镜潭处。

治书课徒，洎午退公。子春约入市茶，已无四方之志，甘守一席之温。衍璿、绎言饶有逸兴，纵非欲往，乐我友生。烟粉炉边，琵琶江畔，著犊鼻之裈，湿司马之衫，坠珥遗簪，有不止微闻芗泽者矣。博士方上下其手，先生亦伙朵其颐，人海蚕丛①，何必察及渊鱼哉？

夜宿晏公街，见烟茗器皿之属不完不具，则夜来责家使人借酒毁之也。身见荣瘁异时，为之不怿，晚食罢勺，欲从诸博弈者游矣。又逢乡人卿士名家来共格簺②，因呼便了，沽酒市脯，与主人图夜饮之欢，而客来胡为？乃大有词乎，分先生之膏火③也。村居原可度日，入世逢此百罹。跳蚤啮人，卧榻之侧，时闻伧父鼾睡。今日下山，真大悔也。牧猪罢戏，枢牛有声（《左传》："枢有声如牛"）。

【注释】

①人海蚕丛：比喻社会。
②格簺：谓赌簺。簺，即博戏格五。
③膏火：指供学习用的津贴。

1936年5月10日

　　星期。晴。午薄阴，日晡小雨生凉。

　　本日两餐早有约饮，入山无计，举目皆非。镜潭亦不寐，早起招之同步学宫街下，流连旧书冷摊，说贾搜沙。买书大非容易，仅得吴荣光《吾学录》（八册二金四角），此以存礼仪典籍，世所不讲而吾家所不可不备者。俞曲园《春在堂随笔》十卷、《小浮梅闲话》一卷、王渔洋《香祖笔记》十二小卷、方中德《古事比》五十二卷（都一金），凡以为枕上谈助已耳。

　　访陈达夫于西湖街衖（流水井二十二号）。掬怀长谈，略无余蕴，八年久别，始得尽言。达夫约日饮于其家，为言入市，视同畏途，旋里之前，必谋一醉也。

　　午赴观音山粤秀酒家，应汴友许逢熙约。北涉小阜，已万户在望，炊烟正勃，酒庄高据阜颠。北郭町畦，阑干绕之，城垣早隤①，百雉无存，慨然指点越王故台遗址而已。志云：明永乐初，指挥花英于山颠起观音阁，俗呼为观音山。记辛丑童年，曾登五层楼，尚在迤西里所。此日风清云淡，四围山色并入襟里，宾主觥觥②，更为唱酬。予亦振其谈锋，不俟孟公（陈遵字）而惊坐。人生逆旅，即以此消遥足矣。

　　酒罢，衍璠招往十八甫，访善弈者黄松轩，假席西园，车攻马同之盛可想见也。予被酒甚，荧然一榻，闻车马之声权当卧游。垂晡更席留东同学会，范锜、王越二君为东道之主，小雨浸阶，红灯代烛，间与黄仲诚弈两局，以省话言。酒店兴犹豪，饮至二更，何宅命运车来送回石牌，以予不欲假榻也。士略、本侨同车而归，横序高灯，光明一角（赏御者二金），入此室处，炳烛阅弈谱，犹愈与褴襫子共坐耳。

　　家人寄眼镜到，须君一月，共尔千秋。

【注释】

①隤：同"颓"。

②觥：觥觥，古代一种酒器。

1936年5月11日

　　霁。时雨间之，凉爽可伏案，七十五度。

　　别我蜗庐二日矣。雨我公田①，遂及私记。午与客坐，神入局中，甚雨及床，陈书已濡。石上烂柯，视若无睹，持竿诵经，不觉潦水流麦，其后文通（高凤），遂为名儒。我虽小技而不精，乃竟有似古人处乎。

　　晡里人集会，雅不欲往。纳钱四千，冀援罚锾之例。郑铎宣翺之以行，晤梅湖、万年谈久之。粤币飘如纸花，会须有日更一文不值，何消说。急束镜潭鬻所有者于市。日之夕矣，托梅湖将去，遂遁而归，甘我苜盘②也，夜读乃时有陶然之致。

【注释】

①公田：旧时一族公有的"族田"，但其性质实为民田。

②苜盘：苜蓿盘空，比喻小官吏或私塾教师生活清贫。

1936年5月12日

雾。午食雨，八十五度，晡又雨。柬叔明、隽卿，作家书。

早窗可爱，文史足用。禹中节若来约旦夕村饮，且说谳事，特随驾入城，为镜潭言之。既受托则恐误人，亦兼营得钱已易铢①否也。忽又思归，立买市车西返。收拾放心，大非容易。不欲以莹然已静之躬，复皇皇然载质出疆矣。袖《兔园》小册雒诵②车中，折角记之，亦尽三卷。午得聚馆人而餐，淡泊甘之。急雨西来，免此淋濡，自叹回车之尚早也。为郑铎宣书便面二方。……

夜卧阅《春在堂随笔》③，前曾过目，下笔成书，精意之存者少也。晡后乍雨乍止，闭牖苦闷，浴以涤之。海内存知己，疑是玉君来。

【注释】

①铢：古代重量单位。

②雒诵：反复诵读。雒，通"络"。

③《春在堂随笔》：一部包含学术考证、诗文杂录，以及民情记载、时政议论的综合随笔录。

1936年5月13日

未晡出趁校车，人多于鲫，拥而后上。雨及于肩，蒲轮安车，遂成梦想。三易其车，乃抵沙河。急难践诺，均不容辞，不然为此一饭驰五十里，拖泥带水，尚以筋力为礼乎？坐有叔明夫妇及节若之兄（文干），谈醼①殊不寂寞，主人兄弟并雄于酒，不觉逾量濒醉。三更假车归馆，下辇泥中几不克步，阶下小坐，乃安斯寝。

忆客言胡汉民死状甚悉，报载遗嘱者赝也。循例有为之假手者耳，不如金圣叹临刑时遗令其子，司刑者虑其又作背叛语也。发函视之，但曰："豆腐合花生食之大有核桃风味，此法得传，吾死无憾矣。"此数语只今犹人人能道之也。

【注释】

①醼：同"宴"。

1936年5月15日

晴。午达八十八度，薰风至处犹凉，日昳曶大风雨，旋息而雾。

课毕诵《汉书》。相如口吃善著书,余今诵其文格磔钩车船轫亦为口吃,今世有大家其人乎,安得从之受读也。榆生午来阅日记,愧无心得,徒炫耳食耳。

衍璿来面约,又翌晨以车至成发,结伴游白云,饮于倚云别墅。日方骄炎,伞而赴会,道中已望天际乌云,顷刻色变,狂风猛,衣冒①纷飞,兵已渡河,议论未定。念蜗庐南牖两扇洞开,阍者偶疏,遭此颠预(大雨貌,见《广均》),则天下事不可为矣。心摇如旌,路滑于溜。言于祭酒,冒雨淋归,綦履尽濡,怵我乱籍。坡下遥望,窗帘已下。释言四顾,谷满湍奔。岚色四围,虹光如练。山村暝色,回异尘环。夜阅《浮溪集》。

白云山在南海城北,上多白云,高三百余丈,盘踞百余里。其下有龙泉,泉之下为大小水帘洞。北一里有鹤舒台,安期生飞升处。台之北有飞霞洞,高百仞,瀑布飞流。又有虎头岩,其前为虎跑泉,宋运使陶定于半山建龙泉寺,题曰:千峰紫翠。亭曰:天南第一峰。今废。去西南一里为玉虹洞,其南为聚龙岗、滴水岩、菖蒲涧,涧旁有蒲涧寺、炼丹井,左有菊湖今烟(《广东考古辑要》)。按安期生,《汉书·蒯通传》有安期生,云:"初,通善齐人安期生。安期生尝干项羽,羽不能用其策。而项羽欲封此两人,两人卒不肯受。"皇甫谧《高士传》以为即一人也。

【注释】

①冒:"帽"的古字。帽子。

1936年5月17日

星期。阴。猛雨时降,未晡而暝,八十二度。

黎明即起,西指成发。衍璿夙约不爽,同登白云山北。林翠欲滴,石净如洗。做馆山麓,曲径通幽。依土为丘,引泉成壑。薜阶虬①绕,石级雁排。斜几小亭,如在画中。褰②衣涉流,占得一席。游鱼敛迹,白鹭为仏③。展局一枰,别有天地。衍璿一面转战联军,思入毫芒,刀洞肯綮④。日加午昃,仅决一局。野餐既设,畦韭皆香。有客远行,举酒相属(刘子俊贤将赴欧洲数学年会)。匕勺方酣,山雨忽来。十里泉声,尽奔肘下。适所弈棋数武之地,已卷入急湍万项之中,立足之艰可为动魄。门人子春言不可负此天上傥来之境也。曳屐张盖,导予拾级而登。白云在脚,亦不觉山高几许。郑仙翁庙翼然如寄,转眼之间瀑布当前,悬空而飞,激石而响,相其高下廿丈有奇,稍一凝眸,此身若坠。非尘缘未尽,我亦乘此飞去。流落人间,缁尘在袖矣。乘车东归,密云四合。林鸦狂噪,衣舄已濡。避雨树下,不见茅容。挥汗入庐,蚨⑤同高凤。风雨破牖,乱我藏书矣。更衣拂几,清气在怀。

夜与王士略竞背佳联,如黄花岗一联云:"荒冢近黄花,几番风雨;霸图数青史,如此江山。"传出时人谢英伯手,杰构也。

【注释】

①虬:盘曲,卷曲的样子。

②襄：通"骞"。揭起。
③厸：古同"邻"。
④刀洞肯綮：见"洞中肯綮"。观察敏锐，言论能掌握问题的关键处。
⑤蚨：蚨蝪，土蜘蛛。

1936年5月18日

晨午阴，八十五度，雨作，哺食尤雱①需。

毕二课，已浃背矣，真血汗钱也。归卧北窗，看南山阁《浮溪集》。……

申时偕衍璿出村，道上几与来轸激冲，车中非客疾言，几不免于难。盖重车在前，御者以为不如捷之速也，而軨②轭③已微伤矣。中路而驰，犹时有衔橛之变，舆不及还辕，人不暇施巧，枯木朽株尽为难矣，岂不殆哉。夏雨不常，滂沱弥径。北门之管无恙，西州之屋已非，则有红棉酒家，绿杨堤涘。北村浣伴，南国胜流。及时饯春，听雨荒野。叙芳履韵，灯下庐边。春夜宴桃李之园，宾主尽东南之美（主人刘君俊贤夫妇）。鲰生④虽十年不调，孟公则一坐尽惊。亦负仲宣覆局之神（何让左马以先手抗刘政举，予为监军，记可背走者，不须笔记），竟来先生酒食之馈。竟以颓龄忝为祭酒，未罢长夜，间闻莫钟。城郭已非，卅载去家之鹤；履綦宛结，一时逐队之鱼。出无安车，归不怀肉。举头见雨，不见石牌，不得已之景丑氏宿焉。吾岂若处畎亩之中哉？

【注释】

①雱：同"滂"。水盛漫流貌。
②軨：古代车厢前面和左右两面的木栏。
③轭：驾车时搁在牛马颈上的曲木。
④鲰生：犹小生。多作自称的谦辞。

1936年5月19日

阴。时有小雨间之，江水报涨，午七十九度。

假榻高卧，一局乾坤，无与先生事。小童叩枕，有车及门，天方黎明，重违来意，匆卒凭轼①，思此时车主人应未起，不如就对门答访丹铭先生通志馆。老年同于孺子，早寝早起也。陋室半椽，破书盈箧，薛苔逼榻，圬匠在门，修志之声盈耳矣。馆贤之礼如此哉，求史材则千里降追，语宦途则十年不进，知几怍时之论。吾见其人至忠，得书之惭，今未可望。丹老虑宗邦梼杌之就湮，莫景崦嵫之日迫也，先刻其《明季潮州忠逸传》六卷，岂惟深虎贲之思，亦重寄麟书②之笔矣。蒙锡一帙，远胜百朋。坐语片时，抗怀千古。简书在御，博食何家。方阖户而诵书，有穿限而索笔。割其佳日，代人吮毫。几见谀墓之金，竟类乞墦之食（里人来乞书墓前楎帖，竟以非本意而应之）。教匠人而为雕琢，叹此道已成舆台③。绝笔非苟，敝帚自赏已耳。旋见校报载丹铭诗题曰《大雨志馆湿床帐（戏作）》云："夏初大雨倾盆势，新盖数椽漏不止。少陵枉抱广厦心，区区一己未能庇。帐被沾湿愁吴侬，却望明朝日脚红。九儒十丐寻常事，一笑浮云蔽太空。"虽曰"戏作"，而意事殊可叹也。（谢枋得文："今世俗人有十等，一官二吏先之者贵之也，七匠八娼九儒十丐后之者贱之也。"《郑所南集》："一官二吏三僧四道五医六工七猎八民九儒十丐。"）……

夜阅《潮州忠逸传》。是夕方得竹席，而枕簟④凉生，蚤虱来袭，屡夜起，深恐感风。

【注释】

①凭轼：亦作"凭式"。谓驾车；出征。
②麟书：即麒麟书。后为对别人文字的尊称。
③舆台：古代十等人中两个低微等级的名称。舆为第六等，台为第十等。后泛指操贱役者，奴仆及地位低下的人。
④簟：竹席。

1936年5月20日

阴曀，午后日微见，八十一度。

授课连三小时，颇觉力尽，午早退昼寝，敕不可仰，觎涕交臣。……

五层楼联云："五岭北来，珠海最宜明月夜；层楼远望，白云犹是汉宫秋。"传出胡展堂手，可令人"先生在上莫吟诗"矣。某寺联云："如是我闻，虫声鸟声风声雨声和满院树声，入斯门一声顿悟；即今所见，山色月色云色树色集四时景色，到此地众色皆空。"尝闻之矣，王士略为予述。

斗室去听事数武，诸少年集会于此。来仪率舞，僸佅兜离①。何侍百年，不可终日。阖户把卷，不如临渊枕流。山有榛，隰有苓，席地盖天虫可呢。鸡栖羊下，多露畏行。入此门来，实逼处此。笙歌盈耳，乐奏土风。筝琵箜篌②，靡靡甚矣。偃卧听之，时有叩阍者。我虽不醉，示以欲眠，与古为徒，于物无忤。混混与世相浊，独其心追古人而从之。此足下之道，所以使我悲也。

【注释】

①僸佅兜离：泛指古代少数民族音乐。
②箜篌：古老的弹弦乐器。最初称"坎侯"或"空侯"，在古代除宫廷雅乐使用外，在民间也广泛流传。

1936年5月21日

多霁，八十一度。

同事潮阳萧锡三来访，殷勤同往出吊于方氏盖彬士母丧，虽未以赴来，而吊丧之不敢缺也。萧君本约同归，午复驾车，及予姚馆，秋老有命，不可不留。车中陡闻吴太史之耗，惜粤游三月，尚未登谒。闻老来愈关心潮州后起之士，秋老则谬以贱子之名进也。料秋老连日料理，方忙丧次，甫晤即命偕往襄视各文稿。按吴太史道镕，字臣，号澹庵，番禺人，光绪庚辰进士，改翰林院庶吉士，授职编修。澹于仕进，历主金山韩山丰应元书院，监督高等学堂。清亡愈深韬晦，所成文甚富，不许门人刻集。弟子姚梓芳主讲学海书院，刊《师友渊源录》以相传习，乃得见太史之文二十许首。晚二十年倾其心于《广东文征》之别辑，已成者垂一百卷。病榻炉边，雠校不释，先正道脉，赖之不坠。不能亲卷册者仅二日，以前日夕（闰三月二十八日亥刻）卒，从此东南耆儒尽矣，宜白首门生为予述之而累欷也。秋老视敛后夜成三联举以商榷：

瘁精力廿年，方蕲半载，汗青踵文献文海成规，独有宝书光岭表；
享遐龄八四，凄绝三春，日莫继崔公李公怛化，空余老泪洒禺山。

（为广东艺文编纂馆同人作）

百卷订文征，翁山选政以还，成兹钜著；
千秋留遗稿，子大梦斋而后，直至先山。

（此联署门下姚梓芳）

秋老属予必撰一联，昨日偕静斋待予成发，洎晚方归，即为此也，三易未定，先存草稿：

时论仰韩公，泰山北斗，姓而不名，教泽播庾岭以东，况张籍从游，亲受遗编待来者；
史臣称太丘，据德安仁，道训天下，传否关斯文之重，只王戎后至，敢从私淑谥先生。

1936年5月22日

晴炎，午八十六度。

授课解题，午退已澌竭矣。榆生来久谈，午待以粗饭，舍中所有，脱粟而已。榆生言予文有矜持太过处，是则艰涩也，直谅多闻，古之益友，予之不闻直言于友朋之间者久矣。作家书，支青岛存款三十金付仲儿。柬智斋、毅伯、幼山，简已缄留中不发。……

席中商定秋季分任课事，以连续群论、微分几何学、微分方程式论。公事误我，我误酒杯，又感蒸热，湫隘器尘，不可以居。

偕子春一视其母，即东驶东山，欲假榻张庐，或浼秋老夜谭，岂不尔思。失之交臂，蹒跚道上，顾车再东（直二元），汗背急驱，归去来兮，呼汤已迟。冷水浇灌，斜倚栏前，亦飘飘乎谪仙之概。张舜民题庾楼诗有"万里秋风吹鬓发，百年人事倚栏干"句，诵之凄然也。入夜又以多茗少睡，时与蚊虫为难，间以橘中之秘。

1936 年 5 月 23 日

晴霭。午八十七度，南风，初啖荔枝。

早起排比居室，山秀入帘，治包络线论，薰风习习，增人好怀。……

午不出门，展诵正酣，日月至焉而已矣。锡三已专人来速行，假骖借乘，不敢后也。挟策入秋老坐，论文达暝。比来以此会为能道出真际，屡叹未见《古文四象》①之目，但令从学者类别习诵之文，雄真怪丽者，阳刚类也。茹远洁适者，阴柔类也。叩钟扪盘，在乎其人耳，因及曾、吴为文之旨趣者，甚悉声气之乐，非听乐饮醪②者所能梦见，栉沐酸咸，亦惟糟糠之妇知之耳。

晚赴黄敬思、林木侨太平馆酒约，坐邻永汉围墙。万木参天，群莺乱飞，旧雨时来（晤雷通群，而林砺儒、陈达夫爽约不至），初夏草长。清言饷客，冰室沁肝。麦酒溢卮，时鲜在匕。主人情重，相公归休。觅车东山，浮瓜北馆。石牌之舍无恙兮，同舍之侣，阒然③袒偃。堂皇咏歌，槃涧时时。睡去不复痴冠带之劳矣。士略、本侨夜深复来，共坐者久之。

【注释】

①《古文四象》：共 5 卷，为曾国藩编纂的古文选集。该书不仅代表了曾国藩对古文的评价，也体现了清代末期桐城古文派的旨趣，是当时古文选集的代表作品。

②醪：酒的总称。

③阒然：形容空无所有。

1936 年 5 月 24 日

星期。晴。八十六度。

裹足不出，独上高楼，亦俯仰而夷犹矣。校读揭阳姚氏《述德徵言》，为之諟正①文字如干条。又刺发义例未安者，如"凤皇岭阡表既首著吾母王太夫人"句下又曰"外王父王猷、舅父王梦龄"，皆应曰"讳某"，不宜复著其姓。篇末署"男姚某表"，似亦不宜著姓也。当还质诸秋老。校毕思为一文曰《述交》，以书其后，秋老本属为之序也，彷徨构思藩溷纸楮之间。

镜潭迟予，数日未面，入山相见，谈过日中，欲予同出，以明朝有试事婉辞之。旋有客招以弈，亦谢未遑。斗室名山，大有可以百年千里者，虽未为及泉之掘，而方竭枯井之思。读者在庐，御者在门，展刺讯来，则衍璿、康辛元、董爽秋共约饮荔枝湾（多宝路朱宅）。门人辛树帜（湘人）方自江宁来，谒予于成发，相需②甚殷，高蹈正难言，复为出山之小草。至则良朋三五，时果缤纷，"日啖荔枝三百颗，不妨长作岭南人"，不必他日，始尝异味。有倾，朱骊仙至，车笠不殊，笑言哑哑，藏钩③流盏，倾量当之。醉卧沙发君莫笑，人间那得几时闻。夜宿成发。

【注释】

①諟正：同"是正"。订正。

②相需：亦作"相须"。相互等待。

③藏钩：汉族民间守岁时流行的一种娱乐活动。藏钩戏原是汉宫中极流行的近似于射覆的一项游戏。后来成为一种宴饮中的娱乐助兴节目。

1936年5月25日

晴。午阴晡雨。

早粥于何庐，赴辰刻小考，并作一题示诸生（录黄用陬作）。（略数学习题）

酒气虽黯然已消，执简犹懵然思睡，败荑①脱粟，甘尽四器，纳头便梦，洎觉已昳。

子春晚宴北来朱、辛二君于江畔祺园，来此三月，未暇再往，挟书以行，为借宿计也。夜不敢纵杯，谈风顿减，伴食尸位，夏雨洒窗，子春据气象台测报二日来遍华南皆雨。二客欲明日观泉于从化，子春浼予相从，戒游定矣。以雨讯频频，涉水登山不无畏途，此行遂阻。人定客散，宿庐中小斋，幽静可爱，斜阅《銅盦文稿》，至更毕其三卷，苦茗荔枝，恣予歠②餤也。

【注释】

①荑：通"稊"。草名。一种像稗子的草，结实如小米。

②歠：吸，喝。

1936年5月26日

阴凉，禹中七十八度，午微雨达晚。

《銅盦文稿》六卷，今人闽县黄孝纾颔士之作，假自姚氏学苑，未得上册，此册为记铭碑諫①之属。祖祢②魏齐，息胎郦郭。缀词敷采③，回出恒流，榆生之言不妄，叹也。所作《与冯梦华中丞》中一段，具见指归，可雒诵也。

【注释】

①諫：古同"诔"。古代叙述死者生平，表示哀悼。

②祖祢：古代对已在宗庙中立牌位的亡父的称谓。

③敷采：见"设色"。敷彩，着色。比喻以词辞文采渲染。

1936年5月28日

晨七十一度，久雨如丝。……

得秋老片复。家书来（二十四日），闻予将归，冢媳已瘥，家门充布喜气也，闻洼田苦潦，农事可忧。（今日以诗卷求题辞者二起，其令先生小病一场。）……

夜复观《集字》诸卷略遍，多集录各家之说，而未加以排比，故重复不醇，宋人"小学"不修，得此已同球璧，卢氏诸贤遂不胜其爱护之勤耳。

1936年5月29日

晚有同舍人极嬲对局，自有消磨良法。非在舟车长旅中，不愿陪陌生之人鞭弭周旋也。婉辞却之，心劳日拙。何尝不深警惕，况久绝慷慨扬鞭之志矣。

粤民性好叫卖，舟车所至，曲巷之间，卖花不待明朝，吹箫何限吴市。晨鸡为之，惊和客梦。辄为不温，村校颊宫①，不改厥②状，诊痴赋性，信与人殊者矣。（《颜氏家训》："世人无才思，自谓清华，流布丑拙，江南号'诊痴符'"。）

【注释】

①颊宫：又作"泮宫"。泛指学宫。

②厥："蹶"的古字。摔倒；挫败。如厥弛（摇动的样子）。

1936年5月30日

晓雾成雨，午渐霁，感蒸溽，八十六度，南风解之。晡长虹横空，子夜始卧见是月上弦。

夜诵匎盫诸赋，冷然①善也是。邻无笛声，野有犬吠。录其《寒析赋》一首。……

蔡纫秋书来，佳札可爱。中有青大今已易长。今春轩车毅然南返，每交好谈及，莫不叹服睹微之独早云云。则所云诸君亦不失事后有先见之明者，亡国大夫，不足与图存也久矣。

穿限索书，增人橚槮（一作陈橚，《史记·货殖列传》："杨、平阳陈橚其间"），求后题答（《书谱》云：子敬自以为佳书，安辄题后答之），庸免褋襫，并婉却之，而先生之词费矣。夜与淮清对局，以荔枝助之，局终早睡，中夜起，月在西山。

【注释】

①冷然：轻妙的样子。

1936年5月31日

星期。八十四度,晡小雨,中夜无风。

早自有窗前常课,开户纳凉,过之者以其方伏案,秘抄何典也?薄而观之,《康熙字典》耳。桐城方先生云:"我则愿读人人共见之书,今尚有人于此焉。读之哉,客之失望甚矣。"

补校《贾谊传》治安一策,真王佐才也。校未竟,间有悟入,未及记出。林本侨来速赴陈达夫酒约,校车可乘。未午已抵陈寓,坐仅黄仲诚、张作人,晤谈为快。主妇高躬操中馈①,鲞脯虾鲜(鲞,干鱼腊也),并出一手团甲(鳖)长鳗(鳝),尤为可口。饮及酩酊,横榻而眠。积五日之村居,方获此一饱也。

日昳一至成发,蚊蚋大举而袭之,不可以一朝居,晡往留东同学会,以江户高等师范(今为文理科大学)同学例于月之晦夕聚餐(餐费只一金而备丰腆),迩予三会不到矣。今夕晤旧识张(资谟)、卢君、金湘帆(曾澄)祭酒,其间闻予之来,复趋而会,呼酒款待,备致殷勤。卅载故人,十年久阔。新雨旧雨,欢何如之。午醉犹醺,晚酌再度。小雨滴沥,长路泥泞。略有戒心,未敢纵量。酒罢与湘帆坐弈一局。戌尽偕本侨东归,戒驭者缓行,范我驰驱,畏行多阻,亥正长啸入村。山眠树静,月色有无。冷水建瓶,藤床傍牖。风云日急,尚容我一席之间,弥自得也。子夜苦闷,雷殷然间作,有风满楼。

【注释】

①中馈:指家中供膳诸事。

1936年6月1日

晓大雨没胫,午八十三度,雨有间,夜月曈昽(《文选·文赋》:"情曈昽而弥鲜。"欲明也),凉可读书。

凌晨夏雨蔽空,行人稀少。早课及门者未三之一,尚望其立雪哉。既来之则谆谆诲之耳。人言车来自市,积潦尺深,车轮尽没,车中时入水也。昨夜觅车先归,免兹跋涉为幸(闻市中屋圮伤人甚众)。……

晡作家书,柬室人约归期,谓不复有四方之志矣。复蔡纫秋。夜应子,乃有警着。温诵《班书》。

1936年6月2日

阴晴不定,午八十五度,下晡时又雨,夜月无光。

小窗多明,使我久坐。假得插架,一手移书,实之汗不可任。行将归矣,而结习①如此。

陈梅湖、蔡秋农、萧锡三诸里友过谈。梅湖言丹铭翁，昨日水漂通志馆，背负绝流出之而后免，是又甚于文通漂麦者矣。榆生来论文，甚惬。

夜诸舍人入室小谈，邽②之杌陧也，滋甚。倚栏温《后汉书》③循吏、酷吏等传，如晤故人。欣然之至，此间乐，不思睡也。

【注释】

①结习：积久而难改的习惯，称为"积习"。

②邽：古同"邦"。

③日记中，均为《后书》，在此进行更正。

1936年6月3日

晴。午稍阴即雨，方展衾裯暴之也。旋止，南风紧，尚达九十度。

授毕三课，汗通体肤。念考期伊迩，不无惜别之情，焦劳不敢惜耳，即返舍休沐，开水管自顶而至，踵冲而浇之，涤我缁尘，沁入腠理。更其汗衣，据厅事藤床，披襟当风。思日报中残局如何而胜，如何而负，不恤其它。便嚣嚣然有竹下风味，人来或以为睡去也。

馆人又赍①一书架来，授业垂告毕矣，顾稽古之兴弥奋，又屏当移时，此中大有经济在焉，对之忘言。真不堪复整束簪，屦柔怡声，色奋袖飞，袂于邦人君子之前也。而入谷虽无鸣驺，相公手为执御。

子春来言，武昌旧同学须先生之饮三矣。未晡，衍璿来示以《集选弈谱》九卷，盖攻守之分类，得失之大凡在焉。而鸳鸯马仅有四局，皆负，此为最下者云。申三刻抵文园，二十年之门人霍苇航、龙文焯、韩旅尘、黄俊保、梁士桢均列席，子春亦踵至。生冰沁麦酒，素所耆者，盛著征途，未能割爱。入席后肴馔杂进，趣谐横生。居然有似曾相识者，照拂之勤回殊常辈。罢席复招韩子纵弈，斯又天涯一高会矣。坐有陪客谀言孔多，子春公然指其卖高帽子而不克扪其舌，遂令予少发许多议论。二更偕子春住秋老精庐小谈，即东归宿祺园。吴宅（永胜街东里四十七号）以玉臣先生赴来。

【注释】

①赍：拿东西给人，送给。

1936年6月4日

午九十度，晴时欲雨不成，夜无风，感闷，蚊虫袭之。

晨患腹软，水泄四次。虑昨夕之冰未纯洁也，以不药愈之。步祺园中见优昙（俗曰昙花）、杜鹃皆未花。

归村中见御飞机烧死者。入室偃卧，未能致力，竟夕抽阅谭仲修评点李选《骈体文抄》。栏前灯高堂永昏，眊①不可继，则以范书助其读，更未阑时时睡去。入夜苦闷，辗转又不成寐。养生之功五十，而未闻道焉，将直至而今而后乎。

【注释】

①眊：眼睛看不清楚。

1936年6月5日

晴多阴，午九十度，（儿辈禀来竞计归期）日昳密云，晡始雨，夜稍可书。

试期近矣，少授课。晨盥沐竟，独味复堂论文之旨。衍璠昨日来速入市，苦热不欲往，今日自来，令人有一日不见之感。秋农来述汕头生事，市面不靖，此间币跌物贵。石牌素为盗薮，亦非乐土。谓天盖高逢此硕鼠，谓之何哉。榆生袖书二种远来馈粮（《谭评骈体文抄》、《缘督庐日记》），鼹鼠饮河，蟫鱼充腹，大供吾信宿之寝馈也。达乙夜阅《叶鞠裳日记》，完其上函八册。

……

舍人辟三楼东南隅一轩为游艺之场，豁朗少蚊。夜挟书就之，有客怀瑞安孙氏所著《籀膏》，而曰此第二字何字也。旋逸予偶语，极推湘绮之作不落凡响。敢不谓然而庠，越缦诗文皆沦俗调，着手不高，以不识膏馥小屋之人而讥弹《湖塘林馆》，宜乎？予欲无言。

1936年6月6日

晴。薰风满楼，午八十九度，夜月满山，窥牖登榻。

竟日读《缘督庐日记》，息游皆废，人定方卒业，满床明月光，疑是日满窗，谛听之，漏才三下。

1936年6月7日

午林砺儒简招市饮，一饭之恩，一日遂废，火德方炎，村景恋人，托词谢之。又完一瓻，借书宜速还，还书宜速读，以其非吾有也，而所得常胜于所自有者。今人得书太易，今士得书太易，如纨绔儿得肉太易，停箸不食，食而不化，此中甘苦谁共知之。晚餐后纳凉楼角贪谈，下楼即睡。比来颇不安席，得休息时汔可小休。读王士略（越）《抚时集》，诸什颇有梅村祭酒之概，亦近事之史诗也。

1936年6月9日

晴。午八十八度，微有北风，夜起下弦犹充满普照。

起已满窗红日，厨人委早点在几，真可以砺吾齿也。温《扬雄传》。不袜四日矣。走视场规，知试事十六日午可毕，即束示诸儿侄，并走使托镜潭买舟。

午蔡秋农来长谈，卝①角钓侣，已无几矣。蔡謩来自田间，家人令携单衣来，春服既成，瓜期已代，秋风未起，长箧永闭耳，将何用哉。比日背发奇痒，疑中蜇虫伏莽也。虽鞭之长，不辨疥疢②，见橐驼③以为牛烟背子，无于水监，当于民监，则曰相君之背痱，不可言曰非痱也，鬼痱也。《说文》："痱，风病也。"方苦无风耳，安所得风病哉？《风俗通义》曰："今人卒得鬼痱，杀雄鸡以傅其心上。"桂未谷谓："鬼痱者，北人谓之鬼风，皮肤小起，痒不及搔。"然则鬼痱又俗所云"风瘤"矣。《广均》本平仄两收，微韵下，"肥"，同"痱"，风肥病也，符非切。未韵下，"痱"热疮，扶涕切。则作"痱"虽非雅诂，然亦非俗解矣。……

蔡倩述乡事甚悉，农事亦顺，潦不为灾。

【注释】

①卝：古代儿童将头发束成两角的样子。
②疢：热病，亦泛指病。
③橐驼：即骆驼。

1936年6月10日

晴。南风。

有声轧轧，起自西南，初闻蝉，童子援弓张饵与君周旋矣。……

未毕所记，官献廷来访，讯之则十日前发汕头，赴增城行医，归途过省也。长谈至午，留饭。

衍璕来，未刻即同出市。至东山独寻叔明，论谈之乐，到南来第一次也。告归在即，心约不渝，承馈近著《说文声转表》。日加申诣秋老寓庐，坐而赏奇。晡同访李沧萍，未晤。

1936年6月11日

八十五度，夜凉得安寝。

早道法正路餐于何宅，偕衍璕同入校。蜻蜓三五，回翔天际。人以为耀，我以为黩。谁家小儿不弄风筝，大风起兮白云飞，安得风筝兮耀四方。扑满入市，博得筝线。翱翔檐角，聊以解嘲。以此御侮，亦轻量天下矣。鹤有乘轩，野有饿莩。相乘相除，生生不尽。不知何处吹芦管，一夜征人尽望乡。……

连日午梦不成，遂感疲尔，盖已不胜征逐奔走之烦矣。今日多睡以振之，晚出步田野。方少舒、秋老付到新印各文稿，枕上读之。

1936 年 6 月 12 日

午八十七度，夜尚凉，与同舍人坐弈亦至三更。

早监考，并为苗、李、何诸子作楹帖。兰亭初写，不见佳妙。世人不好古，我笔下亦遂不易出古意，盘绕其间。况乎求好于人之心，早已芟绝。益视作书为畏途，亦无可如何之事也。闻旦日停公，应有试事，顺延一日。买舟戒装，游移不定，总期早归，免滋扰聒。

1936 年 6 月 14 日

星期，晨阴，午雨，晚晴。

庭空无人，山静如醉。轻云笼翠，远水微青。一士高楼，素心千里。今人与居，古人与稽。……

仲儿自申归里，九日抵家，平安书来。午后冒雨偕王士略往东山，闻黄仲诚（芜湖）将尽室而行，特走送之，未晤。答古公愚之访亦不获晤。而外湿于雨，内湿于汗。表里如一，方寸无惭。诣榆生精舍（保宁路七号），小住为佳，南面百城。几无盘旋余地，真五车之富也。访秋老作小别之谈，或复浮瓜沉李于乡间林下耳。

晚应萧锡三食潮馔而饱之，坐晤吴楚碧，亦廿年不面矣。本银湖乡右族，其尊人派下，今已三百三十余口，盛矣哉。二更偕郑、吴二君觅车返舍，明日各自东西者，数人倾襟话别。枕上自阅日记。

1936 年 6 月 17 日

晴热，夜大苦热，舟中闻午九十度，舟室当在九十五六度。

起决买太古苏州船东归，以重违东道主人勤勤之意，盛暑之下，裸裎挥汗大书十余通，助以沁冰麦酒。逾午划小舟登轮，曾广权（广权，故人杏村之子）送至舟中。重足摩肩，初暑弥热。有西南风少许，与舟行之速及方向适同。舱楼皆苦无风扇，不停挥汗自流，兹行真苦役也。夜不成寐，寐不小向辄寤。夜甫分扣舷，呼族侄长健共席坐之，至曙方有微风。假舟客《名儒尺牍》，读而善之。

1936年6月18日

午九十度,热颇酷,夜尚八十七度。

舟泊汕岸已亭午,峻六共饭,予独饮殊适。柬镜潭索逋负。

日中鸿飞导往阛市,得心欲之茶几一套,大小四几,贾十三金余。评贾未定,日昳趱①车入城。车船之间,暑威可畏。言入我室,遂息尘劳。栖栖一代中,夫子何为者。饥来驱我去,日莫欲何之?一饱可求,脱粟甘之(思敬闻讯,来面约饮)。夜与家人坐藤花下,热犹不胜。枕簟之间,汗濡衾席也。

【注释】

①趱:赶,快走。星夜趱行。

《因树山馆日记》第三册

(1936年9月5日—9月23日)

《因树山馆日记》第三册·序

自壬申中夏，癸甲乙丙，四年之间，所存日记，凡三十有四册。日凡有记，咸能自序。何许子之不惮烦此？夫子之自道也。卑卑者，何足道哉？好事者，薄而观之。或谓其四年如一日，或谓其一日如四年。闻前之说，吾将勉焉；闻后之说，女安之乎？长日如年，重门却客。斋冷于寺，树秃如僧。时有小鸟，倦飞依人。间以蝉声，点缀清夏。室人剑挈，三五小子，树根踑坐，听书声风声，不问其和谐不也。山馆主人，醉余睡足，琐琐自记，从吾所好云。则何以四年如一日也。五岳归来，四十已迈。始办津逮，弥畏棫樕。月旦论人，敢学汝南许劭；乡里于我，犹是吴下阿蒙。卒以治书，菟裘可营；涊于授徒，廉隅①自励。燠寒休暇，升斗余粮。文史三余，妻孥一饱。与游率在陋巷，课耕惟卜阴晴。亦有刚日柔日之分，要皆莫究莫殚之业。吾乌知其今日之无以殊于昨日，而不敢不以是终其身焉。四年云乎哉！然未甘安于一日如四年也。作息游处，如日之恒；进修问学，如月之升。富有之谓大业，日新之谓盛德。七部六经，先民馈人以菽麦；大象小数，大块假我以文章。振愚公移山之智，饮鼹鼠饱河之量。惟日不足，与物相忘。虽微至一饮一啄，必耻一物不知，则《群雅》释物诸篇，日必亲焉。山川行役，询及一丘一壑，则《山经》《水经》二书，动必咨焉。记言记事，自为起居之注，则释词训诂之学，惭不逮焉。雕虫小技，为之犹贤乎已，则《石经》《象赋》之作，时犹及焉。若夫咏物之词，伤逝之什。春蚕秋草，非无病之呻，鹧鸪鸥鹭，著刺讥之隐。君子或有取焉。如谓处士，乃谤国之称。著书供覆瓿②之具，是则非予之所知也夫。丙子五月，任初倚树自序。

【注释】

①廉隅：古算术开方法的术语。边为廉，角为隅。

②覆瓿：喻著作毫无价值或不被人重视。亦用以表示自谦。

1936年9月5日

晴阴相间，蒸溽汗大作，八十八度，日昳时雨屡作，夜月独清。

晨望虎门灯火，信雄镇也。蔡詧来迎，过何宅（法政街），已高飞矣。车达石牌，精庐无恙，整比图籍移时，方见端绪。报家书并柬内子。

罗节若、何衍璿来，一握欢甚，约出买醉，谢以异日。文学院约开"骈文"一课，此道果有问津者乎？苗君来。午饭仍与孔、王、邹诸君同灶，别后聚首喜可知也。比乃耆荑，医中无有。振文、士略、曼支各资之粮，舌本流泉，实拜君赐。

曼支者，邹谦也，湘人。祖生好屦，刘邕嗜痂。曼支棋荈之癖，羞居人下。茶经茗椀①，列如棋盘。闻声相思，觌面订合，必也射乎。十荡五决，交而处衡②，五雀六燕。愧无百发百中之伎，逢此再接再厉之军。日黯风斜，昏黄月缺。烂柯无睹，秘橘共尝。自谓羲皇上人，即此是山中根味。人亦有言，真过足了瘾也。然枕上黄粱，屡炊不熟矣。时起凭栏，山月可爱。

【注释】

① 椀：同"碗"。

② 衡：古同"横"。纵横。

1936年9月6日

星期。朝暾在山，薰风入牖，午雨时过，八十三度，夜风雨大作。

早窗未可对简，扶筇蹀屧，索键避扉。涉彼阜兮，彼泽之陂。踽踽独行，村厖①吠之。晨风披沼，乐此摇摇。感念钓游，弥思薪木。我室无恙，故我依然。……

夜孔一尘、王士略过谈。士略为阅日记，二更方释手，复自张灯至子夜，有风如雷。

【注释】

① 厖：长毛狗，亦泛指犬。

1936年9月7日

晨雨未已，午有间，晚又时作。

中夜风雨之声，凄然以厉。跃起闭窗，旋以素幔。早熹黯淡，便占好睡，馒头酾酪，疗其俭腹。伫立四望，峦木苍然。滴历雾霈，使人意远。今夏亢涸，惠我沛霖。笔研之间，挹润多矣。时抽丛书，默会昔贤致力处。

午衍璿来约晚宴，孙督学国封，津沽旧门下也。因强分衍璿之东道，云："陪客已发柬矣。"则曰当筵一叙可耳。日加未偕出校园，泥深没轮。行人裹足，入何氏新宅（粤秀北横街八号）。野味林风，资人怡适。饮茗粤秀酒家，评局两三，殊得新解（谱附后）。思故人甚，假车东行访秋老、叔明，皆有萧槭之境。秋老行将返里，《广东文征》汗青无日。学海书院卖书论斤，俯仰之间，感慨系之。叔明行装已束，人来相宅。窥及寝阃，聚散靡常。苦甘谁识，亦同是天涯沦落人也。

晡驱观音山，客亦继至。有罗节若、张葆衡，酒风颇健，国封屡陈青岛校事，使孝直若在，无谓秦无人。而非予所愿闻也。订约而别，夜宿节若精庐（犀牛路二号）。兰芷满园，经籍插架。卧榻之侧，有式凭之。

1936年9月8日

阴。午薄曀，八十五度，东南风转紧，夜凉须阖我户。

晓起浏览节若各佳籍，有书如此，此腹不俭。节若丐其母夫人额墓表，已面许之。谈至隅中，躬送予返篢舍。以一饭之故，费尽一日光阴，石牌村居以来颇以入市为苦也。

午同舍人求为先容，綦切余发。如此种种，余奚能为？旋得熟睡，渐能忘物矣。……

在罗斋见清初板《洪武正韵》，并平上去三声各为二十二部，入声为十部，悖乎古而不通乎？今奉敕作之，颁行天下，人心所不同，然不能扪其舌而易其口也。

阅《说文管见》未卒业，曼支过门索战。惟日不足，卜之以夜，自酉交亥易垒者十，拔帜什九，分春什一。彼今日尽用中炮局，明令我屏风其马策略，既定终始不渝，必有可观者乎？饱食终日云尔。夜阑灯灭，不及录副。信宿吊之，夐①不见人。

【注释】

①夐：远。

1936年9月11日

晴丽。午后复热，八十七度，夜窗常辟。……

躬自拂除，燃灯沸荈。若农力田先之劳之，谁谓荼苦，备尝之矣。

一日之间，乃有龊而肖者二事，侍役之昵者，卖柑宫颏，例须具保，而来嬲先生署名用印，此犹曰小人无知也。同舍某广文适领到缩本《四部丛刊》八十册，洋纸立装，边款亦具。何处闻先生精蝇头小楷，而面令先生为之写书踑，《霍子孟传》引《抑》之诗云："籍曰未知，亦既抱子。"而先生之可小用，不可大受人情，大可见矣，庄周云："吾有大树，人谓之樗。其大本拥肿不中绳墨，其小枝卷曲不中规矩。"故人云"樗以不材而寿"，乃今大有人焉，竟赏识于牝牡骊黄，而外呜呜呼哉！

1936年9月12日

晴。午温，八十七度，夜无风。

晨札记未竣，奋可偕张淑岱眷属来远寻山人，共此斗室，盘旋无地，里俚可温，奋可留谈尽日，共车入市。晚赴秋老酒约于聚丰园，乡友之外，有陈达夫量雅韵流，藏钩剧话，南中佳会也。时犹蒸溽，饮冰而甘。与郑铎宣雇野车东归，暝色四围，村落孤馆。入此室处，一席而安。复有新军，亦殊善战。一念之疏，几倾已成之局。吾乃今而后敢复轻量天下士哉。

理学院送课表来，授微分几何学、连续群论二课，并颛门孤学也。林本侨来晤。夜久卧栏边，野草无声。

1936 年 9 月 13 日

星期，晓已乾乾，云多奇峰。午蒸炎，达九十一度，晡未解热。入夜不风。

人以为粤东酷热当更甚他处，予屡晓之曰："非一日之热度高，乃一年之热日多，则总热量自多也。"以四时言之，可以自清明热至重九，不几于半年乎，然绝少过九十三度之夏天（指寻常住室言），有之经日大雷雨以风旋踵矣，不若长江一带以九十五度为家常便饭也。但今者立秋已深，再易一旬便秋分矣，而炎蒸如此，信乎"秋阳以暴①之"矣。

晨看书无多，宿酒虽醒，当书究不甚了了。郑铎宣约秋老、桥梓及达夫来石牌，供飨潮馔，殊丰腆适口。正午登楼一层，尤有不可向迩之势，益深以纵酒为戒，不然者如此村中，安所得兹佳馔哉。秋老连日攀谈，具晓所言，大要幼公教咸之言，犹怀文先应操之论，思我不乐，或有向隅。陪达夫坐至加申，亦不能发我宿怀，恣君倾耳，始委之天热难得好怀而已。蔡犨来，幸萧生已为之介入会计学校。

夜永楼空，温《前书·蒯伍江息传》一卷，假睡不终二更，自亨茶燃烟，乃止喉欧，盖烟菰隐习深矣。张灯校谱，飞蛾袭之，犹博鼾卧，东方既明。

【注释】

①暴：同"曝"。

1936 年 9 月 14 日

晴霭。热不退，未午南薰惠我，午乃达九十一度。

时时勤拂拭，不肯著缁尘。村学引深犹惧，不免去道日远，感慨系之。温微分几何学半晌，不无三日不谈之感。洪浅哉来同舍饭。节若报书来，殊谦抑。……

报载徐绍桢十三日死于申寓，绍桢番禺人，字固卿，举人，今国民政府委员，年七十六岁，著有《四书质疑》《道德经述义》《大学述义》《通介堂文集》《学寿堂日记》等书，仅尝见其《日记》于北行舟次，自云："日必加丑而兴，读箸至午。"黄季刚尝为予言"岭南唯一之学者也。无愧名父（灏）之后矣。……"

晚勉得一饱，弹铗归来，与浅斋分据藤床纳凉，门右偶有好风，寡人共之，东胶王往事，闻之破笑，古今虽殊，所以兴衰其致一也。

入室后大埔邹荫之来对六局，以永今夕，为欢无伦，中夜偃卧，留下王士略倾谈，至灯尽灭犹纵锋加健，粤东前辈风流略尽矣，责有攸归，为之踟蹰①永叹。

【注释】

①踟蹰：亦作"踯躅"。心里迟疑，要走不走的样子

1936 年 9 月 15 日

晴热。午升至九十一度半，晚稍杀。

早睡饶孰，起稍迟，已感炎午之威，读以弭之治曲线各论，未有深入处。……

南中处暑，午热不胜，下楼据北窗内长几久坐，未能免汗。终夕酣战戴、洪、邹、关，异军四起，何以解忧，乐此不疲。夜露天而卧，欲雨不成，习习凉风，惠人好梦。

1936 年 9 月 16 日

夜雨不成，拂晓薄凉，午热稍减，夜犹露寝，微感晨风。

出湖边理我发，携书伴之，温课罢，俯仰自若。……

罗节若来邀入市，祖叔明胶州之行。午及姜庐，约叔明伉俪同买醉南园雅坐华堂，犹想见当年豪贵气象。园旧属盐商孔氏（问陶），北楼一椽尚存岳雪楼之旧（节若云粤东藏书家五楼之一）。同是北海尊前客，不能长作岭南人。更尽一杯，目极千里，亦太白诗所谓"何时石门路，重有金尊开"也。午饭辄不胜杯勺，借罗车归，并订旦日从化之游。

1936 年 9 月 17 日

晴霭，时见秋意。

粗检旅具，携从化志书。戒行未竣，罗御排闼。将主人之命，谓早餐已备。将有远行，何为不受。晨风天末，秋水江湖。踟蹰①一车，呴濡②三友，姜子并肩于前，罗偶陪乘于后。车望北领以疾趋，揖东皋而舒啸。未出百里，胥番禺县治。览环滁皆山之概，诵"白露为霜"之章。苍苍蒹葭，浩浩平沙。一村负偶，曰龙眼洞。抗清兵者比及三年，存大明数十里之江山，光岭峤三百年之志乘。故老虽无存者，真道犹在斯民也。从化为县，或少达人（明弘治九年析番禺县置），朴愿之风，独寄负耒。行百廿里，邑雉在望。东辚③所至，山木苍然。一木潆泓，白沙掩映。泉声何处，清如磬音。远帆两三，游鱼上下。不避竿饵，来迓履丁。入谷之深，亦

三十里。溯波逐流，舣舟可渡。草堂傍水，有士一人。罗子钧任（文干），羽衣草屐。客何不速，山不在高。入舍肃然，一部通鉴。鸡声茅店，如是而已。不事缒幽而涉险，居然钓水而采山。乱石堆边，修篁萱荫。块然一坐，众壑争流。如此江山，不思蜀矣。不审武陵居人，何以冷落若斯。然松竹桑麻，青青到处也。山曰百丈带山，泉曰汤泉。瀑布温汤，供人殊赏，一枝可借，悠然终焉。某何为是栖栖者，与李膺有舟，陈蕃有榻，子谓之姑徐徐云尔。莫色四合，袖翠归来。占成楹帖云："此地有崇山峻岭，茂林修竹；所居在廉泉让水，陋室愚溪。"酬□□④雅意也。节若游兴未阑，悉其子妇共饮于阳楼。予语叔子云："必主人生日也。"举杯而信，予亦不知何以推而得之。与子倾一勺，此日亦千秋。雇车夜归（价三元六角），车中与叔明话别，相别难时见亦难，强索所书成一便面，即此为春风之惠矣。

家书来，仲儿沪禀来。秋老柬借日记。荫之来坐。柬陈彦和隆恪。

【注释】

①跼蹐：亦作"局蹐"。谨慎小心状。
②呴濡：犹呴沫。喻慰藉；救助。
③辕：辕辕，关名，在河南辕辕山。
④日记中此处空两字。

1936年9月18日

晨卸葛衣，逾午仍热，八十六度，俗曰"秋老虎"。

嗽未止，饮水而已。陈生来问算，余生来，是日开学。补二日日记，毕已傍午，未及赴卯。

粤报云《彭泰来集》将刊行（张启煌等），泰来高要人，字子大，号春洲，嘉庆拔贡，有《昨梦轩文集》（尝一见于秋园）。……

方有客手谈，一少年入室遽翻日记，止之至三，乃曰："教授理应教我等也。"余曰："汝尚未认得我耳。"

1936年9月19日

薄阴，午八十四度。

尔乃正其衣冠，尊其瞻视，俨然皋比①之上俯焉，日有孳孳②，闻铃而趋，当石说法，师哉师哉，人之患哉。久宦北地，间岁一归，不料南中秋热至此，舍人䄡③䄡④，仅乃蔽体，犊鼻之裤，立乎人朝，眉公（《销夏部》）云："张子通既贵，其弟子游，好吹《薤露》，暑月衣犊鼻，纳凉门庑。"然则于予与何诛。

尽日授徒，心境舒适，生来业此，理得心安，然衬衣三易矣。吴宗慈来会。《销夏部》一卷，陈继儒著，摭录夏令有关者之丛话也，亦足以供销夏之具而已。……

夕照未消，楼角远眺，诸善弈者以类相从。负壁屏观，心知其意。

【注释】

①皋比：虎皮。后用以比喻强大的声势。

②孳孳：同"孜孜"。勤勉。

③韠：蔽膝。古代一种遮蔽在身前的皮制服饰。

④芾：通"韨"。古代礼服上的蔽膝。

1936 年 9 月 20 日

星期。晴，午八十五度，夜深稍凉。

四更枕上听雨声，瞿然①而起，坐上陈简，甚雨及之矣。阖窗失风，开户通之，方獭祭②蟫编。……

陈彦和复简来约一面，陈师曾介弟也，不见亦几三十年矣（东山合群路三号）。

竟夕沉溺枰③中，亦以秋热不足起伏案之兴也。（树绵来，具土烟一束，仅直二角，吸之有味）

【注释】

①瞿然：畅厉貌；惊视貌。

②獭祭：亦作"獭祭鱼"。谓獭常捕鱼陈列水边，如同陈列供品祭祀。比喻罗列故实，堆砌成文。

③枰：下各种棋用的棋盘。

1936 年 9 月 21 日

日出仍热，未刻八十六度，加申又长二度，夜始见新弦。

日已南斜，秋热可畏，移几迆北，心境一新。晨授一课，后入图书馆浏览一周，半年馆此，未问津也。馆人吴君指点为劳，假屠寄《国朝常州骈体文录》一部，相见恨晚而门限欲穿。

孔芥（一尘）来丐书便面，立挥酬之。姚万里将秋老函来，为致书彦和，休沐为期，势不能不作出山小草，既曰人矣，不能无人事耳。即柬答彦华，托万里将去。李沧萍来浼授《诗学通论》一课，如予也，可与言《诗》也哉。闻故人李雁晴（笠，归安）来就南馆，舍馆定矣，为之释然。补发星期家信（付内子节费二十五金，陈姬十五金，仲学费五十金）。

午饭后下楼就北堂檀几纳北风，习习生凉，无可睡去。后院丁椓之声洋洋，而不盈先生之耳。无它，分定故也。晡前伏案，斜晖炙之，乐在其中，夜湿不知。夜馆人迫勒聚会，急键门携新假得之书出走荒台，登及上宫，露灯独明，立而诵书，毕洪幼怀《齐云山人文》、洪子龄《淳则斋文》二卷。翌日补记，北风其凉，衣袂飘然，遍体不汗，盖日月至焉而已矣。

1936年9月22日

晴。午后达九十度有奇，日斜始转南风。

拂晓煮茗下书。姚万年来叩别，来朝走马奉命欧洲，诚壮行也。邑人李君同来，为之代课，一握别去。午方退食，衍璿驾车约饭市肆，谢以过午尚有课，则云为黄秘书代约，彼亦须及时而归，匆遽登车。古公愚枉过，已无立谈之暇，西驶沙河，小聚新奇亭。众鲜皆甘，一酌不醉，冰水二器最沁心脾，生来耆此，亦不可解之缘也。有鱼有车，问客何能。蟹书蚓行，鳣堂春满。衣襦尽湿，余勇可勇。浴罢抛书，草堂梁孰。……

乙夜复攀上宫，诵常州人骈文。据地长啸，见怪不怪，然蚊蚋之盛甲于寰中。

1936年9月23日

辰正八十四度，加申八十九度，南风解愠。

室中操作亦费片晷。辰正偕林本侨一叩文学院，相度皋比湢隐之所而还。汗已涔涔，纷披匝体。呼汤拂拭，移时始干，秋阳之骄，北馆卅年久不梦见也。（略数学习题）

午作新日记序，一挥而就。易于得一弈谱，往往命意难于遣词也。衍璿馈所编《微积概要》一书，即函谢。

《因树山馆日记》第四册

（1936年9月24日—11月12日）

《因树山馆日记》第四册·序

　　半生事业，百不足道。未龀受书，垂老茫然。授徒为生，燕楚豫鲁。息影羊馆，略有可言。

　　庚戌迄今，传经象数。祀归二纪，徒号三千。小数之技，等诸弈人。徒之置师，亦如弈棋。或则以封，子犹洴澼；未闻大道，吾岂匏瓜？

　　结念辞华，比事秋草；有怀倚马，溷迹雕虫。敢云事出沉思，义归翰藻①；时或传之简牍，事异篇章。藩溷未充，口碑已实，播诸好事，近于嘏②巫。食荐食刍，口之于味；善歌善讴，人孰无情？岭外梅开，粤峤荔熟。臣心如水，吾道遂南。十种《算经》，古文一卷；六书雅诂，斗室千秋。断金友生，扪槃为日。文衰同惧，嫂溺谁援？

　　分坐皋比，标名骈体。敢辞不舞，维梓与桑。彦和《文心雕龙》独擅，商隐史侧祭獭何讥？一日之长，居吾语女；一字之改，安则为之。得失在心，酸咸孰共？以待来者，敢告仆夫。丙子秋中，任初自叙。

【注释】

① 藻：古同"藻"。指华丽的文采、文辞。
② 嘏：古代祭祀时，执事人（祝）为受祭者（尸）致福于主人。

1936年9月24日

　　晴霭，未刻九十度，上弦如割。

　　加申方毕业，得汤醴浴。偃卧藤榻，犹挥汗如雨。其徒尾之，问题数则。但裼谈经，真成孝先之腹矣。夜热不解，子初犹露卧上宫，星河在天，屋梁落月，去天三尺，载鬼一车。（略数学习题）

　　南学国学系分五组选修，曰经学、曰语音文字学、曰词章、曰诸子学、曰近代文。词章六门：乐府诗（古直）、宋诗（李沧萍）、专家诗（渊明，古直）、专家词（梦窗，陈洵）、昭明文选（陈洵）、骈文研究（黄际遇），此其大略也。

1936 年 9 月 27 日

　　星期。早秋风行健，午仍达八十六度。
　　起独诵北江游山诸记，涂辙可寻。复与主人论文久之。访陈彦华，执子之手，仿佛如昨，犹能道一万八百日前白下中正街故宅把晤事也。
　　报命之后，亟思入山。秋老强入市小沽，言彼浩然不日东归矣，不俟投辖，为之停骖。走柬招叔明，至则行矣。学侣星散，吾道何之，可为黯然。
　　榆生北归复不果来，南中声气概知矣。傍午出饮蜀馆"锦江春"。秋老复柬达夫来共觥勺，适彦华亦入此小肆。藏钩洗盏，暂欢无极。达夫述友朋间有谈及予者二事：年过艾岁犹健酒教书，教书是财不足也，健酒是色有节也，财色二字功夫甚深。语真令人笑不得，哭不得。孤子之身沽之哉，沽之哉，善刀而藏矣。买菾半瓯，雇车一乘，疲羸回辇，好风相随。忆"锦江春"悬联云："锦里酒初香，应将郫竹千筒分来岭外；江南春正好，可许梅花一曲唱到尊前。"署名但懋辛（蜀人），轻珑可口。（秋老索最近日记一册留阅。）……
　　晚本别有约会，倦游思返，脱粟为甘，卧诵文篇，聊与子如一夕。镐臣书来，有云羊城风月故自可人，原不必远涉逴远，更萦乡思。他人有心，予忖度之，夫子之谓也。家书来。

1936 年 9 月 28 日

　　晴。未刻八十五度。
　　课务稍轻，可资伏读，温《礼经》，发家书（附文篇数种，小子识之），言儿自家寄《四六丛话》来。……发致镐臣书。……
　　曼支约对一局，官和，互有漏着，不存谱。……王士略夜过谭①，比来文艺之友也。柬秋老諟正数字。落叶之扫，子才同之，秃颖相随，半年于兹矣。今日始易新毫，敝管不弃，为涂雅②乎。

【注释】
①谭：同"谈"。
②涂雅：同"涂鸦"。

1936 年 9 月 29 日

　　晴淡阴，未刻八十五度，伏案不汗，晚月多翳。
　　播迁往教，不闻来学。辰出午归，间入图书馆，假得数种（《湘绮楼日记》《湖唐林馆文抄》《问湘楼骈文初稿》《客人骈文选外一种》），喜而不寐，《湘绮楼日记》尤求经年而未得者。……

灯下独坐，邹荫之来手谈。交戌迄子，尽《湘绮楼日记》二册。

1936年9月30日

晴。未刻八十五度，夜月圆净，楼有秋风。

起躬拂除，遍及几案，习劳自得，无使需人。（报来载"门人孙督学国封以廿七日逝于北平"。羊城半月之前方同隐酌，光采四坐，乌知其倏尔淹忽也，伤哉。）

《客人骈文选》三卷，梅县古直选，曲江张相国九龄（子寿）三首（王篆亦三首，皆不同）、嘉应李绣子庶常（黼平）三首、吴石华学博（兰修）一首、张彦高京卿（其甑）四首、温柳介检讨（仲和）十首、丰顺丁叔雅徵君（惠康）一首、梅县锺天静司长（动）三首、谢中晦秘书（贞盘）一首。乡哲可怀。雅音未寂，温师丁友，杖屦犹新，非惟遗文可诵也，会乞公愚割诒一册。……一岁曰赤，十岁黄，廿朱，卅苍，五十艾，六十耆。耆，黎也。

午方高卧，故人李雁晴（笠，瑞安）呼之欲出，丁卯大梁一别，忽焉九年，今复自浙东重就南馆，喜可知也。予一见曰："君加胖矣。"雁晴曰："子则似较年轻也。"相与拊掌。舍馆既定，夜复久谈，问李孟楚，则蛰居瑞安三年不就馆矣。一意专精，凡人不当如是耶；人生几何，而毕生为人作嫁呼。吾益知所以自处矣。逢此佳节，此是家乡，蜀思不兴，鲁酒难问，馆人夜酌，强为欢笑，文酒之会，遂成天上。

终日阅《湘绮日记》，看昔贤成学之法第一要义，惟此乃真吾友也。中夜登上宫。少食月饼，纪此良辰，一镜高空，万缘荡幻。洞庭波否，拥衾觉温。

1936年10月1日

晴歊，未正八十七度，夜月多翳。

晨毕赁春之课，返室整比经时，不问便了也。温《礼记》，比颇于寡言一事，痛下功夫。记丁果臣云："有才女嫁农人，郁郁不得志。"其父喻以诗云："英雄自古轻离别，惟有田家守白头。"女得之释然，此可以为诗之用，得三百篇之意者。……

灯下阅书至漏尽，有不知姓名如蠓蜎①之类扑灯入袖，下帏避之，仅乃得免。今夕复去衾亲簟。

【注释】

①蜎：俗称"牛蜎"。牛马身上的寄生虫。

1936年10月2日

晴热。午八十七度,夜东北风,楼角当之。

奔走督徒,午始得休,入小肆饮冰,烦蒸顿解。(家书来。)午饭后南窗阳骄,下北堂纳凉。万里将秋老之命来告归期,还日记。欢聚无几时,又须小别,殊难以为怀耳。……

夜小坐觅凉,阅书至子正,方寻思诘朝集文学之徒从何说起,更上一层,言登荒台,既可当风,亦以访月,乃风疲月隐,潮落心枯,复有人乘机进言匃[①]书,显者信上天下地无滗[②]净土矣,支吾引去。夜睡寤,且时时就楼角挹风,谁能执热,吾乃加甚耳。

【注释】
① 匃:古同"丐"。
② 滗:古同"干"。

1936年10月3日

阴。午后八十三度,日侧云密,欲雨不成,三更过月明于昼。

今晨课特繁重,间借书还书,不遑启处,文课举王纂、孙话、张目、许注等书,揭明其编法,导初学入门,侃侃而谈,顷刻二小时已尽,坐中有支臣者,吾舌尚存,亦可自叹也。……

晚餐后,荫之邀坐西南角堂。四围山色中,一灯残照里。胜固欣,败亦喜。凉自添衣,渴亲汲水。夜月甫上,彼呼曰止。华清汤熟,武夷茶美。斜倚败床,颂读而已。兴方怒发,灯不我以。扪檠索烛,百无一是。无可奈何,卧而隐几。乙夜犹鳏,登斯楼只。

1936年10月4日

星期。微雨如丝,霡霂亘日,萧然有秋意,灯下遂可细书。

早起已惯,沐而不休,劳役移时,茶熟几净。过林本侨小谈,即入室猎书。……

一雨知秋,大可披卷,无因至前,浪消佳日。我亦公等兴至易败,灯下复有追从穷之于其所往者。走雁晴室,遽获快谈,无计移落落之性也。雁晴云:"汴会杨某方折节为学。"闻之匿笑曰:"不必活受罪。"此语视容甫谓人之言(卿辈读书三十年,再从我辈游未为晚也),似稍存忠厚,且亦有所本。

开封伤兵医院只能容如许病人,庚午与晋军战不利,伤兵异归者塞途,医者权其病之重轻，轻入院留医，重者薄棺一具，即刻活埋。判下，呼乞命，医者曰："得了得了，别活受罪。"此予所亲见者。

发家书，柬纫秋（青岛），静吾（汉口），并为汇金赎屋事。蔡誓来为整理小室，移架徙几，遂改旧观。看《湘绮日记》二册，见壬老五十以后愈好雌黄，而文情则稍退矣。

1936年10月5日

薄阴，未感凉，灯下负蚊，作书无计。

授课领薪，缴题改卷，日中而退，间愒①池边小肆，食粥饮冰，不知鱼之乐也。……

漠子缠人，夜课非易定心，应之渐与相安，亥子之交，正尚友古人最好时也，邻舍生夜归灯灭，呼奚无应者，款步来就我谈，是清客，我也反送之门，诡曰："我孏②欲眠，乃完一劫。"

【注释】
①愒：古同"憩"。
②孏：古同"懒"。

1936年10月6日

阴。午后八十一度，二日来笔研稍润，暑来研墨，一次不能三行。

有课不及程，诸生以今日会考，堂皇例须画诺。假得衍璠车驱之，驱之西及广东省银行，身受口粮往托乡邻（一德路二十三号广和内广信庄郑慕亮），汇交宏信庄（省币九百），久不亲此役矣。此来半为送秋老之行，我徂东山，乘舆未驾，晚来知我，更无他人，惜别竟深，约冬归造榕水秋园。复赓文会，频呼酒相饷，我不及祖行者而反鞿人之釜乎？窃从大夫之后，不可徒行。弹铗归来，御者久待矣（赏二金）。秋老言老友杨铁夫见余日记，赏不释手。世尚有知刘豫州者，髀肉可不生也。午归，诸生皇皇然惟恐又不及程，旁午相属于道，不惟升堂，且入室矣，请业云乎哉。……

古公愚教授自誉履历八字云：闭户潜修，无师自通。今日接某复柬，署名之上冠以大学工学院化学工程系主任，大用全衔。王士略述有人兼职太多，其名刺上嵌衔略二字，此公愚所不齿者。

夜娄有穿户限者，多不辨谁，何人将以我为褚彦回也？（密传军官得电有就地抗战说。）

1936年10月7日

阴凉。午七十七度，日曦丝雨霏微，不成点滴。

毕课不免于汗，愒阴饮汁，不冰而冽，天下知秋矣。士习日嚣，及师之门，突于追呼。午饭后下键谢关，循吾例小愒，而叩门得得不休，屏气绝游，不敢进之也。夫子欲先进野人，湘绮云："君子尤野于野人，而悍于野人，故难进也（丙申四月日记）。"夫又谁君子之乎？虎豹之鞟，犹犬羊之鞟。……

雁晴面致浙莽，疑是蒙顶，比龙井轻而清也。饮食之人，无有失也。苜蓿之盘，鸡鹜犹争先，尽之小窗，鬻茗尉情，胜无夜曰。凝烟助人，神解煮器。夜为学斗所伤，机失其职，明灭不灵。一啄已艰，一饮亦复不易，僮有不安之色，宽语遣之。予家累世无嗜茄者，自辛亥之冬，族叔子佩命于饭后吸雪茄一笏助胃消食，行之遂二纪矣。迩来贾踊寙工，又受讥征，愤其受制于物欲，亦非豪桀[①]。又感秋老但食土烟，乡壤无害之言，遂于上月去家以前，励志行之。二月之间，发欧二次。坚韧自克，不欲告人，并未敢告诸日记。旦旦信誓，不旋踵而自捐之，则自耻莫大乎是。此虽小节，亦惟以其小也。而不敢小之耳，而今而后，吾知免夫。

暑来怯汗，小行遂废。屡有邀者，独行既愁踽踽，骈行又伤喋喋。庄论莫听，谲谏伤类。惟寻弈偶，尚棋中不言之趣。入夜并此而不可得，释匕挟书，未阑已感停滞，乃早眠以息之。

【注释】

① 桀：古同"杰"。

1936年10月8日

晨衣不可葛，重露如春，笔研俱润。家书来。门人宋鸿哲函来云："十月往德国习数学。"夜始拥衾。

早起授一课，未舒适，信步三二里，每日就馆，往复例亦数里而遥。以是劳其筋骨，于计良得，不欲逶之，无可奈何之数少减。午饭以消息之匀士略晤藏茶（铁观音），招雁晴共品，日昃较适。……

卯正餐罢，矐矣舍人夜行。曳筇随之，杖箖短衣。附庸风雅，暝色四合。与人为无，町畦而已。拖泥穿径，可四五里。积食顿消，足力尚健。

邹荫三待棋久矣，对六局，犹阅书移时。中夜蚊环袭之下，惟以思一睡无觉。

1936年10月9日

晴。晨起七十六度，晚觉秋深。

课如额。东事弥紧，剑拔弩张矣，遂不可终日乎。终朝检字，翻王记（创儿禀来寻《湘绮集》，上海居然能用论价字样）。……

投夕偕本侨下山，趋攀校车，仅容立锥。一生肃立让坐，又觉天下事大有可为，人亦讶揖让之局，不终于虞舜也。文学院长范锜飨诸文学，予谬附一坐，亦是创局，半相识者，曾运乾（湘）、方孝岳（粤）特致交诚，弥感闻声之意，酒张独供白兰地，尽一小瓶，久无此怀，不图至此。筵散雇车驰归（二元四角），载与林、王、言、李、曾、邹舍人共之，犹及招戴（淮清）坐隐五合，子正矣，一睡而曙。

1936年10月10日

国庆例假。晨七十五度，晴和意好，午仍热，八十六度，灯下不可单衣，晓乃拥衾。

旭日满窗，山色静美，雁晴论温州茶可置青果助味。亡室蔡随馆丁沽时，尝有此语，信知味者，弹指二十五年，思之怃然。雁晴见报《越缦堂日记补》（起咸丰四年甲寅三月十四日讫同治二年癸亥三月三十日）商务印书馆预约（价十二元特价九元），正与《孟学斋日记》衔接，期待之三年矣。癸酉夏蔡鹤卿告予实已付印，信三年乃有成也。报录《蔡序》有"除樊樊山所藏八册外，应有尽有"之语，予于越缦著述舍《越缦堂骈体文》外，亦应有尽有，急命锐儿就近订购。

日未昳，曼支兵临潢池，不欲掉以轻心，颇沉着应战，凡二局，首局彼夺三路兵致失一车，不足存，存第二局附诸上册之末。晚又与荫三对局，不必存许多。竟日抽阅王记，思浴未得杆而罢。

1936年10月11日

星期。南风研①涸，午八十四度。

休沐休不得也，检文篇付手民，以诸生肄业及之也。首刘《论骈体文》，次阮《四六丛话序》，体制备矣，涂辙办矣。次《北江戒子书》，《与毕侍郎笺》《与孙季述》二书，《与崔礼卿书》《泛舟白云溪诗序》五六首，意以学文莫便于从近人入手。清代丽文庋越宋、明，汪、洪、李三家允推韶雅，古教授主讲汪文，无事骈指。李作典艳，此才难追，惟北江儒雅雍容，示人先路，学子山而雅正，用古语如己出，又少搀词章字句，数典尚易，故首举之，所录诸篇尤易上口，而亦津醰丰味，律吕皆谐者，媵以予作《黄君墓碑》《哀学篇》二首，使斯道犹未绝响耳。

节若久不见，割佳楮写前游记（九月十七日）为卷轴诒之（附还晏姜十金）。午矣尚有醵集，不欲往也，复感蒸歊，闭门不得，过之者不甘，望望然去之，迹近招摇矣。午后勉键，便博美枕，二日未出舍门，大有可以自娱者在也。夜浴罢，自理指甲，居然一快。

【注释】

①研：古同"砚"。砚台。

1936年10月12日

风紧时得秋声，午日仍歊，八十六度。圣诞。

授课如程。午蔡秋农来作乡谈，依稀少年事。……

秋老外孙张荃来谒，呈诗二首，七古长歌尤胜，美才也，并致其外祖挚友杨铁夫（名玉衔，香山）之意。殷勤假日记一观，以所著《抱香室词》一卷为挚，得友为难，破例与之。日夕有徒聒扰，荫之招对数局，排遣未尽。夜勉翻完《湘绮日记》，费我光阴，二来复矣。而闲世耆儒，羹墙宛在，乐何如之。

罗节若报书，书辞殊隽，惟南居不乐，又思北迁，令人惘惘。

1936年10月13日

晴霭，夜无声。

是日课特多，辰出申退，胼胝①之力，胁谄②殊科，亦可乐也。晡作记，夜坐弈久之，颇有领会。

【注释】

①胼胝：手掌脚底因长期劳动摩擦而生的茧子。

②胁谄：见"胁肩谄笑"。形容巴结人的丑态。

1936年10月14日

晴。风紧研澌，午八十二度。

课完特早，发家书，柬韵卿。点《说文》，湘绮八十犹以此为日课。温《礼记》。

1936年10月15日

晴。当午犹八十五度。

课堂之傍，独居一室。大学皮书之馆，下阶即是。优游其间，时复自得。家书来并新日记册二。抄爱伯文一首入越缦外集。夜始克蝇书，灯下苦热，几六易月，眼不用则加眊，用则愈明也。……

风日俱烈，研墨立澌，笔更不润。今日忽得一法，以笔濡水而后渍墨，殊得挥洒之利。亡友陈师曾为予言张廉卿作书辄用浓墨，而置清水于旁，笔饱含墨之后方渍笔水中，急出而运之，故其墨迹常漫漶碍目。而上石或刻镂之后，则方劲丰满胜人。自来书家每有秘方，张得天以绳悬腕（见包世臣《艺舟双楫》），孙星衍剪齐笔尖。古人未必如此，而古人初非用毫作书也。

1936 年 10 月 16 日

晴。施帘南窗，扶疏掩映。

课如额。返室躬洒拭之，役便了，非为子渊酤酒，先生乃如士行运甓乎。此心不在腔子里，时姑收拾几按。古人用以招放心之魂，予不敏予之放豚。既入其苙矣，又从而招之乎。……

得陈彦和小简，即专人通万里诣谢之。万里旋埵来，以为小就，复索书与彦和说项。萧生走其徒来求书，室无侍书，折要摇笔，视为畏途久矣。衍璲来谈艺，夜小饮而弈，弈七局。复检兔园之册，以旦日有文学之讲也。亥正复对二合，寝之不安，谁为为之。

1936 年 10 月 18 日

星期。晴。夜始敛凉簟，秋风起兮，可以襦①矣，见新月。

宵凉未曙，不寐难烛，诵经已见跋矣。七日来复，秋风飀飀。加衣而冠，策杖信步。陟彼北丘，俶载②南亩。畎沟交错，禾穗缤纷。乃及此秋成，实拜夏畦。复然独行，倏③穷市界。一村傍水（长涊村），五亩之宅。农桑自食，鸡犬亦亲。聚族而居，曰梁曰招。世胄簪缨，仅存翁仲（有一家榜联曰：欢迎戚友粗无菜，慢待亲朋薄有肴。）游学从政，增俗浮夸。为人尾闾，丧其面目。孩提有天性，野人葆其真。此语而信，吾非斯人之徒与而谁与。村前树根，乱石栏干。箕踞展书，时还读之。归方早食，作书洎午。半日贪棋，真玩物矣，幸不丧志耳。夜诵《乐记》，安和之音绕梁三日。

【注释】

①襦：长襦，即较长的上衣。

②俶载：见《诗经·大雅·北山之什·大田》："俶载南亩，播厥百谷。"后以"俶载"指农事伊始。

③倏：疾速。

1936 年 10 月 19 日

　　晴。八十一度，换龙门新墨一大笏，我磨墨乎？墨磨我乎？

　　午方毕课程，领悟似胜前，固相徒之道与真如扶醉人也。治《礼记》。（略数学习题）

　　传习无书，仅凭口授，受者又未闻取于人而不取于人之礼，弃而不之诲，又将奚为。

1936 年 10 月 20 日

　　早凉午歊，夜尤凉，不可单衣。今文家绍兴鲁迅（周树人）卒，吊绋者六千人。

　　早一课中作细书示诸生，不如是则群而袖手也。傍午又一课，返舍则杯盘狼藉，魁魁鲸吞之状可掬也。吴敏轩不作谁，复为此传《儒林外史》哉。喘息未定，望尘罢咽，败床小睡，又趋而前更完二课。不患无余勇，患无贾之者耳。

1936 年 10 月 23 日

　　今日霜降节，秋节校假一日，晨不感凉，午尚温和，八十度。

　　早起未舒适，策杖北行。重阳吉朝又值霜降令节，秋高而气不爽，沟洄则苗不兴。禾穗薄霜，东升即失。畖亩小浍，争汲已竭。华者渐萎，苍者浸黄。旱魃①为虐，老农吁息。辍耕垄上，时日曷丧。三日不雨，则苗槁矣。邹荫三云："客属苦旱，尤甚不稔，乡园何似。"谚云"一农败百商，此中疾苦"，非邑车龙马水水衮衮诸公所及知也。入村乃有桎梏执戟者，长涖农民，不盈百户。盖臧无待，安事此为。或又曰，此北防之管钥，深居者思豫及之，天下事又非粥粥迂儒所及知。无已归而求之，真有余师，饭时馆人一空，羹墙之间，尧舜庶乎在焉。日补记，夜缓气，柔声诵北江文，如或遇之。

【注释】

①旱魃：古代汉族神话传说中引起旱灾的怪物。

1936 年 10 月 24 日

　　今日天气如昨日，东夷彦语："明日天气如今日。"此刺讥天气预报之气象者也。一年之中不能三十雨，今日晴明日雨，一雨必有一晴，又一误，故一年以三十雨，论明日天气不如今日者，其数六十，错误之百分率为十七（百分之十七），而挽近观象台良好成绩，即预报明日天气而不误者，亦不过百分之八十三。斯言而信，不预报亦可。况市人对于此种预报，但记其误，而忘其不误，宜乎。为此学者之不可得同情于人也。

督演题草毕，授北江文。坐有辩难者，胥在字句。出典月余矣，未见可与适道者，得见可与共学者，斯可矣。学之不讲，道之不尊也。午退，汗及止，方禓拂更衣，里人数人来，当有入山看和尚之感。日本人观光北京归而云："百可不看，辜鸿铭不可不看。"吁，真不必见今之少年也（然其中一人年亦不少矣）。

衍璠来，置周德裕《新编象戏钩玄》于几，即去。予方以《说文》理《戴记》一二字，不克同往。夜膳后偕李雁晴、曾运乾（益阳）小步丘陵。间秋何月而不清，野无人而闻吠。村火明灭，山河浩渺停白云兮，何处补《南陔》而未成。阅德裕新谱，手阑意怠之时，虽小道必无可得者焉。连日少溲，忌多果腹，人静呼奚。买麦酒一尊，独酌订谱，亦足抗手今贤，希从往哲，无可醺矣。枕上犹克残局五三，夜长无梦。

1936年10月26日

晴。午八十度，山月清寿。

课间为新生解题。族弟黄迪勋寄来《建立岭东的文化中心》一文，颇谙乡土掌故，又有慨然揽辔之志，可喜也。抽近文二首邮报之。

晚有肉而邻有酒，越坐取而饮之而已。臧钩一战更成空谷足音矣。少饮而醺，染指而饮。易数局而倦，时未戌也，短衣出步墟墓之间，山月自明，田蛙不叫，颓然箕坐。一卧沙场，不知所以。兴怀殊孤，负此良夜耳。

1936年10月27日

晴。久不雨，午行暴尪。

晡方别我徒，偃卧移时，乃克自举。

1936年10月28日

晴丽断云，夜月独占中天，飞雁不过。

毕早课，读《礼记注疏》，夕尽《王制篇》，卜今夜有佳月，橘中之隐深矣。二更一步，中庭蹋之。

1936 年 10 月 29 日

晴。南北均报苦旱。

交辰而兴，醮漱剃潘，槤枷①不尘（释文作杝架），可为躬自濯磨②者矣。今日工学院生迁新舍，停课。天久不雨，为之徙市，不亦可乎。予遂免于暴炡，善夫。登阁视雁晴，方高卧也，强而聒之。校点《礼记疏·月令篇》。……

日中罗节若来谈，订改日之饮，且云其婘③属书綮，来日北行，是决计不久留矣。聚散不常如此。又云从此或不教书，闭户数年方动笔墨。予曰："能乎？然人生无此数年也。"

晚月东上，无负景光。坐隐于果腹之后，一月于兹，良非保摄之道，爰逐游队，彳亍以行。千里清光，九秋素景。团团纨扇，硞硞④白圭⑤。花好月圆，乌头马角，不知何故，又自黯然。

【注释】

①槤枷：亦作"槤架"。衣架。
②濯磨：亦作"濯摩"。洗涤磨炼。比喻加强修养，以期有为。
③婘：古同"眷"。亲属。
④硞硞：坚硬貌。
⑤白圭：亦作"白珪"。古代白玉制的礼器。

1936 年 10 月 30 日

晴。午似欲阴，寻①复开朗，是夕望月，大于盘盂。

早完一课，及门者及于门，苟捐二金，辞曰助赈，慨然探怀畀②之，礼也。自施教诲，以上吾未尝不分修焉。虽曰非古，自学校以来未之有改也。思入市负经未得钱，姑舍是读《月令篇》。月出，李雁晴相将登阜，有新亭翼然，其上联匾俱备，不必摩读，料无好辞。轮月当头，无殊今古，此夜此亭共之者谁欤。秋草未黄，燕京已雪。朔南物异，乡心皆同。

【注释】

①寻：顷刻，不久。
②畀：给。

1936 年 10 月 31 日

晴。午升至八十四度。

早起及见晓月台角，凄白亚然，瞻眺徘徊，出毕所课。学人而事文章，末矣；

文章而有事，口说末之，又末矣。况又不能尽以口舌传耶？然其妙处得之心，惟又资口诵。今日文学生乃请我读而宣之，夷犹咿哑，别有神会。声音之道，感人深矣。退食犹如有余音，不知肉味。校读《礼记》。

1936 年 11 月 1 日

温经待晓，甫破杖鞭。访北村，试足力。人欲观乎新筑，我则乐亲田里。深信经常直愿之存，不在乘车而在戴笠者。亢旱依然，黍苗何似。斯亦狐狸当道，反问喘牛者矣。不雨二月，大虑秋收苗方青而已，黄黍未实而待稿已焉哉。天实为之，谓之何哉？村居别有一境，一廛可受，愿为之氓。迎旭咏归，横经浴日，思王子阳之言（王吉）："休则俯仰诎信以利形，进退步趋以实下。吸新吐故以练藏，专意积精以适神（师古曰藏，五藏也）。"于以养生，岂不长哉。……

今日游人较多，客尤独伙。士略偕其友某来视，予云"但愿一见"。雁晴偕曾运乾来小谈。午甫释匕筴，例卧翻日报，攻报上残局，补乙夜晏睡之劳。萧德宣皆其友入山再访，见其二子焉，待之饭于食堂（客各三角），茶汤不备，已费照拂。彼屡求书，辞以无侍墨者，今则两少年优为之倾囊倒箧，搜笔墨不可得，比来此事久废，概可见矣。亦家人办装之阔忽也。手无斧柯，重违远来之意，挤坐斗室，南薰炙人。又报客至，则雁晴率开封二门人展谒。十年旧师，道大已莫能容，室小又将如何。杂坐堂皇，往来酬应。驺鸣出谷，维时申矣。失此午睡，几不可振。少焉稍纾，写家书柬内子付支宏信银庄二千六百元，赎我屋也。

夜戴淮清招对五局。得一浴便有修然之思，灯下可坐，殊叹此身不堪再用，昌黎云"混混与世相浊，独其心追古人而从之"。而惜乎，其不能也，中夜起补读经日课。……

侵晨不能寐，强起补记。"多情不及天边月，一样清光照客床。"

1936 年 11 月 2 日

亢蒸不减，报载宁沪卅一日一日连得雨，农民加额。

馆课毕，略惫，思得一睡以振之。衍璿来谈棋艺，粤东猛进，以开局而言，今年已胜去年。前有冯敬如之让先单提马，今有卢辉之得先单提马（皆应当头炮）。发前人未发之秘，惟卢法有、周德裕新局可以制之（别录）。旧闻新知，难能可贵。

夜舍人七八辈陟小阜新亭，戴星谈风月。《越缦堂日记》补十三册，上海邮到。起咸丰甲寅四年三月十四日（时莼客年二十六岁），讫同治癸亥二年三月三十日（时莼客年三十五岁），正与《孟学斋日记》起二年四月朔相衔接。如觏故人，喜可知也，尽夕竟其二册。

1936 年 11 月 3 日

晴。时阴，二月不雨且不阴。今日每课毕，仍须更汗衣。崦嵫风稍紧转凉，引领望雨不可得。夜风息，御簟未撤。

穷日尽气以授吾徒，脑囟微作痛。连三日来艰获午睡，独客无令。卧病自去扶持，废然支床，茗烟自遣。侵夕有里人萧某投柬檄饮越秀酒家，《礼》云，尚堪为此一饭，崎岖六十里，仰首伸眉于酒食之场乎？电话谢之。飧乞酒邻生，亦沾薄酌，便弈数局。小憩移时，复张灯尽莼客日记，不盈二册。

1936 年 11 月 5 日

晨阴盼雨，转霭。午日炎欺，八十五度。当几泞泞不减夏畦，夜风甫息，蚊立至。

课如程，因授微分方程式，随口设例，屡引哄堂，此语译为奇解至当。

1936 年 11 月 6 日

早阴。午又热，升至八十五度（家书来，止六十外度），羊市处暑余威一至于此，流汗。

七月矣，何春秋佳日之足云。晚出步山阿只堪绨①葛，拂灯焚香，忍汗读书，明日立冬，无计借口避暑也。夜分略完《越缦日记》十三册，于兹五日矣。于是岭南澄海有越缦之学。

【注释】

①绨：细葛布，也指细葛布做的衣服。

1936 年 11 月 7 日

立冬节。夜北风起，亘日阴霾，气候斗凉，七十三度。领树当风，萧槭送响。

授奇解理论一课，偶文二课，雠正字及于群。……

昨今两日并博，午寝甚熟，气候渐凉之故。入夜灯火可亲，不欲从博徒游矣。鸡初鸣方展衾寻梦，思莼客貂裘换酒云："天涯何处寻知己，我与我周旋耳。"亦用以自解也。

1936年11月8日

星期。晨六十七度,终日无客。
休沐未出户,点校《荀子》三卷。

1936年11月9日

晴霭。
今日始得《十三经注疏》一部,欢喜无量。十年前馆粤时以十金购得扫叶山房石印阮刻附《校勘记》本,于梁于鲁巾箱相随,究不可为伏读之本。去夏里中有以大字本粥于市者,垂次奚似,旋为捷足者,贾七金攫之以去,至今耿耿不忘。李爱伯记云:"坐上无书,便如贫儿。"猎书半生,犹付缺然。而邑中已指为藏读人家,殊可愧也。经月足迹不污市肆,张荪簃来言,已见一部于萃经堂,索粤币四十金。李雁晴代为谐贾仅三十一金,又直薪枯水涸,乞诸其邻,遂据为己有矣。凡三百六十七卷,线装一百二十册,同治十年广东书局仿乾隆四年武英殿依毛本①所刻者,几毛本原缺字者皆缺之,而附考证于后。其中已有朱之处,则乡先辈有先我读之者,加我十年,请事斯语。

【注释】
①毛本:明藏书家毛晋所刻的书。又称汲古阁本。

1936年11月10日

晴爽,午日可畏。
日昳退私室,据榻展转炊许,乃可坐而治事,而腕力不胜一管矣。作家书谕创儿(柬纫秋青岛,寄上海三十金)。点《礼运篇》注疏未半卷。夜卧阅群书,萧然秋感。

1936年11月11日

午炎胜昨,未刻八十度。
大学纪念日辍讲三天。为角觝之戏,乡人出村中,所有沐猴蒙虎,傩而助焉。有为鼎湖之行,罗浮之游者,弓旌相招,履綦未辨,加以行非其侣,和非所鸣,不如坐拥百城,申其独乐,婉辞却之。
早起复复远村,朝烟犹暝,稻粱半熟,馌妇在田,亦手月镰(《说文》无镰字。《释名》：" 镰，廉也。"擘絮新月似磨镰），以刈蔡藿（鲍照《东武吟》"腰镰刈蔡藿"）。桑麻鸡犬，直道而行。日在隅中，息游返舍。校人笑问，以晨来乎？又趋赴一会，应卯而归。午得一杯，忽来数客。旋补睡课，旗鼓喧阗①。起读我书自若也。

【注释】

①喧阗：亦作"喧填""喧嗔"。喧哗，热闹。

1936 年 11 月 12 日

晴和。午后室温升至八十度，移几北窗避之。

朝起日已上春，步而问田，以消滞鬲①。园夫笑迓，立话收成。苦旱告荒，可得十五而已。黄土龟坼，获此犹天幸云。

得家书，报新宅已照验收。家门祥气洋溢，令人乡思浩然。张奋可申函来。门人王颂三（盐城）来见。午食惟予一人，落莫可掬。成新日记序一首，日落加朱《礼记注疏》。夜馆人几空，其实见面亦不相识也。

【注释】

①鬲：通"膈"。横隔膜。

《因树山馆日记》第五册

(1936 年 11 月 13 日—12 月 31 日)

《因树山馆日记》第五册·序

舞勺倍①经（《周礼·大司乐》注："倍文曰讽"，谓不面其文而读也），亦四十载；珥笔学记，略百万言。輶轩所经，穷日之出入；筹策所布，凿幽乎乾坤。祭酒三推洙泗之间，退而放乎牂柯江下。（《汉书·地理志》"番禺"条下补注云："浪水迳②番禺城下。"《汉书》所谓"浮牂柯，下离津，同会番禺"，盖乘斯水而入越也。先谦按《郦注》："郁水分浪，南入海者也。"《一统志》又云："牂柯江，亦即郁水东支，自三水县南流，迳南海入番禺县界，又东南至虎门入海。"）乃启箧而视，何为传书？庭笘③之思，弥负生我。狂生不肖时而落，梧鼠以五技而穷。无本之学，直禽犊耳。

昔者戏语季刚，谓："君辈日以音均、训诂课士，而不课之读经。试问一音之变迁，一义之正俗，将何资以取决焉？"

季刚旋又檄予曰："子自向国外治绝业，予终不为子低首也。"

此虽为友朋相狎相谑之私，要犹行友直友谅之公。耆记曩言，几为泪隮。宿草不哭，后死难诬。

尔乃陇④畔锄经，尊前雠汉。微言绝诂，赞叹奚穷。日月江河，景行行止。拾柱下苦悬之坠绪，羞穷经致用之虚声。凡夫兰陵奇字，阳翟春秋，侍中旧文，司农雅训，即洒扫应对之细，悉礼乐名教之存。挟策补牢，自公退食。晨窗洒日，亲蟫简之衣鱼；落月寒衾，拥兔园而祭獭。乙乙思绪，丁丁棋声。时起伏于水涘岩阿，扪萝拨云，往往在也。丙子立冬既五日，因树山馆主人狩于长涞之野。

【注释】

①倍：古同"背"。
②迳：同"径"。
③笘：古代儿童习字用的竹片。
④陇：通"垄"。

1936 年 11 月 13 日

晴和。午过热如初夏，不可重衣。吴蔼林夜来小谈。

窗明一角，自告之曰起，起呼门者破关。抑数晨星，挹彼朝露。伊人安在，唯我与我。板桥无迹，荒店有鸡。青山笑人，寒泉罢响。匪风发兮，匪车偈兮。顾瞻赤土，中心怛①兮。农人告余（长涩梁姓），年荒减半。一车辇千亩之粟，苍黎②失负戴之钱。县官急索租，信哉生男恶。穷村涸洫③，相对嘅然。

晚小饮后登高台望荒，与杨子春立谈，看夕阳下春，领略"大漠孤烟直，长河落日横"之致。

【注释】
①怛：忧伤，悲苦。
②苍黎：百姓。
③洫：田间的水道。

1936年11月14日

晴。午后七十八度。

授课不成局，休业三日。云游高蹈者多也，憧憧往来，亦费半日之间。昏黄吴（霭林）、李（雁晴）、曾（运乾）共踏小径，入小肆庸保坐而剥落花生（俗称长生果，潮人谓之地豆。《福清县志》云"本出北国，康熙初年僧应元往扶桑觅种寄回。然东人却名之曰南京豆"），居然得少佳趣，谈侣茗客，亦关遭际也。日校《礼记》，夜读《荀子》。

1936年11月15日

晴。午温，七十八度。内侄蔡少凯以楚卿函来，蔡訾来，又有二人来，费去大半日。

质明（《礼器》："质明而始行事。"孔疏："质，正也，谓正明之时。"）落荒而走，不感凉气。卜今年秋日仍燥烈。道上忆及数文未辨构造者，拾桐叶画之。师丹未老而善忘，仲达诈病而重听。其实毋庸讳耳。苍淼①独立，归及寅宾。床几纷然，躬自董理。此间一坐，有排闼送青来也。束马隽卿。夜杂览无得。

【注释】
①淼：同"渺"。

1936年11月17日

晴。日晡时八十一度，夜弓月挂树杪。

课徒四上讲座，暂有领会者，亦遂忘劳。罗节若来告移庐（百子路菜园东三十二号二楼），未晤，提字在几。午衍璿招入市，不果行。姚万里来告移均益路十二号之二二楼。萧锡三来求字，因约晡时退公，同载广州市领奉钱（交广信庄郑慕亮，省币六百兑宏信）。自入一浴室（广大路上海浴室），真有以涤去其旧染之污而自新者。爬罗剔抉，刮垢磨光。弹冠振衣，身轻似羽。盘盂①之际，亦自飘飘。粤地温饶，掬水可浴。冬衣可典，尽付茶寮（今作寮，《说文》所无字，"穴部"："穿也。"《仓颉篇》曰："寮，小窗。"《魏都赋》："暾日笼光于绮寮。"《大雅》本云："及尔同寮。"然于"宀部"求之不可得也。石牌村旁有农户聚处，榜曰"茶寮"，居然韵极）。北地风沙，缁衣不素。其民耆此，不下杯觞。予以南冠北旅，则亦逾淮为枳②。三日不弹，如在荆棘。久居蛮越，此事遂废。一搔皮肤，尘垢满爪。行吟泽畔，自同柳州。昨闻江右吴客之言，今乃知豫州得水之乐（所费一元四角，业此者尽江北人云，粤客极少）。思阅旧书市，折入萃经堂，将夕矣，难辨书跗。急趁校车，东归村舍，牛羊下来，渔灯明灭。又蒙车尘之舞，谁疗臣朔之饥。既博劳薪，即以易米，村沽一饭，便了千钱，麦酒野蔬，饱饕自劳。

【注释】

①盘盂：亦作"盘杅"，圆盘与方盂的并称。

②逾淮为枳：比喻事物随环境的变化而变化。

1936年11月18日

晴阴间之，户外有秋风。

应课补日记，昨日之日，不克一亲笔研也。午觅小睡于邻之室，犹时闻剥啄声。

出就镊人去其种种者（《石鼓文》重字作二点，至宋元人行草书多作一点），予性最不耐闲。人镊我发，我观我书。奏刀霍霍之下尽《荀子》强国、天论二篇，目睹醇儒①之论耳，聆俗人之言（匠与客周旋耳，客国学生也），高下悬殊，为问去天几尺，日月食而救之，天旱而雩②（《天论篇》语），君子以为文而百姓以为神，故"君子不为小人匈匈也辍行"，归而加朱，复著其奇语（于前卷之末）。夜诵骈文。晚行大有秋意。（周宏让《答王褒书》江南燠热，橘柚冬青。渭北冱寒，杨榆晚叶。土风气候，各集所安。谅哉）

【注释】

①醇儒：学识精粹纯正的儒者。

②雩：古代求雨的祭礼。

1936年11月19日

逾午七十五度，人定风作旋息，新月黯澹①。

课毕已午，竭忠尽知焉耳矣。家书来云："兵车在境，过祠卜营者三，弦歌俎豆之场，何堪为隶御刍牧地也，舍而之它，仁人之师矣。"

清晨吸纳庭院，逸足奔驰，昔年健儿未生左肘。林本侨调之曰："复有志于 O-lympic（game）乎？"予曰："吾自有百年之 Olympic 也。"相与鞠然（Olympic，希腊古时于 Olympic 四年一举之大竞技，犹汉之角觚矣，今以称长途赛跑。《说文》无"鞠"字。《庄子·达生篇》："桓公鞠然而笑。"字或作"辄"，《康熙字典》既以辄入"口部"，又以鞠入"辰部"，进退失据之甚者）。

校读《荀子·正论篇》，与杨注有异笺数则，铁存上卷。夜群弈室中，予时有冷著。

【注释】
①黯澹：同"黯淡"。阴沉；昏暗。

1936 年 11 月 20 日

乡①晨阴，夜月朏，亨②鸭飨同舍人，二更子立中野久之。

未明而寤，枕上杂忆，不如振起。残灯未灭，读《荀子》礼论、乐论二卷二遍，日方出。……

渴思王氏《荀子集解》，夜柬曾运乾约少假即归，奉而读之，以《乐论》无注文，自校《戴记注疏》及《汉志》。思目两穷，薄有所得，斯未能信。黡然③手此奚啻，空谷足音，为之忘寝，且闻旦日群观空军习避毒气，可无事撞钟也。

【注释】
①乡：通"向"。
②亨：古同"烹"。煮。
③黡然：突然，奄然。黡，通"奄"。

1936 年 11 月 21 日

晴。

鸡鸣而起诵《荀子》。平旦郊行，以振其气。平畴稻熟，刈者殆半矣。石村荫下，乱磴临泉，夷犹其间，尽《解蔽》一篇。遄言返驾，途次驻观，或筵①或箪，粒粒辛苦，不盈顷筐，抵室享饔，瓯饰悦口。……

飧时倦甚，小人之居不近市，然颇思饮也。适客坐（吴霭林）尊有残酒，不问主人，倾而尽之。有微醺焉，观弈鬻茶，就藤榻而颓然，不能复把卷也。月出东山，信步荒麓。正高秋气爽之时，凉风攒袖（《内则》："柤黎曰攒之。"陆释文曰："攒本又作钻。"《说文》："钻，所以穿也。"又攒下云：曰穿也），爽人欲绝，入于幽谷。客不能从，抱膝长吟。喔喔迭和，入此室处。魄照及于床，为之睡早。

【注释】
①筵：古同"筛"。用竹子或金属等做成的一种有孔的器具。

1936年11月22日

晴平，旦六十七度，小雪节，午后七十七度，夜月明。……

鸡再鸣而起，满山灯熄，燃脂读《荀子》，真炳烛之明矣。质明扉启，乃振衣启行数里。孑立陇畔，毕《正名》《性恶》《君子》《成相》诸篇，大觉天地之于我高也、厚也，儒先之锡言广矣、备矣。流水逝光，蚕姑老圃，不违咫尺，共证斯言。

读《说文·禾部》未毕，王士略来，要往市肆，洪、林偕焉，先入萃经堂阅定石印本《汉魏丛书》十六册，姚燮《骈文类苑》十六册，孙、洪《骈文合刻》六册三种，谐价不成（索十四金，与以八）。午诣太平馆，陕友杨敏祺与士略东道，久无杯勺之欢矣。饮陈绍尽二斤，宴宴笑言，罚依金谷（萧冠英言前三日罗节若迟予于南园而不至，予则未之前闻也）。归途孔远依、范捷云车东归（赍御者一金）。高卧至月上春，晚食遂废，二更少进饎，出步野月。上弦清洁，微风在林。畏行多犬，未敢深入。窗前眺远，乱抽杂书。

1936年11月23日

晴。

往来传授，以及午食，今之学者不来学也（节若下柬招饮，理院门者束之高阁）。雁晴为觅得长沙王氏旧印本《荀子集解》于羊市冷摊，粤币一金有奇，披沙拣金，不绝人望。其《考证》二卷，赫然弁首。"《四部丛刊》据函芬楼景印本"殿诸卷末，早知其不然，只今而验，所得本有王某印章及用红色墨水点乙数篇，尚未知断句者，然武夫具在，不为此书贬损也（武夫，俗作碔砆，《海内经》有九邱，曰"武夫之邱"。注："此山出美石"）。前日假自曾运乾者，其《劝学》《修身》《不苟》《荣辱》《非相》《儒效篇》有加密圈之句，尚时时会见精意，依之加朱而后归之（运乾旋过谈，约文会）。荀子之言曰："君子生非异也，善假诸物也。"

夜读《荀子》。

1936年11月24日

晴。月色如水，晚眺弥佳。发家书并柬内子，宏信庄报入四万九千二百元。

早起灯下校朱《荀子》。往来授课者三，得间则丹铅狼藉，如童年耆①裨官小说情景。垂老读书始臻此境，假令早我十年，或者可以有成。况荀、管等书，寒斋之存无虑十种，存而不举，等于废书，而今而后，吾知免夫。

【注释】
①耆：通"嗜"。爱好。

1936年11月25日

晴。夜月多翳。

晨小试工院生。柬谢节若。为潮阳萧锡三题其尊人琼珊翁遗墨。

萧于潮阳为右族。西园一家，名倾阖郡。五十年前，汕头新辟商埠。事业交兴，亦以新子之国；山邱华屋，难过西州之门。

乙巳之冬，一主复道□①宫，亦一乡之王者。旋踵之间，主人身殉。然犹见当日商估信义之重也。

抚兹零缣，弥用怃然。卷中有邱仙根先生、徐花农督学二通，履綦之存，闻于空谷。今有吴霭林、姚秋园、陈颉龙诸跋，尤钓侣之犹存者。据锡三云："家中所存者，亦厪②此矣。斯亦故家遗泽也。"跋语不存稿。

夜出看山月，白云蔽之。访曾运乾放论久之，山中谈友十步之间。

【注释】
①日记此处空一字。
②厪：假借为"仅"。

1936年11月26日

晴。洎午阴，晚似欲雨。

以《戴记》《乐记》《史记》《乐书》校《荀子·乐篇》，呻其占毕而已，无可记者。夜觉停食，大溲不下。邻舍人张掖（大埔，苏芝）招步旷野。众山如睡，野有啸者。乡思浩然，行不得也。与淮清对四局，复叩雁晴户作小谈，有结伴构庐之意，生不惯米盐出纳事者旧矣。《正名篇》曰："屋室、庐帘、葭槁蓐，尚机筵而可以养形。"（王念孙据《初学记·器物部》，引作"局室、庐帘、槁蓐"，于义为长。"尚机筵"，杨云："未详。"又曰："或曰尚言尚古，言质朴之机筵也。"）以今日之居言之，局室败几，未遑多让。庐帘槁蓐，尚属空言。蒲轮安车，更不复作此梦矣。

1936年11月27日

晨阴。以雨具出，午仍放霁，七十八度，夜月满山。

课如额。检爱伯文六首（《答仆诮文》《张公束校经图序》《九哀赋并序》《郑司农生日记》《复张孝达书》《答沈晓湖书》）、北江文一首（《祭保母王氏文并引》)、予文一首(《村中与妇书》)付手民排印。为舍人作擘窠大字,惜无如椽之笔,腕力且加健然。……

视吴霭林疾,携其剩酒而饮之。罢酌,月出东山之上,倾舍步游,行歌相答。坐小阜亭畔,明月满山,空林不响。初冬南节,正行秋令,未闻落叶,犹见残荷。惜无素心,共兹幽赏耳。村火二三,寒蛩啾唧,高歌入室,我醉欲眠。

1936年11月28日

晴。早七十度,未七十六度。家中以是日祀先。

晨课小试诸生,枯坐无所事,遂觉有凉意,返局室加衣。乃往主文学讲坐,生徒咿唔学四六①,为之是正数字,亦略调其声响而止。午戒饱食,究未舒雍塞。霭林馈以普洱茶,含之少许,津液溰溰,舌本齿颊之间,据云得之故宫博物院者也。小睡为佳,有及门者,无应门者矣。张荪簃将杨铁翁之命来假《越缦堂日记》一函,请益数事,不失为可与言者,不省所阅何书,冉冉夕矣甚矣,神明之不得常健也。

晚戒粒食。以面包易之,几为邻生攫去,亟翼而捍之。垂老乃与鸡鹜争食乎?然稍纵即逝,援之以手者,权也。已飨,循例东行。一轮涌起,斗疑旭日,几大于盆,轮廓画然。未望而圆,思之方知为加以视差,适成圆廓,明日真望,其圆又楕(《楚辞·天问》:"南北顺楕,其衍几何。"此说"楕"字最古最精者。《急就篇》作"楕"。古多借楕为之。《月令》注楕曰"窊"。"视差"不如曰"视衍")矣。道中笑敖②间出,真厄言也,存一则焉:

邹祭酒浮海归来,其道大行,奉公执鞭之徒,醵金会酬,祭酒揖而辞让者三。或曰:"泰山可封,燕然可铭也。无已则亭之乎?"亭恶名曰"明远",莫知所指,奚测高深,有曰"明察渊鱼,远格丑类耳"。因忆一业医者求题于纪河间,河间心不谓然,漫以"明远堂"三言应之。叩,其覆但曰"不行不行",人曰"不行与明远何涉",曰"不行焉,可谓明也已矣,不行焉,可谓远也已矣"。然则谁为此名为此亭,愧之。行行重行行,漫野瑶光,明远欲绝。更阑人定,林邃径幽,山下少人行。忽横弃椟,荧然三尺。死不获龙场之瘗③祭,不叨惠连之文(谢惠连字不传,有《祭古冢文》,得萧澹之致)。缅惟夫子冥漠之君,后之视今如何,可云我意未竟。舍人相惊僵尸,鹤唳风声,如望八公山上草木。……

三更不眠,鹤立危栏。冷菊吐香,月华丽之。有人方汲水浇溉(郑振文,铎宣),兴复不浅。

【注释】

①四六:文体名。骈文的一体。因以四字六字为对偶,故名。全篇多以四字六字相间为句,世称骈四俪六。

②笑敖:亦作"笑傲"。谓戏谑不敬。

③瘗：掩埋，埋葬。如瘗埋、瘗藏。

1936年11月29日

星期。卯初六十七度，未刻七十五度，夜月蒙眬。

未明而起，不忘晓月也。西有长庚，隐曜掩映，晓风残漏，增人凄清。墓木屋梁，本来如此。独行踽踽，顾詹四郊。东曜西魄，两镜对峙。览子桓之论，"日月逝于上，体貌衰于下，忽然与万物迁化"（《典论》篇语），彼以未及。光武兵中之年，犹动发瞻观之叹，年一过往，何可攀援。真可掩卷而悲也。村氓别来无恙，飘零大树，让我倚挚。出怀中书，尽蔚宗《方术传》一卷。……

陈彦和并娖属来，午去。柬复姚伯鹏并致意秋老。日加申林本桥来，同赴留东同学会，为金湘帆五十八致寿也。识之三十又三年矣，遂出三十里之疆，修其一脬之敬。卯中而集，十有六人。觥筹而欢，车笠无间，局终醺然矣，黄君以车护送。过林厉儒宅小坐，而驰东野之郊，辘轳不转，下车看月，易乘以归。己亥矣，仍邀荫之坐对数局。中夜踯躅林薄间，食消方就寝。

1936年11月30日

早阴午霁，交申八十一度。

朝课如额，读《内则》考名物饮食服御之事。夜行不胜夹衣，并不感秋眺之爽。道说宫墙之外有越货者，士皆椊楯，行者戒心，从此外出夜归。冬防已届，允非长策，即移家结宅之侣，不无引为谈虎之资。群舍人麇坐新亭，齐歌粤讴。钩辀格磔，独偕黄海章寻幽古径，道虚墓之间，谈艺为乐，无所畏也。……

舒舍予以母寿八十来告，有"国破家贫所以没有治筳款客"之语，作联答之。

历下十年居，苜蓿栏干，鲁酒一尊将母寿；
秋容九月茂，兰荪苕秀，北堂晚景即仙乡。

1936年12月2日

晴燥，午仍热如往日，晚北风解之，夜始闭窗而睡，室中犹降至五十七度。

下堂补日记，致书舒舍予（青岛），滕以昨联。寄家书附柬陈镐臣，坚馆约也。镐臣安贫守素，博薪不足为妻孥一饱，萧然自得。信夫，诗书之泽人也。器儿航空禀来，别有营图。菜根之味，本难强人甘之耳。姚伯鹏来谢为道地也，并匄赞其母像。夜索酒不得，既饱，出喝北风。益阳曾运乾教授过阅近作，携《不其山馆日记》四册去，旋示其《阮嗣宗诗笺》定本一序（古直笺注），亦规抚容甫者，文境殊得渊穆之致。

东坡海外喜渐不为人所识。今日港报有曰《探海灯》者，载予"喜穿长衣，胸前必有两小夹袋，凡刺、笔、表、烟毕具焉"，彼所见以为异者如此而止，彼所知我者亦如此而止，然已渐为人所识矣，殊非本意也。

1936年12月3日

晴。未刻七十度，中夜见下弦犹胐。

补毕前日群论札记，諟正者二三事，垂老渐于诗律细也。专人入市买珊瑚笺联（一金六角），书之托衍璿送黄松轩。运乾曾文学（益阳，星笠）为阅毕《不其山馆日记》四册。北江《更生斋文集》，予尝择笺数首摘存记中（乙亥十一月记），潭渊宝藏未能尽也。星笠为补笺八则，皆非僻书，子病不求耳。各眉存之以拜嘉贶。

夜与淮清坐隐，下子时有谱意。橘中况味，浅尝者莫或知之。子夜漫步柂落之间。下弦半轮，涌起山则。凄风残月，征戍寒砧。独自飘篷惯耳，枕上以《东坡集》伴之。

1936年12月4日

晴。日仄七十五度，温凉不齐，齆室以涕。

毕课事，加朱《玉藻》郑注一篇。……

夜偕雁晴、星笠闲步隽谭，遂杀落寞之感。灯下治经，吾道不孤。"欲穷千里目"，有以"直不百步耳"对者，尚巧，星笠云。

1936年12月5日

晴。午后七十度，夜和煦，复辟窗而睡。

二院课如程，方钟鸣，徒犹未集。吴霭林、李雁晴过焉，入而就坐，退居弟子之列者，然予且靦然主讲矣。有顷，徒渐集，二子退，以见友朋相爱之甚也。《山中与妇书》，徒有问"亦寻季隗之约句者"。曰"晋公子重耳事也"。徒曰"审之矣，但何所指耳"？则又付诸存而不论者，今日一讲，真满坐春风也。……

午时学睡不成，去学《礼》又不成，去与曾星笠谈。

孔一尘来勾《骈文讲义》一卷，面录眉批小字而去，犹见好学之士。飧时乞酒邻厨，偕星笠昏相教员新舍，茶山之麓，以友人亦为预卜一屋于此，此税驾何所，搬疆为劳，鲁人猎较，孔子亦猎较乎而。散步归来仍感昏瞶，感摄生①之难，疲骡不任急鞭矣。嬲弈侣试枰，蹈虎口而不知，嗟马首之安往。复趣星笠麋雁晴乱榻上，杂谈永夜。雁晴索阅游从化日记，将有近游也。归睡尚安。

1936 年 12 月 6 日

  星期。晴。
  休沐宜早行，平明已加辰矣。欲诣山村，不辨蹊路。兹事以黄海章为颛门。脚力既富，赋性尤狷。只身蹑屩（《史记·范雎传》："虞卿蹑屩担簦，一见赵王……拜为上卿"），云游山中，以为常课，特约指引。遵陂曲道荒畦，已而王道如矢，桃林如篦①。道傍甲第，托庇松根。主者繄谁，居然复绝人间世矣。东行五六里，一村当道。负山面湖，可五百户。茂松压屋，清波映门。村曰岑村，则湖曰岑湖乎？摹其碑碣，过其祠宇。江夏聚族，多我宗支。东砦②西楼，守望相助。面南湖畔，半属祠堂。里闬巷藩，耕鱼而食，负郭三十里耳。湖山小胜，移人如此。周廛历曲，市沽一壶。跂坐大树之下，倾而酌之。或曰有伤大雅，然视汙尊杯饮之民，宜少进矣。日宅禺中，携榼言旋。少进我饔，又是一睡。

【注释】
①篦：古同"篦"，齿密的梳头工具。
②砦：同"寨"，守卫用的栅栏、营垒。

1936 年 12 月 7 日

  今日大雪节。晴。室最高七十六度，只堪褶衣。
  日方上春，衍璠至，以予之夜归致不安也。复申旦夕十八甫弈会之约。授课读《戴记》。
  三日来报倭犯青岛，陆战队登陆者逾千人，检讥行人，有被捕者。五日晨突驰李村水源，冀握全市饮水嗌喉。夜市早闭，沧口居民迁者甚多。呜呼，鲁以相忍为国久矣。实逼处此，视如囊中。去冬量移书稿，今春借假南行。势有必然，情非得已。不忍幸其必验，只求不废诵述之一席地耳。天方荐瘥，器乱弘多，守此一经，以永长夜。

1936 年 12 月 8 日

  晴。气候如昨。
  早朱校《丧服小记》《大传》二篇，加申毕课程习题，洎飧，思力已竭。吴霭林、杨子春偕行五六里，多未问津之境，颇舒一日之郁。校经灯下，雠谱窗前，不借胜俦，自成馨逸。（略数学习题）

1936年12月9日

晨六十七度，午七十七度，报谓十年来未有冬象，市多喉疹。……

龙榆生自申寄来《越缦堂骈文》四册，朱题曰"丙子秋日购自吴门寄奉某"，署"万载龙沐勋记"，践宿诺也（直二金）。卷中以朱圈加眉者，无虑十数见，所远诒故人、海外者良厚矣。频年以来酷好李文，假云："能稍解进修之途，则越缦先生实启之也。"故于先生所作，见之刻本者必方以致之，视我家之所有者王选《十家四六文钞》中《湖塘林馆骈体文》（《骈文类纂》所录同，凡三十一首，曾之撰序误为三十首），北平图书馆《越缦堂文集》十二卷（文百三十四首，据王重民记从越缦日记及日记抄新古文辞纂稿本、续碑传集及王书衡假得越缦丛稿裒①录，又据日记所记刺取它书得之），予又录成《越缦外集》三十余首，概从日记中所未见上集者手录之（惟《王祭酒母碑文》一首从《虚受堂文集》出，各集未见）。所未见者惟此一种，思之有年矣，青鸟传来，跃雀可想，敲残红烛，如被朱弦，以其目考之，为前集所未录者为第二卷《书启》三十五首，第三卷《四十自序》、《芸香阁诗集序》《恒园勘书图序》《萝溪老屋图序》《明瑟山庄课读图序》《汪氏西楼谦集序》《送潘孺初还文昌序》《送朱冐夫视学湖南序》《乡贤倪涵初先生赞并序》《花部三珠赞并序》十首，第四卷《梦故庐记》《秋灯课诗图记》《汤公灵济庙碑》《绍郡乐生会碑》《记外妹薛宜人权厝志》《殷君郑姬墓志铭》《书与陈迈夫盟牒》《后汉书凌廷堪校礼堂集》《中书唐文粹文后文》，后九首附编散体文一卷，《上阎丹初书》《复书卿书》《书冰壶集残本》，后三首是稿，骈文凡九十七首、散文五首，则未见前集者达五十六首。尤可宝者，此五十六首中如《四十自述》《恒园勘书图序》（及第二卷先生晚岁书翰）、《梦故庐记》等篇日记中所未存稿者，可为踌躇满志矣，惟先生自云已编成初集骈文百五十首、散文二百首（丁亥十一月《复陈书卿书》语），则所未传刻者尚多也。此集刻于常熟，曾之撰比部（圣与），曾序署光绪二十二年，是先生殁后之二年也，今列"虚霩居"丛书本，乌焉亥豕，渡河可叹，然视之如鸿宝矣（孙刻《湖塘林馆文》尚有《项城袁母郭太夫人寿序》一首，王刻无之。曾序云："遵先生意不以入集，盖先生尝言'骈文至寿序成恶道矣'。迦陵诸君以此益其芜累故也。"今亦集录之，存之《外集》中，不甘遗弃）。为呼酒以张之。

【注释】

①裒：聚集，裒集。裒辑。

1936年12月10日

晨阴。午仍放晴，肆热，七十八度，午就别室少憩。

课间就镊人栉沐剪刮，午后还我自由，可及我私矣。一往一来，或作或辍，手挥五弦，目极飞鸿，吾闻其语矣。自问去此才也远甚，飨谗之间，恶声盈耳，急咽释匕，落荒避之，海枯流濊①，无洗耳处也。星笠、雁晴相随旷野，戴星攀柏，复不见人。家书来。

　　张作人手陈达夫函来，订翌晚酒约，室是远而，畏我友朋。曾星笠为校完《因树山馆日记》三册，受签注諔正者三十条，一一眉注其端，永矢弗谖。星笠经学、小学并有深造，以校经之手为落叶之扫，真欲使其友不留一不通之字流落人间。谫陋如予，一月之内得之于杨铁老，复得之于星笠，又皆属新交，而顿如旧识。切劘之谊，高于云天，疑难相规，期诸金石。得友如此，困而学之，虽寡过之未能，庶大过之可免夫。星笠面投束，极言各册名篇隽语，往往而有。雒诵之下，齿颊流芬。中如姚氏《述德题辞》，及《丙子七月初五日展墓》一记，潜气内转，英华外发。允足轶北江而追容甫，至佩云云。则又士元称人，恐多其量者耳。（卷中夹有马隽卿手札，星笠尤亟称之，以为馆阁中人物也。雁晴亦云。）夜深矣，竟日伏几，不敢即就衾枕。酌酒自劳，其乐未央。

【注释】

①濊：古同"秽"。

1936年12月11日

　　晨阴。

　　闻筯而起，晨星可数，墓木未槁。远山气藏，以吸纳之功行导引之术。释鞭方补蚤①饔。

　　披报云"青岛大学十日晨七时半突遭日陆战队到校包围校舍，强行搜查历四十余分钟，结果未捕人，但搜去某种书数十册"云云，去秋沈浩如进言验矣，鲁难未已也。

　　检爱伯文七首付梓人，为授诸生也。削简后雠勘一过，复离句略笺数文，冉冉消去半日（作家书，附去并示仲儿上海）。……

　　日在崦嵫，假张苏芝御出谷，车中与蔡秋农小谭。入陈达夫宅，见其尊人及妇。同席皆可言之友，主人情重，馔薄亦甘，瓶已罄矣。市沽不远，兴之所之，遂及酩酊。林本侨先之后之雇车东山，同载而归。（夕闻达夫言白下友函盛传予长勷勤大学。伏枥息交，并不作嘶嘶之鸣矣。海外东坡，传之非其真耳。）

【注释】

①蚤：古同"早"。

1936年12月12日

晴炎。午温达八十度，避炎东楼厢。

宿酒未醒，朝课勉如额完之。起予者何人，退省其私，自发而已，起衰何易言哉。

忆达夫有时人戴季陶七言联云："知己当期千载后，幽人常在群山间"。不知是前人句否，可爱也。……

日薄虞泉①，与吴霭林鹄立草际，话想盛年。初更未阑，剔灯夜读，加朱越缦丽文至三更。

【注释】

①虞泉：同"虞渊"。虞渊又称隅谷，古代汉族神话传说中日没处。

1936年12月13日

星期。晴。

休沐之期，七日来复，一阳未生，卯初犹瞑。彻①衾特早，已冬不寒，戒我早行，入彼北里。挹田家之风味，涤京雒之尘衿。不问征夫，亦辨前路。何为夫子，惟是知津。辘轳桔槔，话灌园之老叟；缪鞲鸦雀，迁植杖之山民。越涧问村民，亦犹是杀鸡为黍②，礼耕于堂（梁氏祠堂题额"礼耕堂"三字，深合经意）。饮郁水之屠苏，听苍梧之蜡鼓。君子观于乡而知王道之易易也（有二王生来。雁晴入市，我承其乏耳，辍笔炊许）。然而百日之蜡，一日之泽，犹非子之所知也。尽日景朱加《杂记篇》，夜曾、李同游，复阅越缦文至子刻。

【注释】

①彻：撤除，撤去。

②杀鸡为黍：指殷勤款待宾客。见《论语·微子》："止子路宿，杀鸡为黍而食之。"

1936年12月14日

晴。（昨报，时事证实白下免清河职。）夜自汲水，燃之以濯我足，烦不堪絮衾，多醒。

课间觅张子春，托其取直载驰载驱，真畏途也。雁晴为寻到《皇清经解正编》（三百二十册，索贾六十五），谐①未成，泉币成以楮纸均纸耳。"纸，絮一苫也"，各家均不得其确解，要之以换书籍，故当较胜。

夜方静坐，只可对书，已展经卷矣。郑铎宣来谈鼠牙雀角事，金人之兵渡河矣。刘生求阅诗卷，求作书，曰："俟春和景明、笔研俱润时。"戴淮清鏖对二三局，惟首半局可厕作者之林，余多懈著，无可存者。……

夜阖户拥衾，遂感多梦，斗方之室，不任燠冬也。

【注释】

①谐贾：见"谐价"。论价，商定价格。

1936年12月15日

晴。

勉毕所课，便便①考先，亦不知其徒所言出何经典也，入此室处，羹墙悉尧舜矣（子春送脩脯来，无可位置）。

晚呼啸入林陡岵，见弓月半弯，淡不胜描。盖哉生霸也，素以南中不见初二月，今乃不然，许文"霸"下本云："月始生霸。然也，承大月二日，承小月三日，从月霸声。"《周书》曰："哉生霸，月月可见之事。"五十而后知之，其它则又何说。缓步归，与对局二三。随手举棋，辄见佳着，村畦况味犹满襟也。

猛忆群行集坐新亭，容有非吾徒者之侪，横生不及义者之语，世运如此，距人何述，吾党有黄海章，其人不知所之，落荒而逃洗耳去乎。此君共牢②一载，脱粟两器，投比孤骞，从未一言申其可否。既非焦先之瘖疾，大类袁闳之潜身。侧闻颇精研子书，授徒糊口。浅人几不觉席上有此一个人，而养醇③诣高，诚不可即。间惟聆予片言歌语之时，莞尔见齿，偶同杖屦，谠论生风。君子哉，尚德哉。若人有之，是以侣之，不言之芳，他山之石。（付膳食十金，杂物五金，稿侍役一金有半。）

【注释】

①便便：形容言语明白流畅。便，通"平"。
②共牢：引申为共事。
③醇：古同"淳"。朴实。

1936年12月16日

晨重阴。霢霂有雨意，傍午又开朗。

公毕，朱加《丧大记注》二卷。……

昏黄有曾、李二子共立松下。山在指顾，路少人行。上下古今，人物饱赏。田野风味，不用一钱买，亦不怀千岁忧。死友黄季刚尝云："国子之国也，吾侪小人何与焉。"二更方归。成《笺注》一篇。

1936 年 12 月 17 日

外人报纸云："奉化授命西安。"

晨雾露重，丝雨在有无间，禺中日见，午忽闻滴沥声，百日不雨矣。旋霁，未刻室温长至八十二度，入夜犹闷，坐梧桐下久之，枕上窗户訇磕①，华表降至六十三度。

课间偈于公室，究心"群论"②，予受此经于美师 L. E. Dickson，在东方未经人道者，设教汴胶，稍得及门，南士浮伪，恐难传道矣。

罗节若迹从而至，一宫之间已相失几回，不见何止三日，此别又不知何年，既涉妻帑③，复戒滕箧，不可终日，仅度残年，遂将飘然北征矣。素心直友，南朔各飞，不惟杯勺之间之渺焉，寡俦之感已也。

前记（五月六日）有"攀裾息允"句，星笠恐为"息胤"之伪，予观洪、李诸家集中皆如此作，如北江《戒子诗》："或有所求，厥惟允嗣。"越缦《与陈迈夫书》："德夫既无允嗣。"卢弨弓《祭汪容甫文》："竹阁柏堂，风流允嗣。"皆为避清世宗讳也。星笠又检李义山《上河东公启》："眷言息胤，不暇提携。"王氏纂本窜改为"息允"，兹事益信。点《祭法祭义注疏》，夜攻越缦文。

【注释】

①訇磕：形容大声。
②群论：在数学和抽象代数中，群论研究名为群的代数结构。
③妻帑：亦作"妻孥"。

1936 年 12 月 18 日

晨北风，六十一度，霓雾如春，午和，六十六度。

毕课，朱经。家书来，言女禀来，器儿禀自潮安来。舒舍予谢函来，援罗常培例自称后学以语体作笺①，亦自楚楚。惟回头裙屐，曹部顿空，蒿目时艰，感喟系之。儿辈瞅②词，各奔前路，抱经何易，析薪已难。望远临池，聊完逋负。局促牖下，炳烛未休。室无侍书，官自铃尾。非以求媚，亦自炫也。久谢人事，此亦尘缘之未尽者耳。

昏漫步山阿，乃狺狺者，冲坡迎吠，有喉夫獒者乎，辇毂之下，宫墙之间，纵桀之吠尧（教员张某好犬，某行之为之戒途），何猖披之至此（《楚辞》："何桀纣之猖披兮。"《说文》无猖字。《文选》作"昌披"）。吾徒曾、李，素号能军，掎角应之，犹獜獜（引《诗》曰："呼獜獜。"今作令令）相及，豺狼当道，于今尤烈耳。折入竹林，小坐茅屋，呼土舞啖落花生，大有核桃风味，咬文嚼字，语怪谈玄，惟天下事不谈，天下事大可知矣。腰力已不支，斜倚床头阅陈继儒辈杂书，复无所得。

【注释】

①舒舍予谢函来，援罗常培例自称后学以语体作笺：1945年黄际遇罹难后，中山大学在广州市区文明路附小礼堂为黄际遇举行追悼会，追悼会收到不少悼亡挽章，据家属回忆，舒舍予的挽联为："博学鸿才真奇士，高风亮节一完人"。落款为"受业老舍挽"。

②陳：古同"陈"，陈列。

1936年12月19日

入冬令矣，夹衣而后出。日中毕所程，视其徒似渐有所会，然则谆谆焦敝，勿之有悔焉耳矣。

雁晴为谐定粤本《皇清经解》贾五十金，旦日载书来，斗室无庋处矣。杨铁夫翁亲来订翼①午之饮，云："昨日已投简，恐不能至。"实尚未被书也，速于置邮今也，不然收发转递，例须旬日，牙门②习例，本有耽迟不耽误之诀也。铁翁面馈佳墨四笏，为嘉庆时贡品。苍然黝泽，铿尔元香。弥增漆简之光，拜兹松烟之赐。寒窗有磨穿之研，铁鞋有踏破之时。坐致新胶，实惟国宝。欢喜无既，韫匵善藏。

衍璿来，述棋手冯泽如一局仅二十著而溃，诧为新奇（谱附卷末）。投莫仍并星笠、雁晴出户寻幽，朔风微动，步侣已希，桐叶飕飕，感人迟莫。车停阁下，遄客晚征，二子慨然执绥升车云："有汝乐之归，可参瞿相③之圃。"浼山民以冠带，观沐猴于氍毹（竝，新附字，徐子远笺曰：《尔雅·释草》郭注"蓬蔬"音同"氍毹"，盖"渠搜"声转为"蓬蔬"，又变为"瞿俞"，相承增偏傍耳。氍毹氀毼皆毡毯之属，盖方言也）。闹阓风光，缁尘夺素。夜投逆旅，四壁骚然。深谢高情，独归斗室。比来觉精神苦短，对卷既感冰炭，掩卷又负友好。托辞自爱，蚤④睡为佳。

【注释】

①翼：通"翌"。第二天。

②牙门：古时驻军，主帅或主将帐前树牙旗以为军门，称"牙门"。后泛指办事的机关。

③瞿相：是指古地名。后借指学宫中习射的场所。

④蚤：古同"早"。

1936年12月20日

星期。早五十六度，雾，加棉衣。

旦明，殊忆村中况味，启箧出敝裘，迤北以行。北风其凉，南士瑟缩矣。农功告息，平畴极望。野蔬春韭，桔槔①灌注。天之生物以养人邪？天之生人以戕物邪？

有机变之巧者,无所不用心焉。君子观于乡而知王道之不易也。……

傍午趯车应铁夫翁嘉招（广大路结缘素食室）,特备绍兴佳酿。殷拳劝杯,不酒亦欢,不肴而饱,况既饱以德又醉以酒乎。入坐见一须眉暟②白者,秀气在眉宇间,而老气横秋。袂耸筵上,已循例通姓呼名,知其为诗人冒鹤亭矣。主人又介予于客曰:"是既能算,又能文,世应无第二人。"客曰:"有之,董方立是也。"予曰:"君乡先辈兰石斋乎,此何敢当之。"客又曰:"治骈文那一家。"予益辞:"不敢当"。主人曰:"洪、李也。"客曰:"学骈文只可学清人。高者可以跻身汉魏,次者犹胜于宋四六。唐文可称骈文者《进学解》等数首而已（实仅举一首）,《滕王阁序》亦四六也,非骈文也。庾徐四六之开山,骈文之败类也。此等高头讲章之言,粤人于经史并有专家,尤称诗国,骈散文未闻,兹事大可为也。谭玉生父子亦四六也,不足为骈文也,可拥半世之皋比而不可一日立于士大夫之侧。"忽又垂问曰:"徒几何人作文乎?"曰:"六人耳,未能作也。"主人曰:"作者七人矣。"众宾笑,见矧焉。话至此,客忽索予予一刺,大索怀中,实并漫漶者而无有,久不需此矣。客又曰:"骈文之道将断矣,临一切文之美恶也,以目临骈文之美恶也,以鼻不臭其味不得入其门。今之学者贵耳,贱目乌从而味之也。惟诗则不失其传,以东洋人尚作诗也,则中国之人必亦作诗也,固亦味非其味。然骈文邻国之人更无如之何也,故曰将绝也。"又大类"吾将见秦王亨醢梁王"一套说词,忽又落到莼客身上,谓莼客用雌霓之霓为仄,考官林某指为失叶,涂改之,以要誉莼客之前。莼客信屡不得于有司,而不记有雌霓一事,至雌霓连蜷童皆知。先辈姚文登氏《初学检韵》,尚详王沈故事,何待数典梅词、眉轩席次。予偶曰:"越缦记谓梅村一代诗史常误音声,如仄用竣字等,此非小失也。"未毕其词,客夺之曰:"竣字千真千真是侧字,从夋之遂乃平字耳。"坐客又二人同声曰:"唯天何言,竣遂并七伦切,不惟音同,周语有司已于事而遂,郭璞作逡,且相通假甚矣。"人之易其言也,终食敛襟,主人但举爵,辞以醉而止,出市潮舛普洱茶。雇车迎东北风,邹曼支同乘而归。估人载书入室矣,几案无隙处,举策数之,三百六十册,付粤币五十金,异遇也。彭啸咸去夏得诸燕京,《正续经解》二百六十金,不可同日语矣。家中旧有石印本,虫食不堪,以手巾箱小册,亦非几上伏读之资,但供兔园獭祭耳。又述姜叔明语曰:"此何如气象也哉。所谓故家者,非谓有乔木之谓也。"坐拥鹭笋,雁晴、星笙夜来共欣赏。

【注释】
①桔槔:亦作"桔皋"。井上汲水的工具。
②暟:美。

1936年12月21日

晨阴。五十五度,洎午日见。

王生馈佛山饼饵。姚伯鹏来为制研棳，研来自端溪，戴淮清得于旅中以转饷者。

1936 年 12 月 22 日

冬至，晨阴。是日家庙祭先，奉糇饵酏。作客年年，视天梦梦。（略数学习题）

书转寄创儿上海，附柬张生奋可。某来函索予稿上报，立挥毫复之，告以所治者举属朴学家言，与报纸相去甚远。子亦不能见予文字于任何报上，严词拒之，并声明不再复。盖非取瑟而歌所能令其领会者，前日隐几而卧，彼亦无从窥夫子之道也。

夜馆人出食为醑，周礼其犹醵与。霭林来阅日记。淮清坐对三局，皆以马八上七，兵七上一，炮八平九，马二上三，车九平八，车一平二，车八上四，炮二平一开局，此第八着应局，比日质衍璠者，以前用马七上八，彼又卒三上一，夺先极难也。

出始见新月未明。

1936 年 12 月 23 日

晨，五十一度。

课早毕。治经先求识字，昔人所蒙讽者，我乃耄学之。飧后与曾星笠谈不足，则长谈之。……

人定缓声讽诵，涵濡声音之妙。丙夜展枕，文心满怀，入冷冬矣。偶懒施帐，蚊蝇来袭。起与周旋，遂艰入梦。梦矣彷徨，若有所觏，亦既觏止，褰裳涉溱，婉如清扬，匪我思且。

1936 年 12 月 24 日

雺霾。白下令民间毋得举乐，决心称兵。

课毕，院役尾随之，索年赏也，畀以十金。治经。……

邑人林仔肩茂才（樑任），家以茂才状来赴①，晚成联，付教儿书吊之。

平生以范希文陈少阳自期，只盗僧主人，剩稿空传辨奸论；

君家本东莆集城南庄之后，信门承介节，礼堂又写井丹书。（《潮州耆旧集》《林大钦殿撰东莆集》《林大春提学井丹集》《林熙春尚书城南集》，详见一月十四日日记。）

夜有冷风，纵行亦资取暖，灯下构联，杀字未安。二更又出步杝落，推敲低酌，为此数字，至罢一夕之读，真成苦吟也。

【注释】

①赴：通"讣"。报丧，古人讣告字只作赴者，取急疾之意。

1936 年 12 月 26 日

晴霁，（昨晚闹市中爆竹似为过新年也）夜月尤胜。族侄燕方午来，交去二百金付宏信。

早授一课，及入文院，而吾徒逡巡不至，长院者曰："先生少休，春紧夏松秋邋遢。"予应之曰："少嬉壮游，老奈何无已。"归校《坊记》一篇。……

夜偕王士略、林本侨、黄海章落荒踏月。寒天萧林，碧空皓魄。清远欲绝，一生难得几回也。中夜记罢，犹独立空庭，为之眠迟。曾照古人，不见来者。悠悠去日，漫漫修途。淮清来蹩对一局，比日志不在此，隐坐多闷，惟对书与野望二事探讨不尽。

1936 年 12 月 27 日

星期。晴朗。（蔡亲家镜潭自新加坡归，远来一面，云："亡女遗女年四岁矣，初至予家陈姬为之不起，宿草犹新，创痕宛在。"）夜月如昨夕。

五更难脂读经，东方既明。北访村落，健步数里，可耐一日之危坐也。夜又坐山麓，不肯归。

1936 年 12 月 28 日

晨阴午霁，晡云又合，夜月黯然。

毕三课，得一题示门人。凡微分方程式得知其所不变之群，则立得移动新变数而低减一级。（略数学习题）

夜曾、李二子共坐竹桥，复市柑果入室，鼎峙而谈。中夜补经课，弭管①及四更矣，阅谱而后入睡，一夜无梦。

【注释】

①管：笔管，后称笔为管。

1936 年 12 月 29 日

重霁。读经。……

夜阑作新岁丁丑门联：

冠剑丁年犹往日；招摇丑指是新春。(《淮南子·时则训·季冬之月》："招摇指丑。"高注："招摇斗建"。)

1936年12月30日

终朝如晦，晡小雨如丝，入夜弥润。

授一课，告诸生旦日罢讲。方整笔记，蔡亲家来谈至日晡。器儿自家来省，燕方侄为之导路，满室乡音，异乡一乐，而经课束阁矣。

雁晴约往观某，小雨尼①之。飧后星笠倡驱市观女乐，亦格②不行，湿雨走荒径。既夕矣，张教员狗奔纵下山，狺狺狋③叫，实畐④处此，大为所窘。颎宫之内，变起萧墙。既未见日，乃嗾夫獒。谁兴伐犬戎之师，歼彼韩卢之国。李子曰："多行不义必自毙，子姑待之。"

【注释】

①尼：阻止；阻拦。

②格：阻止；搁置。

③狋：狗发怒的样子。

④畐：逼迫的意思。

1936年12月31日

卒岁。

无事食粟而已。家书来，邱嫂谕速归扫墓祭蜡，大有事在，旅人虽止而心欲行矣。先完经课，作家书（并谕仲儿上海）。

夜成雨，夜读经赋，泥泞不能出户，招舍人戴弈五局（四胜一和），一九三六年尽矣。

《因树山馆日记》第六册

（已佚，只余序）

《因树山馆日记》第六册·序①

  试望平原，轻烟笼树。黬黪夕阳，迷离老圃。暮鹨倦飞，鸷鸟敛羽。沧浪罢歌，湘灵停鼓。几人衣锦还乡，何处一抔之土？灵②落古人，凄其山雨。灯影雨声，相望终古。笞痕犹新，青毡早破。展卷温经，如追忘者。亦过伯鱼之庭，敢效孝先之卧。补南陔之逸诗，于上宫之牖下。琅琅经韵，漫漫长夜。腊春宵杵，暖村遥和。

  古称儒学司徒，是属设教敷化，移风渐俗。胄子诵书，齐民知学。万古江河，终食菽粟。汉家宰俌③，经儒名宿。朝有疑事，言必经述。翁子贫家，毋弛担薪之诵；东海德门，并解曳泥之读。

  嗟予好古生苦晚，即今虎贲亦典刑④。净洗雒尘⑤郑公乡，驻车问字杨子亭。陵谷有万变，纲维只一经。昏黄风亦黑，钟声赖寸莛。东南儒术殷大辂⑥，承尘不废敞箅篁。底事农鸡鸣不已？眼中大宙终冥冥。

【注释】

①《因树山馆日记》第六册已散失，其"叙"由于收于国立中山大学丛书《黄任初先生文钞》中，因此有幸得以保存。

②灵落：灵假借为"零"，零落。

③俌：古同"辅"。

④刑：通"型"。

⑤雒尘：见"京洛尘"，亦作"京雒尘"。晋陆机《为顾彦先赠妇》诗之一：京洛多风尘，素衣化为缁。后以比喻功名利禄等尘俗之事。

⑥大辂：亦作"大路"。

《因树山馆日记》第七册

（1937年3月26日—5月8日）

《因树山馆日记》第七册·序

岁行在丑，我来自东。爰居石牌，寒暑云迈。

颇悔平生，多事风尘。不自戮①力，耄将及之。食指驱我，行脚劳人。荒研四方，一枝信宿。伊优北堂之上，落寞南海之濒②。铗弹归来，视吾家所寡有；卧尽昼日，致弟子之私嘲。嗟也可去，谢也可食。诚则顽薄，不如一囊。坐爱清幽，免其束带。低昂陈籍，邪许村农。然则今日之梓里晨昏，松风襟袈，未始非当年破毡一袭，夜粥三诃之所赐也。

白鹄未赋，陌上耦子玮之耕（《后汉书·崔琦传》）；穷鸟何伤，门下惊元叔之哭。东皋嗜酒，不累邑令之猪肝（后汉闵仲叔贡事）；北山移文，长谢长者之车辙。

【注释】
① 勠：同"戮"。
② 频：通"濒"。

1937年3月26日

阴。

侵晓得车东归，为佳授徒一课。将息未定，李雁晴属写件，甫放下粉笔，把管不定，亦如包慎伯所云"颇恐正书一脉所明遂湮"，复勉为之，此其一也（自跋真草录右军廿六帖语）。

柳金田来谈，炊许意欲挽驱市中觅食，谢以怠甚，方展卷，古公愚过谈。冉冉日中矣，谈次盛张予文为数学之名所掩，友朋鼓策之道然也。又为述晚明南园诗社女社（侍）张二乔乔（古人名字并言者皆先字而后名，孔子之父名纥，字叔梁，故《史记·孔子世家》称为叔梁纥。语本《襄公十年·左氏传·孔氏正义》）事甚悉。曾为诗文表其墓，即予《因树山馆日记》第二册序中所云"言经旧苑，有吊守真之文"者也，乔字二乔，陈文忠、黎忠愍等皆称眷之，卒年十九，墓在大学林场苏家山。黎所为墓志尚存，诗才清绝，如《送客》（黎舍人美国）绝句云："春雨潮头百尺高，锦帆那惜挂江皋？轻轻燕子能相逐，怕见西飞是伯劳。"《送李山人烟客》云："子夜征歌特底忙，奈何花月是离觞。春江千折牵游舸，若个津头柳线长。香作飞尘玉作烟，轻寒微月养愁天。梅花本是江南弄，一叠关山倍可怜。"（时天启七年，年方十三也。）公愚自云所问世文字皆为吃饭而作，不得不尔。则犹是羡荣遇于祢生，挹寒流于旧苑之遗意也。夜补经课。

1937年3月27日

望，阴。

连夕不见月，何彼秾矣，標有梅兮。芳草独寻人去后，教人知道已春深。小雨戒途，凭栏远瞩，殊辜负春光也。校经二卷。

1937年3月29日

休假，黄花节①也。

出行未曙，烟雨凄迷，出自东行，车要于路，原田每每尽东其亩②，信惟戎车是利矣。抵舍呼童子下键，予倦欲睡矣，童子曰："嘻，先生耆弈亦太劳神哉。"其词若有憾焉。醒治经注。蔡倩致家中所寄日记册来，待予及旬矣（比日注经皆别纸为之，汇入下页）。

【注释】

①黄花节：指黄花岗革命烈士纪念日。

②尽东其亩：田地垄亩全改为东西向。见《齐国佐不辱命》："故诗曰：'我疆我理，南东其亩。'今吾子疆理诸侯，而曰'尽东其亩'而已。"

1937年3月30日

阴润。晡雾，未昏而冥，入夜如墨。

晨授课，午治经至晡。衍璿来谈局。……

黄昏丝雨如尘。行者敛迹，曩者话侣，各有远行。终日蛰居，非以调摄。笠屐而出，烟雾压空。几番踌躇，始辨涂辙。灯下治事，长夜自消。星笠、雁晴来告行。

1937年3月31日

雾。

晨倚树看山中春雾，个中自明。毕一课。自钼经窗下。衍璿偕镏生枉过，户外增二屐矣。张荪簃为抄文稿，专人来并致蜜柑一箩，剖而食之，不复亨茗。……

夜方饭，闻客述华阳琼豸①事甚悉。前夕子春姬人缕缕及之，予借布局以乱其语，今夕之客得毋已闻娄州当年事乎。予冰襟墨②而不语，返室返想，不胜黯然。昨夜星辰昨夜风，此恨茫茫，将成千古。为之举棋不定，废书而叹。

【注释】

①豸：本指长脊兽，如猫、虎之类。引申为无脚的虫。

②墨：通"默"。不语。

1937年4月1日

阴如往日，逾午有开朗意。

课如额，午古公愚来阅日记，并索匦书。（族侄启先自乡来。蔡贽告其家讼事益棼①，无能为役也。晚作家书，寄百金付仲儿学费。）夜访霭林啜佳荈。……

《谢张荪簏馈甘②启》

某启：登彼西山，采薇已尽。自同庾衮，拾橡而安（《晋书·庾衮传》："与邑人入山拾橡"）。何处携斗酒双甘？（《云仙杂记》："戴颙春携双柑斗酒，人问何之，曰：'往听黄鹂声，此俗耳针砭，诗肠鼓吹，汝知之乎？'"），此间有望梅止渴（见《世说》）。

不图青鸟（《史记·司马相如传》："幸有三足鸟为之使。"注："三足鸟，青鸟也，主为西王母取食"），远致黄包。（潘安《仁笙赋》曰："披黄苞以授甘，倾缥瓷以酌醽。"）累累盈筐，煌煌佳实（宗炳《甘颂》："煌煌佳实，磊如景星"）。解其羊枣之嗜，比于木瓜之投。坠橘可怀，羡陆郎之有母（《吴志·陆绩传》）；海棠虽好，惜坡公之未诗。

报之无言，揖拜厚贶。

此启。

【注释】

①棼：纷乱。

②甘：通"柑"。

1937年4月2日

阴。洎午雾复合，达夜不开。

晓犹贪睡，当关有呼者，起起亦佳。念入春来，尚未藉田①。朝朝撞钟，悠悠逝水。久阔村考，尤负韶春。孤笻落荒，度难呼伴。几陷于淖，力克自拔。久爱此中，饶具野趣。更于何事，可以忘机。斑马有声，鸟声皆乐。南风正竞，土音未忘。人告春及，鸭知水暖。秧马遍野，馌妇于田。菜苦瓜生，一幅春江画图也。迤逦绕村，人民犹是。荫荟古树，别来无恙。幸有暇日，坐废明时。诵吾家《两当》

之诗，慨当年一囊之贮。秋士霜前之草，春人镜里之花，看来俱有尽。此意非春蚕所知也。……

古公愚来，致《南园社专号》一册。读昨夕所为谢甘启，抚掌叹曰："昔袁彦伯作《北征赋》，桓宣武言，当今不得不以此事推袁，为公诵也。岭南文敝②，公其任之矣（《世说新语·文学篇》："桓宣武命袁彦伯作《北征赋》。既成，公与时贤共看，咸嗟叹之，时王珣在坐，云：'恨少一句得写字，足韵当佳'，袁即于坐揽笔益云：'感不绝于余心，溯流风而独写。'公谓王曰：'当今不得不以此事推袁。'"赋详孝标注）。"弥惭推许。

张荪簃来索观甫脱稿日记，比年耆予文者，尤在蜀罗粤张二闺阁，文章本天地清淑之气，非尽人所能领略也。灯下校脱版各稿，烛为见跋。（以全稿付塾中小子，并贻鹤皋、镐臣、荪簃，奇文共欣赏也。）

【注释】
①藉田：亦作"籍田""耕田"
②文敝：亦作"文弊"。谓尚文之极而成弊害。

1937年4月4日

星期。山雨满楼，高枝无雀，达夕霢霂，布谷及时。

键户觅梦，辰正始兴，久矣不获朝睡矣。枕上雨声，雾阴隐约。漏滴檐溜，遂成古制。流泉坠涧，久无屐痕。推户挹拥翠之岚，汲泉鬻新尖之荈。斯人不出，则何以哉？使我久坐，小窗多明。夜课毕，出迎小雨，独行踽踽①，就镊人②也。

【注释】
①踽踽：形容非常孤独。
②镊人：指理发师。

1937年4月6日

阴雨相间。

山中人不可市居耶？夜不能寐，朝睡亦佳。妇叹鹳鸣，卧榻之则，我征聿至，我马云劳。枕不去兵，起而振旅。追记马迹，不息车尘。日之方中，粲然满幅。东道有主，西笑何妨。诚虑信宿不眠，导引无及。决然谢别，策安未尝。不念镜潭、达夫诸子，畏行多阻，且归为佳。弈坛今日尽矣。贪观数局，未晡言旋。一饱而眠，人静乃张灯，竟去日经课，于浓茗苦，与子偕考。三更出步山麓，茫茫千古，彼苍之生，我何为哉。

1937 年 4 月 7 日

阴。午稍薄,未晡而晦,云峦低合,大惧天将压也。

晨夷犹町疃间,还我闲散生涯。田畴待耕,牛羊未下,食粟而已。未学农圃,不审梅摽秧熟否也(邹曼支致湘笔一款)。念镜潭官事,柬蔡倩通意。治经达中夜,琅琅之声,鸡鸣相应。

1937 年 4 月 8 日

方曙,牖光射枕,卜今日放晴矣。便了呼门,睡不得也哥哥。既雨晴亦佳,惜春起宜早。正以退直①,可事蹋青。春寒二旬,蒔秧几许。一年生计,此焉关心。三卷农书(宋陈旉《农书》三卷,分论农事、养牛、养蚕),惭未寓目。纵耦耕之无侣,幸负郭之有田。满袖春风,盈肩东旭。鸣鸠声乐,又惊三叠之阳关;叱犊语喧,清于一部之鼓吹。漠漠田中之水,摇摇陇畔之心。弥望油油,行道靡靡。四体不勤,伊谁之耻?一物不知,谓我何求?归而求之,作《蒔秧说》。……

骄阳满楼,尽出衣衾以当之,亦快事也。器儿禀来,言家园雨足,只盼快晴,即为丰兆。其言谂②矣。又有长人之心,于是求及人之长,昔之皋比,乃以为禽犊。邑令张若曰:"少未知可否。"吾将应之曰:"愿吾爱之不吾叛也。"为柬陈达夫,复介士略将意雷通群,欲使夫往而学焉,操刀之伤多矣。

【注释】
①退直:亦作"退值"。当值完毕。多指退朝。
②谂:问。

1937 年 4 月 9 日

霁朗,逾午觉煦,七十六度。柬秋园。尽日校字,二更后校谱。问如何过日,但即此是天。

1937 年 4 月 10 日

晴薄阴,午霁,七十八度,晡风作,节衣为难。……

曾星笠省墓益阳,十日来复,周厨入室,讯问①注书平添几卷。曰:"终鲁襄公春秋又一百二十甲子矣。"曰:"然则尽杜注之十卷也。"使吾子蛰蠖②土室久矣,视所为《谢馈甘启》而善之,兰成可作,吾谁与归,相与拊掌也。日西方莫,接武乱山，酸咸所同，襟期䜣合，但闻乌蜗蝈蝈如或起。予平生学诗，了无坚意，过而听之而已。

戴淮清来与对局，奸焉复视之，以其矛攻其盾，立仆，而精力限之，附局卷末，志失足也。

【注释】
① 䜣问：讯问。
② 蛰蠖：见"龙蛰蠖屈"，比喻隐居不仕。

1937年4月11日

星期。向晨已睡足，免事早课，可以问田。北阜之下，巜巜①皆盈。临流听观鱼，南华非僻。雨余旭初，丽瞩无极。乡农老死，自食其力。于我何有，长为王人。不羡鸳鸯只羡仙，但恐终属欺人之论耳。川上如斯之叹，已在自卫反鲁之后。吾知免夫，而今而后。

灯下朱注疏一卷，未敢恋夜，息肩嫌早。

【注释】
① 巜：古同"浍"，田间水沟。清代陈昌治刻本《说文解字·巜部·巜》：水流浍也。

1937年4月13日

淡阴。三月三日天气新，春风风人①，增人好怀时也。注经。……

适见人壁上有黄海章诗《二月十五与声伯重游桃村》：

畦蔬黄与野桃亲，绕径余花有故新。万叶低昂人自老，三年俯仰迹成陈。

江回峡束来孤棹，天澹云寒著此身。最是村墟零落甚，了无箫鼓庆佳辰。

已臻澹宕之境，不食人间烟火者。近人黄晦闻辈为诗多从此入，海章比舍稠人之中，退然②如有不足，世莫知其有独至者在也。

衍璿午来口述一局，往复四十六合而溃，精悍无伦（存别集）。

日在崦嵫，盘蹒道左，邻舍人五六辈聚而欢笑。一杯冢侧，亦班声子之荆；三月水边，言哥杜陵之曲。浴沂③童子，风乎舞雩之间；绛县老人，辱在泥涂久矣。宫人头白，慨话当年（江右吴霱林年最长）。粤山草青，请以异日（朱约游罗浮）。偶然相与成知己，兴之所至，无古人矣（前人句）。

通州张作人来谈，云达夫移居（南朝新街一号二楼），报书恐不达也，再草一束，匄之将去。义宁陈彦和归省，来告行。

【注释】
① 春风风人：比喻及时给人以良好的教育和帮助。出自西汉刘向《说苑·贵

德》。管仲上车曰："嗟兹乎，我穷必矣！吾不能以春风风人，吾不能以夏雨雨人，吾穷必矣。"

②退然：谦卑；恬退。

③浴沂：比喻一种怡然处世的高尚情操。

1937年4月14日

昨夜闷蒸，呼童布簟，入晓雾集，戒雨具以行。禺中退公，初雨及之，衣履皆濡矣。入室弥密，凭栏极眺，漫漫长天，云树烟波。翛然①意远，晦冥②否塞③。天有不齐，非烛不辩细书。当牖如面壁，亦奇观也。

衍璿来坐谭一局（正和，存卷末）。……

夜阅《东塾读书记》三传一卷，予前跎此书用"成一家言"四字，信也如此，始非禽犊之学。

【注释】

①翛然：形容无拘无束、自由自在的样子。

②晦冥：同"晦暝"。昏暗；阴沉。

③否塞：闭塞不通。

1937年4月15日

放晴。万物滋荣，春望弥盛，午八十度，新月已朒，月小建也。

既毕二课，亦自得也。腕力怯愞①，弥爱景光。……

夜挟简就镊人。发短心长，舍书为苦，存养之功尺寸未进也。尽《两当轩诗》一卷，到处感孤寒之境。《展叔广先生墓》要联："入世日还深一日，爱才人总逊前人。山邱涕泪关存殁，衣钵文章共苦辛。"《春晓》云"谢识孤花意，归知独雁心（自注：二话梦中得）。峭寒犹似许，不道入春深"等章，一唱三叹，有遗音者矣。更残坐倦，手越缦少作，栏前当风，领略东风意，得断句云："直道有今古，横议无是非。"亦不知心恨谁也。

【注释】

①怯愞：亦作"怯懦"。胆小；懦弱。

1937年4月16日

阴。晨清和，午晴温。

完课习经，午睡不成，有踵门求书者也。小脑作痛，夜为休读。

1937年4月18日

陈达夫复函来，陈梅湖来，未晤，负书如責逋①也。周英耀来省约晤，无以应之。张荪簃书来，执礼甚恭，以病中绝句五首为贽②，其第四唱云："梦中犹记南村去，数尽风帘几酒家。归路却嫌新月小，独穿曲径踢残华。"亦自可诵。夜订二日来弈谱，冉冉三更。

【注释】
①責逋：索取拖欠款子或赋税。
②贽：同"贽"。

1937年4月19日

薄阴。午八十四度。
午前后各课二小时，退必更衣，畏暑甚矣。演算示及门。（略数学习题）
夜补前二日日记，无力复校经矣。幽馆天沉，四顾无声。（柬寄室人。）

1937年4月20日

晴煦。薰风南至，夜月窥人，午温，达八十七度，是日谷雨节。
起稍早，逶迤南山之下，睇山云出岫，溪水东流，造物无言，与领会之。课毕，衍璿来坐谈一局（附卷末），面约后六日越秀之饮。萧锡三来为里人句书。人来借日记，未敢榜诸国门，婉谢之而后免。春风不解事，无故乱翻书。校经。……
夜枕苦梦多，名心利心一切心未尽，真无奈何。

1937年4月22日

辰有急雨，午阴，七十八度，晚凉，小雨间之。……
夜雨对经，更残校谱。今午公愚来小坐，洵①有奇文共欣赏之乐也。

【注释】
①洵：假借为"恂"。诚然，确实。

1937年4月23日

晨烟雨罩山，春已深矣。得钱存上海银行，国币二百四十二金，余不必会计。

1937年4月24日

晴煦。夜月独明。

晨授课作一例解示及门，泛应之方。（略数学习题）

午授骈体文，检类书大费时力甚矣。笺注之不易言也，亦既得之矣。以授之徒又似若无足重轻，不甚爱惜。得之易者，守之不坚，靡足怪也。

午后公愚来小谈。户外日光方盛，下帘小憩。张荪簃远道过从，浃旬未来，小病新差①，问字辨音。有志于学，谈至日仄。弥为神王，同车入市。……

时将夜分，东郊夜行不无所虑，以门人张子春宿约也。小车辘铲，迎此月光。一泓珠水，千墙栉比。祺园在望，主妇伫迎。悬榻②常留，涛光可爱。

【注释】

①差：病愈。后作"瘥"。
②悬榻：见《后汉书·徐稺传》："蕃（陈蕃）在郡不接宾客，唯稺来特设一榻，去则县之。"后以"悬榻"喻礼待贤士。

1937年4月25日

星期。晴。山月圆洁。

客中起仍早，与子春家人共食。与荪簃期于姚伯鹏东山寄寓，赓昨日之谈，见吴澹盦太史《荣哀录》，录中挽联盈数百通，而一见倾心，可为炙口之作，乃难乎其选，不佞此道，真不肯为时贤低首矣。……

午有酒约，视晷尚早，荪簃导涉清荷浦，浦在东山之东，有水有山，岗峦漪漾，荷塘十顷，树影半竿，凭倚曲栏，偶极远眺。它日荷盛潮高，当更有可骋丽瞩者。流连半晌，盘跚遵行，密绿榕疏槐，泠然善也。

午衍璠买醉北山之下越秀酒家，约林砺儒、陈达夫、张子春、张保衡、刘俊贤、张作人诸子痛饮，所约者皆予待面之友，尤可感也。欢宴雅集，谈风披猖，三爵之余，不胜酒力，趋何宅颓然矣。

二更独东行雇车。明月清怀，野村经眼。无驷入谷，林下未见。一人揖月，为朋对影，不伤独客，漫山如水，永夜空明。吮笔纪游，犹时时出立塘边，谂鸥眠月落否也。

1937年4月26日

朝阴午霁，八十四度，有首夏意。夜月明如昨夕，补记录谱，负兹景光。（略数学习题）

今日馆课最重，达夫本约宿，不敢恋市，及早归休。自辰讫申，完此钜业，悠然自得，但问耕耘。

温丹铭先生赍馈《广东通志列传》一部，丹老尽瘁志馆辑纂之业，于兹五年，每闻头白，可期汗青无日之叹。今及见列传之杀青，幸素心之大白，不徒殚太官之膳，虚索长安之米矣（此二语用刘知几《致萧至忠书》词）。凡四卷，周汉三国为一卷，六朝一卷，三唐迄南唐（楚）为二卷。未谢。

公愚过谈，面致所著《层冰堂五种》，计《曹子建诗笺》四卷、《阮嗣宗诗笺》一卷、《陶靖节诗笺》四卷、《陶靖节年谱》一卷、《层冰文略》六略，并属随手眉评。一朝而获，二名乡旧之贶我厚矣。闻声相思，跫然而喜①，而况乎昆弟友好之謦欬于其侧者乎，拜而受之。

人来强借日记，肱箧弄之，正襟却之，犹强聒不舍，异哉。

【注释】

①跫然而喜：见"足音跫然"，原指长期住在荒凉寂寞的地方，对别人的突然来访感到欣悦。后常比喻难得的来客。出自《庄子·徐无鬼》："夫逃虚空者，藜藋柱乎鼪鼬之径，踉位其空，闻人足音跫然而喜矣。"

1937年4月27日

晴明。午下帘攲①枕，时有凉风，八十六度，入夜可伏案。

毕早课，星笠来考论数字，商榷其母夫人谌九十寿文事。……

晚饭后，吴、李、胡诸友招往夜行，不知所之。部娄②当前，町畦莫问。幕天席地，咽月餐风。极野处之夷犹，朋游之笑敖矣。归校经不盈一卷，阅层冰文篇，饶负霸才，心焉折之。

【注释】

①攲：古同"攲"。通"倚"。斜靠着。
②部娄：小山丘。

1937年4月29日

时阴，午八十三度。（沈锐柬来辞行。苏簃柬报铁老来省。）……

所课未完，有以车来，先生何之皇皇如也。枉道陈庐（维新路南朝新街一号二楼），订今夕之榻。刘俊贤卜饮南园，酒肴兼佳，召念西行，不敢泥饮。衍璿同往观，四客环攻冯坛，无一好身手者。亥初访达夫，小作金石甲骨之说，主人让榻憩之。

1937 年 5 月 1 日

晴。午西北风，卷帘感热，达八十八度，日落南风甚凉。

仆仆馆课，午浴而睡，所入为深。晡前校经一卷，山中习静，乃时有陶然之致。二更临风订谱至人定。

1937 年 5 月 2 日

星期。逾午蒸溽，八十八度，初更大雨，夜可安枕。

日事早课，孤负①香春，来复之期，不休不沐，揣摩屠沽②之伎，低印冠盖之门。宅心或殊，役形则一。空隙所在，无风亦寒。小红伊谁，铄金③可惧。昨谢五湖之嘉约，自温孤馆之高眠。朝露犹冷，振衣挹翠。注陶笺于清流之下（古公愚《层冰堂靖节诗笺》定本），话许行于负耒之余（一农插莳颔予乡话）。低诵"平畴交远风，良苗亦怀新"之句。弥叹幽人之察物，深于世农，道山之清话，获诸谋野（李注："东坡曰：'平畴二句，非古之耦耕植秋者不能道此语。'"非予之世农亦不识其妙）。猛忆负铁老索联之诺久矣，苏簃比重以书将命，爰集十六言为楹帖报之：直谅多闻，益友行古；平畴远风，良苗自新。

校经。……经课未完，不遑启处，午言心哲。邹曼支约饮越秀酒家，道之云远，不敢告劳，冒暑就餐于三十里外，黄生勉乎哉。至则忘情山木，结契楸枰。二客先行，举手应之，大得开局之法，一正一奇，非复恒蹊矣（存卷末）。林砺儒面言厅事④，友情可感。觞政既行，一杯在手，十觞亦醉。慨然有怀，假张逊之车枉姚庐，草快函示器儿，苏簃导往置邮传，砺儒之命也，纵车迤东北行。荷浦梅村，历历在目。槐阴榕萱，翳翳垂青，信可乐矣。入村展笔研，为铁老书楹帖，非苏簃助申纸研墨之劳，亦不能偿此愿也。然而热不任矣。检近月日记三册，就铁老正之。晡益蒸溽，出医中葛衣披之。大雨遂下，雷电交作，独据栏隅，听雨至三更。

【注释】

①孤负：同"辜负"。对不住。见唐韩愈《感春》诗："孤负平生志，已矣知何奈。"

②屠沽：见"屠酤"。宰牲和卖酒，亦泛指职业微贱的人。

③铄金：谓伤人的谗言。

④厅事：官署视事问案的厅堂，古作"听事"。

1937年5月3日

晴。时阴暑退,午八十二度,夜小雨不果。(略数学习题)

今日来复,初期例不小休。昨日还山,亦是之故,偶作演草,辄有会心。过而存之,傥有达者。夜点经数页,揖客坐隐,一车两马,亦息尘劳,枕上一种清凉之气,虑非凡世所有,领略久之。

1937年5月4日

阴。午八十二度,夜凉。……

贾人许某屡以函来乞寿诗,比又使其子弟踵门,告以"礼不可废,诗则不能作不"。我信也,则告之"予是洋学生习横文,教算术已,与平仄相忘矣",乃释然。呜呼,以李因笃所不能得之于顾昆山者,乃必强予为之乎。

是日废业于弈事者几半,以人非圣贤自解可也。夜同李、胡二子历亭山坐东南角楼,浴薰风,啜苦茗,杂谈,人云亦云。雁晴以人字女字方言多属双声,甲骨文形又相似,疑古人女原为一字。此语似未经人道。为荪簃书笺。雁晴得戴、段合刻(《东原集》《经韵楼集》),张云璈《垂绥录》二书,一薰一莸①,不可同气②也。更阑炬焰,披阅自娱。

【注释】

①一薰一莸:见"薰莸异器",比喻好人和坏人不能共处。也作"薰莸不同器"。

②气:通"器"。用具,工具。

1937年5月5日

今日休课。晴。

闻农田喜雨,趋而视之,金乌未上,早耕无人。沟浍皆盈,新苗并绿,敷荣①万象,浩淼②独怀。袖兹野光,叙予新记,成《旨篇》一首,午脱稿。访林本侨小谈。

逾午阴,闻雷雨湿砌阶。蔡礜来。晚膳后又与李、胡据角楼肆谈。夜阅《经韵楼集》。

【注释】

①敷荣:开花。敷,古同"敷"。

②浩淼:同"浩渺"。水面辽阔无边。

1937年5月6日

　　晴。朝午两次急雨骤过，行不及屐。盖不及张，晨出衣襦尽湿，午八十三度。午归更衣，为梅县榜书①二小学堂额，应公愚之索也。草小简致之，使行而公愚至，谈小顷别去。比日意曶曶不知何所牵，片刻不能离书卷，补毕昨日经课，复注经。是日立夏节。……

　　夜阅《经韵楼集》。

【注释】

①榜书：古曰"署书"，又称"擘窠大字"。

1937年5月8日

　　薄阴。小雨不成，有首夏清和之意。

　　午授爱伯《轩翠舫记》一首，教及门多识数字，而止文之媺①恶。吾自知之而苦不能宣之于口，无已则潜吟低咏，荡气回肠，以曲传其一二。此中妙旨，昔人亦未尝多告我也。……

　　午后有所期不至，手录完白《索鹤书》殿诸卷末，其文亦未为至者，以邓文无多，世无录选，不忍恣其泯灭耳。……是午，蔡纫秋远来一见，青岛之局，昕夕无间。郑重将向讯，君问归期未有期。

【注释】

①媺：读音同"美"。好，善。

《因树山馆日记》第八册

(1937年5月9日—6月27日)

《因树山馆日记》第八册·以《述旨篇》为叙

　　旨不可得而述邪①？吾乌乎知之。旨果可得而述邪？吾乌乎知之。

　　吾游学历齐楚之境，返而放于珠崖之间。望道而日以远，教敩②而术益疏。所日以为诵读者，古人之糟魄③；所日以为程课者，今人之禽犊。栖栖焉，皇皇焉，惟日不足，穷年莫殚。遂以是终焉矣乎，则跼蹐而不自安（《说文》无跼字，《小雅》本作"不敢不局"）；待其人而与之乎，又扞格而不相入。大道以多岐而亡羊④，补牢已晚；鼠壤有余蔬而弃妹，为术不仁（《庄子·天道篇》）。子有说以处此乎？

　　则以臣之术观之。臣少诵诗书，冠习象数，中好执笔，间事弈棋。观夫《文赋》《典论》，言盈数千，《九章》《十经》，析穷抄黍。尼山不有言乎？辞达而已矣。夫道若大路然，安有捷径也？道之支流，不废百术。泰峄⑤片石，斯相不朽；世间二事，坡公未能。窦臮《述书》，上通倚杵。过庭《书谱》，譬诸金针。亦有兰成《棋经》，弘嗣《弈论》，隶首迷术，樵夫烂柯。并有著书，咸能自序。后人之逸，前人之劳。今不异于古所云，师但以之授诸弟。何求不得？何谋不臧？然而有不然者。以予观古人之言，半为劳者自歌；以予稽今人之行，何殊筑谋于道。桓公读书堂上，轮扁释椎而言：斫轮，徐则甘而不固，疾则苦而不入。不徐不疾，得之于手；不甘不苦，应之于心。心之所会，口不能言；手之既运，心或未至。有数存焉于其间，有旨存乎数之外。孰主张是？孰维纲是？不泥故实，不主常声。禄有世家，学无常师。臣不能以喻臣之子，臣之子亦不能受之于臣。埏埴罔穷，非工炉所能运；榖率之子，于拙射为徒然。是以臣行年七十而老斫轮，吾亦若将终身而甘刍豢。世无仲尼，山东无足问者（《郑玄传》语）；家有颜子，郑生乃今去也。纵乌头马角，吾不改夫此度也。有入室操矛，吾亦将授以此著也。如其不然，请俟来哲。

【注释】

① 邪：古同疑问词"耶"。

② 敩：古同"学"。

③ 糟魄：同"糟粕"。

④ 大道以多岐而亡羊：出自《列子·说符》："大道以多歧亡羊，学者以多方

丧生。"比喻因情况复杂多变或用心不专而迷失本性、迷失方向，误入歧途，后果严重。

⑤峄：峄山，亦称"邹山"，在山东邹县东南。

1937年5月9日

星期。晴雾相间，午八十二度，初剥荔枝。

辨色而兴，晨鸡犹叫。不必辞于其所主，但问先生将何之。归去来兮，心苗未芜。以插以耝，还我故吾。董理陈编，虽有若无。方人未暇，视回弗如。自为书绅之讼①，诒好事之徒，比又成《因树山馆日记》一卷，《畴盦坐隐外编》一卷。苏箊迹予陈庐，及于山下，举以付之，为装潢也。即席草致秋老、铁夫二小简。新篁未茂，空馆鲜叩②，弥爱此中，故自多胜，辞寡人寿，眠罢校经。……

夜有李、胡二子同游，致不落寞，雁晴欲予宣讲岭南大学，告以不敏，凡所欲言者皆非今之髦士③之所乐闻，无复昨年历讲黄河大江南北之兴矣。校书毕，阅《经韵楼集》。

【注释】

①讼：古同"颂"。颂扬。

②叩：古同"喧"。大声呼叫。

③髦士：英俊之士。

1937年5月10日

晴。午日趵趵，八十五度，薰风解愠①。发家书并束内子。

课间尚有余力校经，一经终身，百钱终日，行之素矣。夜阅《东原集》。

【注释】

①愠：心燥，不冷静。引申为含怒，生气。

1937年5月11日

晴。午八十五度，南窗夜凉。

毕早课，衍璿来小谈。午孔一尘来。拟一题用各法演授及门。（略数学习题）……

夜闻邻笛，同舍人有北产者，皮簧昆乱，尚可为听。循例登上宫东南角楼，庶有好风，动人衣袂。胡体乾来共三局，兴趣在闻歌之上矣。体乾述友朋与言曰："任初精血多人数斗。"是又安敢承也。阅《东原集》，冲然有道之言。

1937年5月13日

溽蒸。未午八十六度，午后有急雨，家书报乡田苦旱，夜见新月。

毕二课，饮冰树下，沁入心脾。衍璿来视夜作文。公愚来请重书堂额。星笠来阅日记。柬达夫谢其设榻并订近期。……

初暑感热，飞虫扑光，灯下之勤，入夏倍难。夜息经课，与胡子坐谈，子初方下楼。

1937年5月14日

热。午八十七度，北风。

毕早课返舍，复出而易钱，至午已三易衬衣矣。习静为却暑良法，而易流于嬾，治心立身难于仞①字，布算②也。捡儿辈所抄日记文篇，先以"书启"一卷，"杂文"一卷付手民，备及瓜③携归以课蒙也。……

夜阅《陈留王诗》于镊人处。归毕经课，与胡体乾对三局，有一局可留，追忆始得之。

【注释】

①仞：古同"韧"。坚韧。
②布算：谓排列算筹，进行推算。
③及瓜：见"瓜代有期""及瓜而代"，指任职期满。

1937年5月15日

炎热。晡急雨即止，入夜凯风自南。

往复应课，奔走骇汗者一间而已，亦为诸生讲八比文①，有问何以亦曰帖括②？曰："《唐书·选举志》：'明经者，但记帖括。'言唐制帖经取士，以应试者多至帖孤章绝言以惑之，应试者乃编诀而歌，以助记忆焉，尔今日肄业及之者，以明八比之道亦骈文之支流余裔③也。"

衍璿午来，袖予初脱稿《畴盦坐隐集》去。午洪浅哉设馔东山，坚约必往。每逢星期之六日，后先疏附，相率下山。一车远来，从之者如归市，不争不得车。争之亦未必得车，习之既久，大学生徒，莫不身怀虎跃猿升之绝技。予凤视为畏途，而借乘无人，说骖非偶，非不欲不往。畏我友朋，与戴淮清暴炕烈日之下，浴尘过车之前，察此前途，殆成绝望。大夫五十无车者不越疆，而吊先生胡为乎来哉，子之从于子敖来铺啜④也。静言思之，哑然失笑，非更有所约者，几何不自崖而反也。计无复之，趋就门人张子春车侧，守其毕课，要之御车以行，否则彼尚有事于观象台也，于是焉驱之，驱之何渠不若汉矣。可以傲道旁鹄立之夫，似闻其望尘不及之叹也。行道至此，人生宁论。子春御至东山，仍自折回。午一刻抵洪庐，已匕箸在御，但杯盘未空耳。一食之艰，昔人同嘅。当食而雨，不为所及者幸耳。

日加未，愒于姚伯鹏寓庐。苏簃俟予同至江边祺园，子春夫妇接待极周。剥果饮冰，顿忘暑盛，肆谈至晡，分襟而西。独饮西南酒家，当炉麦姑，似曾相识。坐共杯勺，破其寂寞。亦柳絮之因风，岂桃花之带雨，而迷离晚滴，增人凄清。辘轳泥途，呼舆将送。无何心买醉，托意暂欢已耳。……

中夜入陈庐，已为预备佳榻制弈枰矣。人之相知，贵相知心。此物虽细，可以喻大。达夫亦以夜约甫归，抵掌倾怀，复追当年比屋共牢之乐（丙寅丁卯同在贡院老校⑤，比屋而居，共厨而食，无夕不酒），为述近作楹帖如干则，皆一一录存之，所相契者深矣。夜深无以为食，迹户外馄饨声（《食物志》：馄饨或作餫饨，饨象其圆。物名亦见《南粤志》），资以果腹，复开尊共酌，不觉瓶罄，友生夜话之至味，几成广陵散矣。留宵无计，就枕殊悭⑥。主人剌知将有早行，强客入榻，亦一无可如何事也。达夫每得饮食必呼爸爸，请所欲见。予自校弈谱，且问爸爸欲观之否，此不惟养口体者矣。西方人百思不解，姑媳同居有何方法可以终日负笈，少年负彼夷俗以归，而夫妇之道苦矣，而父子之恩漓⑦矣。每于达夫爸爸之呼，所为感不绝于心也夫。

【注释】

①八比文：科举考试所用文体之一。元代始行。文章规定分为起、中、后、末四个段落，每段各有二股，即二比，共八比。至明代，则发展成为八股文，亦有沿称八比文者，成为明清科举考试的固定文体。

②帖括：泛指科举应试文章。

③余裔：分支；末流。

④啜：饮，吃。

⑤贡院老校：指清代广州贡院，位于现今文明路，是两广地区举行乡试的地方。光绪三十一年（1905年）废科举后，广州贡院改建为两广速成师范馆，也即后来广东大学和中山大学前期校址所在地，此处指中山大学。

⑥悭：缺欠。

⑦漓：浅薄；浇薄。

1937年5月16日

星期。晴阴间之。

拂晓车子已驾舆户外，遂别陈庐，呼啸而东，思避嚣尘，暂寻幽胜。苏簃彬彬，雅怀同志，相与纵辔，适彼乐郊，出自北门，未见东旭。村烟霭霭，夏木阴阴。凯风自南，披襟当之。晨曦欲上，疏木隔之，习习之凉，顿忘入夏。青青之秀，犹留芳春。衫薄怯朝露之冷，尘轻逐传车之影。未知所指，只在此山之中；似曾相逢，云是当前之路。白云苍狗，今日去年。曾日月之几何，幸江山之犹是。北驰百里，言抵从化之城；东折数程，占尽番禺之胜。桑麻鸡犬，疑武陵虚拟之图；松壑竹林，悉辋川梦中之境。但闻飞泉响兮，何必及泉，亦知夫水与月乎。有如此水，水澈见底，宛然有鱼，泉清在山，其次避地。笑昌黎之奢愿，但求数顷之田；寻烟波之钓徒，假我一叶之寄。数竿竹下，屋小于舟，万木山中，青来排闼。于以倚曲槛，临清波，听孺子之歌，鼓渔夫之枻。断流而度，无投鞭之劳；遵渚而行，靡临深之惧。惟时日在禺中，人在深处。骄阳敛威于茂木，急湍激响于下滩。倾盖低吟，怊怅蘼芜之引；班荆长啸，駘荡筝篌之音。步兵而后，啸伎久绝于人间；梁甫有吟，大曲曼歌于陌上。底事山邱华屋，居然钓水采山。偶息尘劳，皆成馨逸，午憩于温泉，客舍荫茂，树面浅潋。片帆上下，游屐东西。为携一尊，自有千古。嚼齐梁之丽语，胜膏粱之悦心。下酒奚必汉书，食蟹未埶尔雅。坐有雅士，相应同声。殊惭平生，久疏韵语。白石谱就，何人唱晓角城空；黄鹤楼遥，一例是乡关日暮。归与小子，慨然兴怀，寄语山灵，后会有日尔。乃鸣驺出谷，掉臂辞林。山色四围，一鞭残照。景翳翳以将入，风飘飘其吹衣。车过石城，为道父老无恙；笛横牛背，欲问使君何之。此处亦有士五百，其徒曾与清兵耐苦战，使齐之封内南东其亩，犹见健妇把锄犁。曲江潜行，式野老吞声之哭；永州产异，感蒋妇出涕之言。我赋《硕鼠》之三章，子咏《缁衣》之四句。声穿林薮，渊然金石之遗；兴逐云飞，无踰树杞之里。怀良辰以遄往，抱明月以长终。南皮之游，良不可忘。东山之上，月出皓兮。袖名山淑气，李愿归来。存此日之清尘，征夫遑止。

1937年5月17日

浴佛节日。阴。时有过雨，家书来。田间亦得小雨，天之爱民甚矣。

毕课，小试诸生。补昨二日游记，复自录副束苏簃，一日遂尽。夜订谱无所得，虽小道亦非用心不可也。

早晤衍璿云："黄松轩已见《畴盦坐隐集》，感子用力之勤，一子得失，笺注惟谨，以此积力，更争上游，黄家异军匪异人任。"诸友雅意，欲予弃其小战，出而与名手力敌，勿视为娱乐，更求精进也。干将良刀成于百炼，厚谊相切，铭镂弥深，追感一事比类及之，际遇受书先君，学文先兄，十六岁而遭亡兄之戚，乃出外从邑先达徐松江（字莼秋）孝廉，徐师早知小子沉溺于卖文之业也，立诚之曰："自今而后，不许汝应各书院课及下场代人捉刀，一也；应予馆课，每一文之成必苦思二日以上，二也。成人不自在，自在不成人，黄生勉之矣。"言犹在耳，忠岂忘心，症痼所存，芟夷不尽，冉冉无成，今犹昔也，痛夫。

晚食正雨，殊感凉爽，同舍生有御毛衣者，视予葛衣汗犹透湿，黄海章集成语破毛衣二字曰"岂曰无衣，毛之不存"。语尤隽妙。

1937年5月18日

晨阴。食时雨降殊紧,夜风月两佳。

课毕校经,此外无事可记,各报来,舍弈谱外亦不欲观之,如此日记,但俟桃红耳。……

入夜独坐,经课如额,复录前夕观弈,记入别集,君子多乎哉,不多也,二更体乾来共坐。

1937年5月19日

阴晴不定,飙雨时过,午八十七度,荔枝正盛,半金百颗。……

午过可睡不成,可读不成,闭窗失风,推窗畏雨,把持不定,委之天时,此亦人事也。招舍人弈,虽鸿雁高飞,而弋人盘马弯弓,终朝不获一禽,日落弓藏,悠然睡去。

1937年5月20日

晴。午八十七度,家书来,二女禀报喜雨。

课如额。晤衍璿,约后三日会师北城,虽不能至,心向往之。领得劳薪未定处分之法。比归汗濡及屡,南窗高卧,梦想羲皇。午萧鸣籁来,面约酒局。星笠来促文。苏簃柬云因阅卷不果来。……

晡点经如程,夜诵庚集炊许,自分此事虽心知其意,而不从声音之道边追古音,终落凡响也。有人叩陈述叔(洵)学词之方曰:"在未成家数以前勿看南宋以后词集,否则为所潜移默化,终身不能自拔。"谅哉斯言,吾斯之未能信。子曰:"假我数年。"

1937年5月25日

晴丽。午八十七度,夜月圆洁,空明满山,一生难几见也。是日点毕《左传注疏》六十卷。……

夜就镊人处读林师(鹤一)微分方程式。月上咏归,三五既盈,千里与共,喜雨有记,既晴亦佳,离毕金波丽天,清质幽赏,无侣对影成三,披诵俪文,酧①彼《月赋》。

【注释】

①酧:同"酬"。劝酒。

1937年5月26日

炎热。未刻八十九度，中夜月明。……

下午苏籨来助雠校之役，未毕，日下春匆匆别去。偶与客饮，饮罢而弈，意所不存，无会心处。灯下自理文稿，中夜稍有头绪，出大门迎风看月，而门阖矣。登谢上宫瞻眺，汗犹不止，始感夜热也。明朝有事，入睡为艰，明月入帏，好风将之。

1937年5月28日

阴。午八十二度，晡降至七十九度，夜凉需衾。

课如额。下午赴工学院院会。校经，校《春秋左传注疏》，三易月今日略遍。……

初更有欲雨意，与李、胡二子坐上宫东南角楼，薰风甚凉，疑近郊雨甚也。二更始入室校谱。

1937年5月29日

阴。晨七十二度，旁①午犹凉。

拂晓，黄海章叩门，袖一卷文篇，每首各有疏点，密圈数句，则予之近稿也。坐定论及拙文之得失，谓为"戛戛独造，不靠类书"，信共知甘苦之士也，视其加点之句，多系关于教俗之言，别有会心，不主辞藻。呜呼！击磬于卫，有荷蒉而过门；药囊提轲，感无且之爱我。秦王可终身不近诸侯，夫子不能不使门人反见隐者，嗟乎惜哉！择术之疏，道之不行，已知之矣。念田间浃旬未往，朝朝待漏，矕矕观棋，教果行于及门，迹久稀于林下，水哉水哉，何仲尼亟称于水。彼哉彼哉，问管仲乃曰："人也"。尔何比予管仲，彼乃以我为非人。君其问诸水滨，野人不达斯语（《后汉书·逸民传》：老父曰"我野人耳，不达斯语"）。天何言哉，苗已长矣。天阴欲雨，未衣制而后行（《左传·哀廿年·杜注》："制，雨衣也"）；水不在深，无及泉而弃井。川上之叹，逝者如斯。泽畔行吟，何故如此。亦有黄鹄比翼，夏虫语冰。一羽为重，舆薪为轻。说士甘肉（《后汉书·李充传》：充抵肉于地，曰："说士犹甘于肉。"抵应作抵。见上日记），夸者徇②名。泾水自浊，渭水自清，岂无南亩馈饁，陇上释耕（《后汉书·庞公传》："因释耕于陇上"）。山林长往，江海灭冥。风疏远性，云上逸情。寻芳草于五步，仞③班荆于独行，何临河而遽返，岂九天之未正。赏音之遇，杨修祢衡，魏武黄祖，竟蒙恶名。杀士亦士之知己，爱之弥不欲其生。非生之愤语，实天下事之不平。海章示《新诗》一卷，三游罗浮诸什，尤见高怀。存《黄龙观》一首，云："大江望不及，故苑一登临。霸业今何往，空听杜宇音。小楼今古梦，孤烛短长心。峰顶老人坐，无声夜无侵（自注云：黄龙观旧为南汉天华宫，在老人峰下）。"又《寄安泰潮州》云："一斋寒似水，书至荡心潮。"语之至者，非仅隽永已也。……

向夕张御来迓，免叹行路之难。夕达夫为设馔招衍璿夫妇、张作人、林本侨、董爽秋、黄绍良味会稽之酒，食珠江之鱼。主妇割亨，主人健饮，略具野味，已胜郁厨。重以朋好之欢，增人天伦之重。坎坎鼓我，蹲蹲舞我。奚止天涯暂娱，弥拜友声之至乐矣（董绍良因约后七日之饮）。此间之乐，不复思蜀也。衍璿目予曰："子不复有事于西行乎？"问夜何其，戌矣。敬谢诸君，坚申后会。

徒车代步，我马云劳，亦入猎较之乡，观于矍相之圃。是夕也，新进少年龙庆云叩曾经百战冯敬如之关。万目睽睽，开关迎敌，少年席中炮之劲，稍失戎机，偾于仰攻，溃其初阵。老将开跃马之局，复守深沟，转战归来，屈于城下，伐鼓渊渊，振旅阗阗，归马放牛，天下无事。

人定与达夫克晨书之期，割夜潭之趣。下闱入寝，诗卷在怀，一日之间，辇毂之下。渭芎展韵，佳札剧棋，荡漾胸中，纷披枕侧，斯陶斯咏，如折如队。长言之不足，故嗟叹之，嗟叹之不足，不图为乐之至于斯也。

【注释】

①旁：古通"傍"。
②徇：通"殉"。
③仞："认"的古字。

1937年5月30日

星期。亘日阴凉。

早起凉风天末，子意如何，首夏清和，铁研泽润，达夫制墨盈器，申纸支床。小窗多明，使我久坐。见猎心喜，结习已深，学书本以自娱，佳恶吾自得之。无关大计，不齿小文。此事便废，不待嵇康之作吏（《晋书》：嵇康《与山涛书》语"一行作吏，此事便废"）；流汗以应，更愧止祥之善书（明祁豸佳字止祥，善书，四方来索者辄呵冻流汗以应）。我今复为下车，人云诒之好事。无一笔是古人，无一笔是自己。兼工五体，予欲谁欺，投笔四顾，吾知免夫。今日何宅本有棋酒之会，此时陈庐已满骈胁之客。知不可以久居，况有俟我城隅。挹朝雨之轻尘，张敝盖兮，踟蹰过市，而无闻无见。陟邙而亦步亦趋，敢委隆谊于草莽。今辱吾子于泥涂，遇权门之吷尧，竟谓我为非夫，子岂有客习于相公。君乃何为不见子舆？子诚齐人，乃见狂且。……

迁道东皋之路，息影南安之庐。浮李沉瓜，诵诗能赋，颗颗玉醴，字字珠玑。荔子丹时，曲江有序（张九龄有《荔枝赋序》）。首夏雨罢，荷浦始波。群莺乱飞，都人冶游。泌之洋洋，舟子招招。自弃明时，终焉归成。仿徨学海，优游吟骖。过辛有于伊川，感旗鼓于故国。伤行客之万里，迟寻春以十年。深戒狂起之言，来与庐中人语。肩随得问字之侣，心仪为无怀之民。在水一方，溯洄从之。舸轻一叶，租才百钱。鼓棹而东，人寰已绝。白云何极，苍波漾空。是韵情寄《秋水》之篇，帆影留骚人之迹。孤烟落日，逐两岸不系之舟；玄裳缟衣，疑千载去家之崔①。玉笛清角，度出昭华之琯②；珠娘善讴，如话南唐遗事。乱后枯树，亦感慨于承平；谢氏乌衣，纵悲歌于篇什（苏簃作《辽东行》）。敢吟绝句，惊星斗落江之寒；安索解人，招下士绝缨之笑。柳阴选胜，放舟萧艾渚边；草堂有资，老我江湖之上。相忘物我，何处烟波。猨③鹤可期，江潮为券。樊樊山西溪记后，几人缋以金粉，眷此粤山（樊增祥有《西溪泛舟记》）；海仙馆荔枝湾头，为道珠江依然，玉箫无恙（海山仙馆，番禺潘仕成斋名，仕成字德畬，今荔香园即其故址，门镌一联云："明月有时来，恰当荔子湾头，素馨斜畔；夕阳无限好，最爱柳波渔唱，花坞人归。"时人陈家鼎有联云："海上有三山，珠水依然，玉箫何处；岭南第一景，黄昏时候，红荔湾头。"）。以此为《荷浦泛舟记》也。

【注释】

①崔：古同"鹤"。

②琯：同"管"。

③猨：古同"猿"。

1937年5月31日

阴。时有小雨，凉可夹衣，七十余度。农圃稻畽①，闻有忧色，芒种之节最忌北风云。

课余成昨二日日记。柬黄仲诚（安庆），仲诚意欲假所藏《黄左田钺墨迹》上版也。柬罗云舫为何醒武附学事。苏簃走使来问数字及《哀盐船文》句，欲以授诸徒。有徒可受，汪文亦豪矣，援笔复之。夜校谱，即此已是一日。

【注释】

①畽：古同"疃"，田舍旁空地，禽兽践踏的地方。

1937年6月1日

晨微雨，晴阴稍解。

朝课道中，遇人手某刺诘逋负巽言①，谢之，书之为累矣。偶诣林本侨小谈，不能沃②尽玩世语气，"君子学道则爱人"一语全未领会得。读书。

【注释】

①巽言：语本《论语·子罕》："巽与之言，能无说乎？绎之为贵。"后因以

"巽言"谓恭顺委婉的言词。

②汱：古同"汰"。淘洗。

1937年6月2日

晴多阴，夜无风，去衾。

馆课暂轻，分日阅假诸李子雁晴之书，行将分襟也。荃誃①侄走使馈麦酒六尊，知其好之也，即柬谢之。刘生来记两局去（存卷末），掩户沉思，时得妙着。……

飧自沁麦酒而甘之，思市字帖助荃侄学书，不如自书之，可省数百文，由吾之书可以上窥明贤，得机晋帖，虽臧仆无予，信者愤懑未平，灯下疾书行草二千余文，授诸信吾语者学之。复写新谱寄松轩、展鸿，订其得失，冉冉夜中矣，不堪过劳，睡焉不安。

【注释】

①张荃字苏誃，日记原文笔误为"荃誃"。

1937年6月3日

多雾溽蒸，午八十四度，入夜无风，彻宵开牖。

夜粗阅《经韵楼集》竟。苏誃冒暑入山，提挈顷筐，云："携自香港。"若苹果、柠檬、香橼、芒果之属，无一非后起远来名果，古圣人所未及尝者。芒果俗呼曰樣，音如蒜，有香樣、木樣、肉樣三种，此为香樣，品之最上者，其树为乔木，实如鸡卵，皮青肉黄（市上每颗炫贾半金），味甘美，见于《闽杂记》者如此。字书未收樣字，食之而不知其名者众矣。清言至晡，文心澄然。

1937年6月5日

晴。夜宿一得轩。

破晓得路隅赢车，瞬息抵舍，舍人尚高枕也。盥馈栉浴，盘匜箪笥，一身之事，已费光阴如许。馆课早完，达夫来觅侣，一茶而去。

予复出山，午饭于姚宅。园蔬麦酒，乡话交情，良不胜其踌躇俯仰者。予语少主人，交情乃易世而弥见，聚散则一日不可知，苦叶沧桑备尝之矣。然举天下之美，无以易乎。沉浸浓郁，含英咀华，作为文章，被之管弦者也。弦外之音，礼义悦心，心所同然，语皆断金。昔人所以或命驾于千里，或尚友于千载。青莲达识，炳烛春夜，坡公可人，赤壁重游。诚有慨夫晏婴爽邱之言，安吴棒师之语（包世臣《安吴四种》有"记棒师"语）。遂复泛舟荷浦，以荔枝名谱，汪笺黄记之属，壮君一介行。李画筱微动，远潮无声乍生，戢橹无声，停舟爱晚。西匿白日，天末凉风，江上之歌，海中之操，诚足令群鸟悲号，山林窅冥，海波汩没，濑浪渐崩。斯所为刺成连于渤澥，师子春于劳成。青青数峰，悠悠南浦。流水高山，相望终古。

晚与达夫尊人共饭，饭少辄醉，族侄燕方过访陈庐。夜践衍璿约，晤于大新弈台之下，松轩揖予登而守阵，告以被酒甚矣。观数局不克一一记存。曾展鸿在坐，松轩令以所存名谱畀余。曾曰："子以翌日之夕，待我斯坛之下可也。"快然诺之，不待坫上三往矣。何黄二子复若谈茶档之前，予心怡神倦，屡屡睡去，比日心潮意波，骈宕排冥，良好于我馈饫多矣，亦足高谢尘缘，希风往哲，何必抚弦动曲，乃移我情，江都之言，实获我心。

荪簃熟汪文，尤爱琴台之作。昔慎伯推沈状冯碑（《冯按察使碑》），为妙绝于时，而指《广陵对》《琴台铭》为下乘（《艺舟双楫》中《复李迈堂书》），斯亦高下在心，而非酸咸独异。典午而后千六百年间，如此下乘之文，吾见亦罕矣。要之味容甫之文者，从生才之难，赏音之感，迎面悟入，语语皆通，音节雍容，尤其特至者矣。

1937 年 6 月 6 日

星期。晴。晡石牌有急雨，广州市中未梦见也。芒种节日。

昨游犹在心目，归而图之，别纸写谂①同游者。蔡謩来。报载曾国藩应"翰林詹科道大考"②（道光），典试官许乃谱题为《落叶赋》，传其警句："除非天上能开不之花，安得人间常种长春之树。"为文宗所赏，拔以句法论全属四六，套调亦曰："各言尔志，实获我心耳。"（云曾眷亡奴春燕。言语宗适有亡妃。）

晡践董绍良约饮于东山，东道情殷，未便引去，受书之约匪敢忘也。比趋大新坛下，闻黄、曾二友期予不至，已去矣。衍璿导予大索各茶肆不得。今夕西来，大半为此，与长者约，来何迟也，爽然自忒，无心它行，觅车还村中。胡体乾来共坐至中夜。

【注释】

①谂：通"念"。思念。
②翰林詹科道大考：翰林院深造结束称为"散馆"，散馆时皇上会亲自主持一次考试，当时称之为"翰詹科道大考"。

1937 年 6 月 8 日

晴。

课余录谱至三更。荪簃寄所定《刘后村年谱》来，并问"牸"字，想是"牸"之涉形似者（《说苑》："臣故畜牸牛，生子而大。"字作牸。坊本学生字典亦云"牸"之伪）。

1937年6月9日

夜有急雨。

谭余录谱，完一册八十余局，钩稽未尽也。公愚来小谈。体乾来阅日记。

1937年6月11日

晴。午九十度有奇，薰风解之。家书来。

坐待黎明，一妪启门，徒车及东皋，卯未正也。汲棒师某雇车共之，顷刻抵舍，补日记后小睡。苏侄留片道日记纸事，相示为之管尔。

入晚睡意油然，二更熄灯。

1937年6月12日

间阴。午九十度，日下春有雨。

文学院试四年生，午毕事。今日多作书，罗云舫、曾展鸿、李雁晴，各为小书便面，苏人朱女史馈酒食换书，亦写二件酬之，其它称是，此事真为累也。

衍璿来邀出市。满架名谱，不必它求。横天流火，弥苦束带。三日不出，已有想望者，友生之乐可知也。柬马隽卿约以冬十二月趋拜七十之寿。馆人几空，夜独食，食已就土阶坐之，亦过二更。

1937年6月13日

端午。星期。晨霁，午八十九度，晚有雨，雷声殷殷。

起未明也，呼童下键，乃获夺门而出，不问田者又浃旬。负此村居，无以自解，然今日不来，恐无与竹马童子克再来之期耳。东方始明，露珠凝重，滋荣敷长，不识不知，而亭亭稼苗，高者三尺矣。禾颖穟穟，天所赐也。小桥流水，的历清澄。胥世间一切声音，似无如水声之特绝音，不烦按节，自有清者，中矩中钩，如抗如队，为之忘怀者久之。彳亍村中不百武，忽焉思返。入俯仰栉沐盥漱，动逾炊许。几上积日陈书，分别部居，之后乃稍有夷犹之致。

1937年6月17日

  晴。抄谱。

  日加申，荪簃为携新印《因树山馆日记》稿册来，并其叔季熙贻书，以《张姚节母节孝堂记端书上石事》为言，记文则节母同怀弟秋园老人所撰也。盛暑正书，谈之汗喘。顾念四十年风义，三世交情，谊不容辞，时无可待，则复攘臂为之。既无所容，其反顾亦遂一气呵成，凡六百余言，无讹字无侧笔，结体布白略遵小字本《麻姑仙坛记》，大字本《元次山碑》之意。神游目想于鲁公法，书时内志正外体直，正襟正笔荡漾以出之，所谓书其书，思其人也。荪侄躬执书童之役，侍书维勤，彼自为其王母求题，分固有所应尔，然而谨矣。日下舂乃克完稿。

  呼东山市车以出。连日伏几，录录小书，亦欲一游，以振其气，但疲倦甚，无可话言。画筱寄身，远光明灭，念写件成于急就，未经细按，误笔或存。曩尝与云溪言总不使我辈有一不通之字流落人间，只今忆之，反侧不安，为何如也。摇摇市肆，饮冰盈器，沁其湮郁，未涤尘烦。登大新上宫，寻诸弈人，又皆散去。有客对局，辄乏佳着。方戌投一得轩，与达夫夜谈至四更，料量早睡必不入梦，故意纵谈，消此景光耳。学书半生，临楮犹难言如此，吾知之甚深，眼前所见亦无可传授者也。

1937年6月18日

  晨归自陈庐，道中忽忆东坡句云："三过门前老病死，一弹指间去来今。"其为谁，何以作，则不可记矣。斋中亘日校谱，即以此是太平景象。雁晴来商买舟事，即专奚夜入市，与估人定券，收拾归去，及瓜有期。

1937年6月19日

  晴。比日皆在八十六度上下，村居能惯，暑气犹差。

  蔡謺来言已买二十六日国轮"海贞"（特等二十金）。即作寄家书，言归期，并逾仲儿（上海），附蔡纫秋（青岛）一柬。雁晴旋亦定计同行，拟往澄宅小住，再回瑞安，为之欣然。

1937年6月21日

  阴晴相间。

起往视村田，秀爱有稼矣。青黄相错，滋实可期。劳苦夏畦，所望者岁耳。子弟不尽能读书，学圃学稼尚不失为愿人也。综董写谱，使人于苏簃转付估人整齐线束之。

是日予生五十三岁，无幸所生，无负所学，抚膺自问，尚在将来。苏簃闻讯，乞假而至，意欲迂予小饮姚宅，而予已与衍璋定约矣。

1937年6月23日

夜月未洁，五更闻雨声淅沥。

监考阅卷。晡苏簃共谈楹联一道，古今作者大略备于侯官《梁氏丛话》，然可谓类书，而不能信所入选者皆上乘也。事之起也，不过近古格之备也，尚待将来，然而可与者寡矣。晚饭于东山小肆，复纵论之。夜独诣罗宅，与云航、何醒武各对一局，皆负。醒武导往曾宅假得弈谱三册，醒武亦假得一册，欣喜欲绝，乃知童子尚未见此。而予所受之友朋支厚矣。

二更观苏、卢对二局，未及详记，珍抱秘谱返一得轩。主人已睡，见几上印谱，达夫为新刻名章一颗，刀法犹劲，多以方笔行之，想见奉刀时快矛斫阵之雄姿也。

1937年6月25日

阴晴不定，逾午西北风，殊热。

今日始入假期，无事起稍迟，苏侄以所抄弈谱来，约一行六榕寺。闻而善之，细雨轻烟，衣尘可汗，北数百武，一塔矗然，门首"六榕寺"匾额，字大不及尺，为眉公所书，世所共知，惟不知何以板重若此。下款眉山苏轼数字，则无间然矣。寺中俗书满坑，十二年前曾与达夫饮此，所见无异，有"乐善急公"一额，以颜公意境出之，特佳（岑西林所悬）。书在有意无意间，恐世人鲜能辨者。假坐一椽，呗音可数，素蔬二器，粗饭亦香。游子迹希，仙禽人昵。竹阴荫我，松风风人。文侣论文，我身非我。揖攘梁宋，倡和汪洪。古人如可作也，吾道其遂东乎。出门见一联云："一塔有碑留博士，六榕无树记东坡。"造语未化，然无暇为之改作。

午返村舍，曾星笠来一谈。张逊之来云："明日以车将送。"受其雅意而已。刘俊贤来复申暑期为中学教员讲习数学事，七月流火，何以堪比，然势似又难尽却也。晚与胡体饮冰对局。中夜略拾行装，去来恐无几日，不须汗牛而行耳。家书来。王士略转雷通群言来。

1937年6月26日

晴。夜宿香港。

起早，书记稍稍，亦需晷刻，行色尚不匆匆，且不欲辱友朋往来迎送，尚得优游自事所事也。走简达夫、子春。日加巳，蔡聱御车在门，行李半肩。此来四月，劳劳荒研，踽踽征途，如是者半生矣。过车百子路，苏簃伫立路隅，登车远送。及河之岸，乘桴横渡，击楫高歌。此别庸非茫茫，离惊①不无耿耿。橹楼轩敞，舻舳②人稀。镝钲迟鸣，征车未集。叩舷徙倚③，萍梗④感深。临川低徊，成连人远。江头别绪，南浦逝波。久事风尘之躬，看来亦略惯矣。

胡体乾远来相送，亲致越酒西瓜，大可壮君行色也。李雁晴归瑞安，以予之故，同舟而行，颇不落寞。晚抵香港，蔡、林二子来迓入市，憩于有信港庄，谈至夜分，刺知乡事种种。

【注释】
① 离惊：惜别的心情。
② 舻舳：同"舳舻"。船头和船尾的并称，多泛指前后首尾相接的船。
③ 徙倚：徘徊，来回地走。
④ 萍梗：浮萍断梗。因漂泊流徙，故以喻人行止无定。

1937年6月27日

晴。

晨，雁晴来自归舟，共饭而谈。下午返舟，舟中订谱自遣。晚飧有客携酒，倾尊招共，同是天涯，不问宾主，为尽数酌，亦复陶然，灯暗月明，引亢而歌，邻客闻而兴起，为之正拍，亦使反之而后和之，予之不足以知音也，旧矣。然世虽梨园子弟，亦有以为能顾曲者。

《因树山馆日记》第九册
(1937年8月2日—9月4日)

《因树山馆日记》第九册·序

　　自壬申夏五月迄今六稔①之间，成《万年山馆日记》二十七册，《不其山馆日记》四册，《因树山馆日记》八册，《外集录》十二册（《越缦外集》一册，《观弈记》一册，《名手弈谱校录》十册），凡册之数，五十有一，都六十余万言。

　　姜子尝曰："册六十叶，叶二十行，行一尺，蜿蜒三四十里矣。以蝇头细书，成此钜业，子志良苦！"

　　最近披书，则以覆瓿自伤也。逾甚貌是，万物曾刍狗之。不若不仁哉，造物也然。吾侪②讵③以轧轧之机声，辍其荧荧之灯影哉？中郎之《汉史》未续，弘嗣之《吴志》难成。坐令④悠悠，长此寂寂，风云黯黯，天地晦冥。不信遂无怀忠抱介⑤之夫，申其守缺抱残之誓者。流火可以铄金，移山不可夺志。人间何世，久矣夫！已而已而，柱下成书。矢之曰："而今而后！"丁丑大暑节中，任初自记。

【注释】

①稔：年，年度。
②侪：等辈，同类的人们。
③讵：曾。
④坐令：犹言致使；空使。
⑤介：铠甲，一种用来防身的武器。
⑥矢：通"誓"。发誓。

1937年8月2日

　　晴。酷热，室温高至九十三度（翌日报言市温九十五度，日光下一百一十八度）。日下春，乌云四合，霖雨降，夜降至八十四度。

　　毕课①后，闻讯益不稳，汕有来人言："他徙者三之一，香轮至无立锥之地。"心所谓危食不甘味。午席地而坐，暑正盛，念当前之急有百倍于此者，亦遂不知暑为何物。余维恭来嘱代取款汇银，又呼李仆告以有事则随行。终夜兀坐，此来固无可悔，然为此仆仆矣。岂冷斋之间，有所容其热中哉。

【注释】
①课：指当时国立中山大学暑期为中学教员开设的数学讲习班。

1937年8月5日

晴阴相淆，过雨二回，气温斗降，午八十六度，夜凉，八十三度。

毕所讲课。时局风声密云不雨，大兵蜂驰平汉、津浦二线，外交部令东侨悉数返国，其机岌岌，一触即发。津沽宰割未已，汕市安谧，惟已非平时气度。林（睿藩）里生来，闻各讯甚悉，从臾①速归，然三宿而后出昼②，亦非得已也。蔡聱来商归计。乱离之感与时深之，嗟呼，独何兼生此乱世哉。

日入，偕里人林维青散步山下，苗已蔚矣（《尚书》作时）。吾乡最早播大暑七言，大暑后七日也。今已十三日，节序催人，弥增俯仰之感。乡话缕缕，殊纾羁情。彻宵温《越缦日记》，中夜自订一谱（附上卷末）。

杨翁铁夫借阅《越缦日记》，补（戊集下六页）签云："铁中铮铮，雄中佼佼，以庸作雄，未知所据。"按此语出《后汉书·刘盆子传》："帝曰：'卿所谓铁中铮铮，傭中佼佼者也。'"字本作傭，颜注曰："言佼佼者，凡傭之人稍为胜也。"是假傭为凡庸之庸，爱伯引作"雄"，想是笔误。

【注释】
①从臾：亦作"从谀"。怂恿，奉承。从，通"怂"。
②出昼：指离开求官的地。

1937年8月6日

阴。时雨，晚凉。

课毕，诸生有欣然之色，夕阳虽好，无多讲矣。迪勋弟、维恭姨侄来计归程，始悉海道梗塞时，可雇汽车驰省道直达梅县，晨发夕达，贾八十金。今之人有行之者，既有羝羊触藩之虞，正不妨多岐耳。

衍璿夫妇自申片柬来。

飧厨役肴馔皆非常味，虽未及非肉不饱之年，而口体之养竟委诸奉刀茫然之手，时势至此，敢计及此哉。彻夜阅《说部》。

1937年8月7日

阴雨相阋，夕宿香港。

早课以雨，有不果来者，默计授讲廑①余三日。郑人相惊以伯有，曾子爱居于武城。或曰盍去诸，俄顷定大计。行矣，草柬以试题托刘俊贤。

傍午趋广九路大沙头车站，蔡督来平章各事，予往来省会四十年，尚未经此路也。午阴雨不至怯暑，遂以车行，一时十五分有车辚辚，发于羊石，南下迤东，经石龙塘头厦以抵深圳，自是之后入九龙境，旌旗亦变色矣。一路几三百里，地无旷土，野无游农。犁土布耕，弥望皆是，非无李悝，地力未竭，我国家实利赖之。四时三十分至于九龙，蒿目夷风，助以凄雨。青青河畔，之草离离，彼黍者苗，中心摇摇，行道靡靡。周大夫彷徨行役，鲁诸生难与进取。未能作诗，自伤无状。

【注释】
①厪：同"仅"。

1937 年 8 月 9 日

多阴。夜海兴舟中。

谈友如昨日。午蔡、黄诸侄陪登海兴轮，刺小汽船往焉。舟中阅曾选《骈体正宗》，所选未精，姚某伯已有后言。夜得舟客二人同弈至人定，大得消磨之法。人言善弈者不求胜初见面之人，第一局观于文雄而信，今夕予竟用此法施于诸人，谱不足存。发家电报归舟。

1937 年 8 月 11 日

多阴。八十四度，夜雨前家人燃几庭中，虔祀七夕。

枕上雨声清沥，早圬人来相屋漏。补四日来日记。陈镐臣来小谈，补食西瓜。……

中夜席上雨声凄苦，大为农功防岸之忧，反侧不寐，思今晚港报（华字）所云："两国邦交濒于断睽，大战曝发近在来复。"心潮起伏，怒焉如捣，靖康之朝，寇日深矣。

1937 年 8 月 19 日

闻有客自五羊，言羊民徙者三四十万，客言而信人心之动如就下矣。昨日汕市汹汹，人定未定，略究其原，则以申报敌舰南下，保无来袭，卒令保甲户晓，先避妇孺，不终食间，十室五空。时方大雨，愈布成流离图也。思水族有曰凫者（俗曰水鸟，舍人李巡云："凫，野鸭名，鹜，家鸭名。"许于《几部》凫下当云："凫，水鸟也。舒凫，鹜也。"文乃备），群而睡湖沼间，例出三四凫，逻焉，弋者故举火，凫之逻者，鸣以警其群，群觉无事，则群啄逻者泄其忿，如是者再三，弋者从容施网，凫虽有逻，不鸣不警矣，不然，凫之智岂出人下哉。

1937年8月31日

晴。渐热，午八十九度，晡后东风微盛，三更顿息，凉露亦希。

清晨方执卷，孙行嬉游树下。忽天上作响，遥指两机自南而来，转西北而去，高飞在一千公尺。间不辨谁何，司警铎①者，敌我愦②如，乱钟遽③鸣，所居西偏，声吹不到，而近市居，廛已骚然，竞相闭肆矣。意揣之，机发自我，否则不敢落西北而去，径入潮安内地也。腐儒真不足论天下事。

午间揣度之言四起，晚报言广州（三十一日午零时十分电发）特电云："敌机二架晨五时四十分飞省，空袭白云山，投弹数枚，死厨役一，伤二人，又在士敏土厂上盘旋未得逞，六时许被击退。"又韶关电："晨三时，袭韶关南门贯人村共掷三弹，无损失。"然则谓秦无人，深入腹地，谁食我毛，谁践我土，岂其使有肆于民上，而纵其涂毒哉。夜保甲传谕熄灯，蕞尔小邑，亦未免自视太高，时正支床中庭，张灯读宋人说部也。

海岸封锁（东经一百二十一度四十分，北纬三十三度四分。东经一百十六度四十分，北纬二十三度十四分），路透电云："两国尚未正式宣战，英国政府不能承认此封锁"云。按从扬子江之江阴起，凡上海之吴淞，浙江之沿海岸，宁波之镇海，舟山群岛，温州口岸，福建泉州以至汕头潮州为止，包括苏浙闽粤四省海岸也，外电数起啧有烦言，若国轮则早已引避矣，但沿海捕鱼为生者良苦耳。

【注释】

①铎：古代铜制打击乐器，多用于军旅。

②愦：昏乱，糊涂。

③遽：急。

1937年9月4日

晨阴。午晴，八十六度。上日言沉船事乃在香港港口，舟毁而乘客多遇救云。

未明起而治书，移几院中。日出客已至，陈次寄来。闻昨日思明州击下三架，播音台讯也。蔡劭星亲家来。

蔡纫秋来并久谈，所言青岛事尤悉。岛中人入山几尽，大学电信屡见报招领，人员之空可知。市政府退即墨，公安局退沧口，市上几不可得食，鹄俟①乡民，辇蔬而过，肉肆善刀久矣，则死市也。纫秋仍由海道南下云。嘱器儿留镐臣教馆。呼匠人相窟室，思古人穴居为避野兽也。……

今日汕《商报》有"机飞鹿儿岛、朝鲜投弹"讯，有"向我国宣战"讯。

【注释】

①鹄俟：形容盼望殷切。

《因树山馆日记》第十册

(1937年9月10日—12月4日)

《因树山馆日记》第十册·序

　　夫人生必有事。黎明即起，洒扫庭除，事也。鸡鸣而起，孳孳为利，孳孳为善。事也。均是人也，而人所事者，至不一。

　　以予所知，吾邑有一人焉，其事不与人殊，而专心致志于所事事，惟日不足，毕生无闲。则恐九垓①之内，无第二人焉。斯亦及今不纪，后恐无述者类也。其事维何？曰烟与茶。

　　辨色而兴，罗列烟若茶。所用器皿，累累满阶下。以两盆汲清泉，渍茶具其中。别燃缶炉，以待亨②燃焉。炉火必用木炭，躬刓斫之，皆作园墙形。非新泉不汲，非瓦尊不贮。一俟炉火纯青，而后置缶叠其上。燃烟管，横陈，未可以入口也。则挹之、注之、拂之、涤之。去瑕净垢，动逾炊许。时也，茶孰③香初，口齿俱冽，凝眸含气，肝脾稍舒。而灶婢呼食，方知亭亭日午矣。既饭，复饮吸如乡晨。晡后，亦如之。无一息之或懈，无一顷之饱尝。夜乃既阑，草草入寝。盖终一日无一刻之暇，终一生靡一日之闲。今其人尚在，可坐而致也。是亦世之逸民也已。

　　然则无作客逆旅之时乎？曰：有之。予于乡间时，亦遇此君，靡靡自述己事不绝口，虽不得甘烟苦荈，亦且快意云。只今思之，亦不知云其为苦为乐也。

　　此记无序，以此为序。丁丑白露节后二日。

【注释】

①垓：通"陔"。

②亨：通"烹"。

③孰：通"熟"。

1937年9月10日

　　十日前藏故记，出新记，幸而苟安，复扣①故记书之，至九月十九自止。

【注释】

①扣：发掘。

1937年10月16日

晨北风，遂有秋意，泊夜弥紧，触耳萧槭，满庭寒月，孤负良多。晨起镊剃发。陈次宋来。阅字书。晡访莞父一谈。夜校谱，单衣瑟缩，箪架无余衣矣。

比日战讯："平绥路第八军以奇兵野战迭奏殊功；平汉、津浦二路日蹙，东失德州，西迫石家庄；鲁豫之间铁烟弥漫；沪江抗战最为颉颃①，二月之余不更阵地，一等强国之技，几等于黔驴；十日前南侵巨舰号称数十，围胁虎粤无尺寸之功，比又大半北徙云。觇国者谓彼亦不能持逾冬，所谓"虞不腊矣"。

【注释】

①颉颃：又作"颃颉"。原意是指鸟上下飞，后来借指不相上下或互相抗衡。

1937年10月28日

在香港，午八十二度，复感南中温热。

辰初抵香港，泊湾中，蔡际云驶小舟远迓，问别后乡间遭乱如何。羁旅①西东，千金二字②，客中逆旅，小住为佳。闻衍璿有函，述诸友播迁之状良悉，惟棋声不辍也。终日不下楼，小暇作书，其余供清话耳。晤李寿熙，预言明春世界大战，潮汕愈不安。

【注释】

①羁旅：指客居异乡的人。
②千金二字：指"平安"，对联："和顺一门有百福，平安二字值千金。"

1937年10月29日

晴。

晨发家书，买得"西安"坐舱，舟中翻谱多睡。午过虎门，雄关蟠踞，封锁经月，比日始开一线，须受麾指乃可通帆，但蠕蠕而动，不可越雷池一步。日加未指雇抵步①矣，水竿仅十一尺，舟重过之，停泊江中，以待晚潮，日之夕矣，始移近岸。

昨日万家灯火，号称不夜之市，今则黯淡无光，销沉欲绝。淫威肆毒，屏气图存，信无可如何也。踽踽独行，乃投客宿，大东酒店，似曾相识，揽客者告予"恶机不来五日矣"，语次如叨天幸。伤哉！日来移击思明州，夺金门岛，潮人又视为卧榻之侧。而上海大场失守，师长朱耀华自伤无状，拔枪自戕。火线西移，已同残喘。沪东二月敌亦伤逾六万，我军或云三倍之，尤赖两粤健儿争此士气。华北各线得失益难抵偿，娘子关不守，则三晋难完。夜踯躅街头，天方沉醉也。买食估肆，苦蚊不寐，海珠桥在望，行人殊稀。

【注释】

①步：古同"埠"。停船的码头。

1937年10月30日

晴热，午八十七度，又是去年苦受秋热之态。

坐以待旦，雇车辗转而后得之（直五金），长驱东指，所过如昨昔传者，或甚其词，冀耸世人观听，哀而怜之，亦非得已也。

既抵石牌，下车与同人互道无恙，问校课，已开几日矣，文法二院就附属中学，理学院就小学，工学院依故，同人多未见，所谓散而之四方也。复视创夷之地，伤不及屋，旷土间有穴数起，修广盈丈，深一仞①而止，然胶庠②弦诵之区，奚堪此锋镝哉。午作家书，又托香港有信庄寄金三百，谕器儿取为家中祭学奁履之用。呼饭，与不识姓名者二人共之，尽粗粝三器，神思亦振，生来贯作客乎，而比年饭侣无一存者，不为害也。授课表如去年。

柬张子春。晚料检室中皮书，腰腕俱惫。一步舍田，迷漫无所见。有客共对三局，交戌即尽灭灯光，以防空弋③。秉烛早睡，新得张逊之留赠软床，反侧殊适。

【注释】

①仞：古代计量单位，一仞，周制八尺，汉制七尺。汉代一尺约合23厘米。
②胶庠：周代学校名，周时胶为大学，庠为小学，后世通称学校为"胶庠"。
③弋：禽鸟。此处指飞机。

1937年10月31日

星期。晨七十八度，薄雾，单衣犹汗，午薰风解之，午八十六度，夜尚凉。

质明而起，独趋北村。晨光熹微，眉月在树。坠沙流涧，近在屦下。新禾渐熟，平畴苍黄相间，虽肥饶不一，而篝车可期。回忆去秋天旱地裂，草枯稗落，已非同年。入长浜村来，朝烟方起。村人偶语，亦庆有年。绕栅闻鸡，绝流度彴。藩溷不整，皆归自然。经此一番变乱之余，正不知世人都市之梦醒得多少。读《尔雅》。……

晡诵文，柬苏簃肇庆，夜与同舍人弈，录存一局殿诸上卷。

1937年11月1日

干燥。午八十七度，凉燠失时，感风胤痰，经课辍。

早方吸纳，草际寻所谓避难室者，乃就小阜穴而通之，可容我辈数百人。近在辇①毂，即是菟裘，聊且快意可乎。乃钻营未终，钟笛齐响，说是警报，有机来朝，予伏穴中亦有终焉之意。乡人笑之曰："此第一次警报也，迨②第二次乃至飞机当头，缩身未晚耳。"已而③乱钟急叩，四无人声，而舍中人不改其初，伏案者秉笔在手，汲水者执寻以从，视此等事如无有矣。不一刻钟，缓铃解警，予亦执鞭④治事，讲肄⑤二堂。比午归，汗渴交乘，废然支榻。以之壮也，犹不如人，蛰处多时，弥不堪为王驰驱矣。

午歇炎炙人，假东厢小睡。丁冬震耳，乙轧在心，侧屣夺门，又将入穴，而四顾茫茫无与共者，人又笑曰："子来无几日，尚可贾耳"。既来之则安之，读书不成，去而学棋，虽棋一人敌，然多能于东坡一事矣。夜无坐侣，饱睡一宵。

【注释】

①辇毂：皇帝的车舆。代指京城。
②迨：等到。
③已而：不久。
④鞭：古同"鞭"。
⑤讲肄：讲学。

1937年11月2日

歊蒸如夏，午八十六度。谷君代领到七、八二月薪束。

循例早午警报二次，"司空见惯浑闲事，断尽苏州刺史肠"（刘禹锡诗）。早行午休，高枕听之，入梦良熟，不睬恶飞来否也。晨以风嗽罢一课，服午时茶生姜汤，高燥亢阳，不敢伏案。

张逊之来访，作长谈，滔滔为长期抗战之论，可为懦立。上海仅余南市浦东，敌迫南翔，苏州河抗战殊力。肇和舰上月被轰沉于广州，舰中惟役夫五六名在焉，百思不解，闻舰长方念祖以抗战不力逮击云。夜约得萧舍人弈五局，晏睡亦佳。

1937年11月4日

晴。午八十七度。

毕二课。郑振文来谈，尤致仰挹。午荪簃束来：客途病阘，远致拳拳。各自西东，空盼鸿雁。寄书长不达，况乃未休兵。游子羸身，何堪一病。书意欲归羊就医，返简促之，广州本无事也。

亘日抄谱，夜弈至二更，过犹振振，谈橘中妙理。

港报不来，卜今日机伤路轨矣。

1937年11月5日

晴。午八十七度。林本桥自宁波来,别后离惊,言之不尽。夕校谱录尤。

课后阅报,九国会议三日开会,比京,意国代表为日张目,英美法联合迁就,依人本非易也。昨日广九路樟木桥毁车停,前日敌舰炮攻潮阳达壕,旋退。

中央社二日比京电,九国会议定三日晨在此间通儒院开幕,参加会议者共十有九国,名单如下:

(一)原来签字国八国,即中、美、比、英、法、意、荷、葡,仅日本拒不参加。

(二)英国各自治领与属地由英国代表签字者五国,即加拿大、澳洲联邦、纽西兰、南非联邦、印度。

(三)在后签字加入者五国,即瑞典、挪威、丹麦、玻利维亚、墨西哥。

(四)非签字者一国,即苏联。

此外另非签字国德国,虽由比政府邀其参加,但已谢绝云。(十一月四日《华字报》。)

1937年11月6日

晴暖。

戒旦而兴,趂①就早车,今惟往教,不闻来学,礼也。讲文学于旧校址,予壬戌、丁卯两度假馆于此,今为附属中学,昔年之贡院也。铜驼娄徙,颜驷三朝,过此踯躅,感能于予心哉。

听鼓犹遥,点卯未及,旧街阅市,搜猎破书。亦多避乱,善本难见。有《南北史识小录》,心乎爱之,谐贾不成,踯蠋街头。有声鸣鸣然,又告警矣。窜入城隍古庙,百业都非,土神安往,立大树下非求论功,其志将以求食也。钟鸣围解,展转求徒,呷嗳北堂(《汉书·东方朔传》:"伊优亚者,辞未定也。"字作伊优),伊违阙党,吾道之衰,奚待今日。

午本与姚万年有约,何衍璚要于路,登小肆寻酒徒李翼纯,虾美蟹肥,持螯大嚼,不及于醉。虑有远行,因有黄绎言、何湛、张子春隐顺德大良小村,衍璚坚掖同往。间关车马,畏行多阻,故就西关茶肆访弈徒数辈,周旋永日而已,委顿思归,何夫人招入西南村中得乡落况味,亦婉谢之。

崎岖东下,陋室可安。夜有二客来弈,于此中大得佳趣(订存二局)。几上有萧菊隐(冠英)一刺,未晤。

【注释】

①趂:古同"趁"。

1937 年 11 月 7 日

　　星期。晨阴。始有风自北来，微雨如尘，午风大作，夜彻夜拥衾。

　　遥见田中有刈苗者，今晨休暇，得片刻萧散，短衣出走，迎馌妇而行。山犹送青，苗已半熟，可收曰稽。在器为斋，乃亦有秋，农乃登穀，田家岂不苦？弗获辞此难，但愿长如此，躬耕非所叹。

　　走使西行，假曾记名谱，又得二巨册，虽多经登报者，然于予十九为初见，从兹几集大成矣。彼阁克期还壁，决意择抄，浮生又得几日忙矣。

1937 年 11 月 8 日

　　是日立冬节，晨六十五度，阴。

　　授课三堂。棋局日非，晋汾多事，歇浦日蹙。杭州湾有登陆者，九国会议如何，报章少道之矣。抄谱。镜潭自乡来久谈。

1937 年 11 月 9 日

　　晨六十一度，晴。

　　早午忙课事。抄谱。领九月薪水七折。

1937 年 11 月 10 日

　　晴温，晚又稍暖。

　　寮友胡体乾、林本桥前后返舍，黄昏同望月，空山有灵矣。晤里人方棣棠劝予出居市郊，石牌非长安之比。一朝玉石，万古灰尘，夫复奚言。穷余力抄谱，今日得一万五千字。午何衍璿特来访。

1937 年 11 月 14 日

　　星期，晴热。夜似为蚊所袭，一夕数起，拂晓胡体乾叩门，践野望之约也。老子兴复不浅，拂衾而起，奋袂而行。试望平原，田功方盛。篝车囊橐，以待刈芟。祭韭献羔，赖兹储偫。散谷满畦，信宿无恙。礼失而求诸野，于此益信。步入荒村，令令且仁。临沟卖茶，改日休暇，大可假坐也。野外体乾语及志摩死于飞机事，予犹记时人有调以联云："一蜇①冲天，五体投地；三人同命，四大皆空。"有业擦背者骤跻通显，宅第如云，例须求闻人题匾，得"鸢飞鱼跃"一方，有解之者云"言其上下察也"（察读如擦），此尚不为虐乎。

夜与本桥、体乾登小阜新亭，照然离毕，皎兮丽天。《生民》以来，今夕何夕？国事几不可说，逝波无可奈何，已焉哉？天实为之何哉？

忆初登黄鹤楼时（乙卯四年），瞥见石柱镌"江流有声"四字，仪态万方。拾级间心拟出句，七步不就，薄而观之，乃"明月无玷"也，大失所望，然则不如"月色无玷"四字，犹有出处也（《晋书》曰："会稽王道子庭中夜坐，月色无玷，叹以为佳"），后于武昌东村见一人家自榜诸扉曰："月朗星希，人影在地；山高月小，江流有声。"叹为浑脱（曾入《畴盦联话》）。

【注释】
①䨟：古同"飞"。

1937年11月21日

星期。晴。昧爽松轩、衍璿高谈弈理，可为寝馈不忘者矣。户外一片卖报声："东南名城相继沦落，金陵王气黯然销沉。"日出于东而没于西，悠悠黄河，吾其济乎。告别诸子，觅车入村，听鼙鼓之声噍以杀乎。哀以思之，入此室处，自编遗书。

1937年11月22日

晴。北风，温度降至六十六度。

陈莞父仲子（有年）来见。课毕补日记，录正比日所见各谱。夜有舍人偕步乱山，历落倚伏，视古人首邱之地尚多被发，不免于遹播之苦，死生一例也。不问明朝事，只求今夕一席安睡耳。

1937年11月23日

是日小雪节，一夜北风紧，晨华氏表降至五十六度，非绵不温。二日之间，气候不齐。单衣易絮，由夏徂冬，不御夹衣，绝无秋日。吾乡节序，记不若是也。今日朝夕奔走授徒，差强人意者，奔走而不骇汗耳。

梅县黄海章、瑞安李雁晴间关返舍，先后过谈。一别半年，相见云幸，大江南北燕市晋皋沦落，故人乃多于鲫。夜雁晴携柚入户，招胡子共剥之，来自思明，弥思厥土。良朋成三，邈焉寡欢。隙有卷蒢①，同此心苦。（雁晴索日记一册去。）

【注释】
①蒢：古书上说的一种植物。

1937 年 11 月 24 日

北风愈劲。

早课晤姚万年立谈,二次告予密定遁逃之所,仓卒变起,可免周章。诚不料暨南之交,窘蹙①至是。然据军事家及日耳曼领事所臆度者,假令钟山②旦莫③下,则威胁所及,首在南都,虽冀其言之不中,而计之不可不早也。呜呼!顾詹四郊,蹙蹙安所骋哉?欲约胡、李二子谋之未果。

方隐净几,作家书,并简苏葆(肇庆)问西行之路。警钟小鸣大鸣缓撞急冲,已令人不安于室,李仆入告,传云:"十七架已见者八,自东南来,迫在辇毂之下矣。"从此不旰食者,岂值楚之君臣哉?投袂而起④,屦及寝庭⑤,(嚊)霍呼群[王褒《洞箫赋》:"(嚊)霍晔踕,跳然复出"],仓皇辞殿,争趋北阜,穴土而居,窟室之宽可容我辈数百人,累土为之,所戴者不盈寻,万一有非臣子所忍言者,累累浅土,亦无幸焉,且更聚而歼之也。事已至此,请公入瓮,无妄言者,属墙有耳也(机上设有收音器,万尺内可闻声)。尺蠖之屈,蛰蛇之伏,暗中摸索,皆不知命在何时,但闻悲风萧条之声卷送,辘轳辗轧之响彻云霄,下迫咫尺(后闻过石牌时低飞不及千尺,绕匝一周而去),匌訇震耳,磅磕坠地,又不知断送几何无辜。比之水火风雷,谁复起而兴问罪之师者。嗟乎!独奈何生此乱世,奚暇为上蔡之犬,悲哉。

穴处炊许,鼠伏出洞,秉笔续书,又曰:"寇至。"既出复入,如是者三,发愤忘食,只在此洞中累灶。婢芦中人之呼也,弹冠归来,振衣索饭,问食无鱼,婢婉谢曰:"饱猫腹矣。"我辈胆小真如鼠,幸有乃猫憨不畏死,得鱼大嚼,未可谓之乘人于危也。

检几上有衍璿手简以急足来召,云谢司令(侠逊)往菲律宾,道羊城。彼为东道之主,促予坐上之宾。匪不欲往,道阻且长。入山既难,下山亦不易也。

晚里人朱(宝筠)、林(岳)、许三子联函招饮金龙酒家,念数月辛勤,所得者不敢学曾沅甫视千金也而区区之,料理入市寄汇香港。甫抵市区,警笛骤鸣,纵一车之所如,视万事兮安然。西市阛里,乐业如故,借明兴号小坐,蔡镜潭未回里,闻讯来晤。晡应酒约,肴酒俱佳,主意殷勤,客情萧洒,为之倾怀放饮,不及于乱而已。夜借榻明兴,里人共弈至丑初方罢。萧楼残照,殊觉衾寒。

【注释】

①窘蹙:亦作"窘蹴""窘促"。困迫;局促。

②钟山:又名"紫金山",位于南京市东北郊。

③旦莫:比喻短暂的时间。

④投袂而起:形容精神振作,立即行动起来的神态。

⑤屦及寝庭:形容人奋发兴起,行动果断迅速。

1937 年 11 月 25 日

  风雾。晨五十五度,不见天日。
  未曙不眠,出门瑟缩。维校有车,俟我于东门。辙迹所经,烛未见跋。宫墙在望,讲贯二堂甚矣。吾怠也。
  午饭未及饱,钟声又报警。偕林、胡、李三子指北而遁,托庇废垒之下,幽栖沟溇之中,历时十余刻。李仆来告"寇退",乃入室斜倚以资小愒。
  蔡亲家率伙伴以车来,闻予欲以书籍迁也。喘息未遑,难决去留之计,孤负来意,默商行踪,必不得已而去。但至明兴,当有乡人熟办径途护君之所之也。本思入市寻侣买醉,脚力不支,伫送来车西返。夕卧阅《杨升庵集》,重衾可恋,彻宵无梦。

1937 年 11 月 26 日

  晴雾相间,晨五十八度。
  讲经如额,退食自公。私记未毕,不殊昨日。激响又闻,为避弋锣,又不能不蒙尘于外,从者惟李子雁晴一人。未及半途,已聆机响,遁荒无计,绝尘而奔,托命之区,侪于封垄,黄泉土壤,不必问矣。维时九霄之上,不类凡响。重土之下,乃比天衢。众莫敢声,我亦何说。信乎苟全性命,不求闻达者也。野处渐惯,蹑足潜行。炮垒东偏,果园可爱,枝荣条茂,菱荫维藩。非此中人,未通此径。瞻乌爰止,顾而乐之。恨不携柑斗酒,席地消一局棋也。头上砰磅,掠园而西,为敌为我,无罣无碍。吾道南来,大江东去,长鲸北徙,白日西匿。干卿甚事,于我何有。至此大澈大悟,不已迟乎哉。
  夜静如死城,阅《升庵集》后评校新谱,得十余则存《名谱·辛集》中,亦不刊之作也。

1937 年 11 月 27 日

  多雾。温度六十二度,夜不胜重衾。
  夜来梦多,名心已忘,而利心有未尽处,驱迫之忙,治学治心两见疏矣。晨偷间拂几静坐,稍稍读书,吾家山谷云:"士大夫三日不读书,则义理不交于胸中。"吾为此惧。……
  午炊既熟,群有戒心,冠而后行,衣不解带,有备无患,盖取火班荆之资略具焉。早知潮有信,三日以来未尝愆期也。今日本有事于文学院,畏行多露,民亦劳止,并电话知友勿久待。

甫得一饱，不负引领之望。警钟急响，相率北驰，登高者有呼曰"警报第二次矣"，则更亡命而奔。惴惴乎，赫赫之在上也。猗傩其枝，亦既觏止。荔枝园中，别有天地。阴解炙日，疏不禁风。要寨森垒，五步之内。举头见日，闻声而发。可为六尺之托，不无三宿之恋。虽以毒虺杂处，候虫哀鸣，匪惟避嚣，且以远祸，涉览明瑟，游神萧寥，败絮之中，尚携破书，石友踵来，亦助叹息。松吹落落，如助清吟之声；藤阴盘盘，别成奇字之格。遂亦暂与忘世，兴言《考槃》。远劳奚童，言师采药，迹声而至，曰"寇退矣"，又是一日，谁有百年。阅《陆宣公集》。夜饶舍人共坐三局。

1937年11月28日

星期。晴明，晨六十四度。读《尔雅》。……

晨经课未终，循例又至，且午炊犹未烟也。满窗乱书，不遑顾矣。山下急行，有车踵至，侧跨阜上。畏君车尘，戛然而止。似曾相识（皖人，严），车上以手掖而登之，托载以行。弃车林下，而巨声已上，翱翔上空，自全之难于今尤甚。而桑间之妇，陇上之夫，植杖而芸①，视若无睹。视彼镇定，愧我周章，视虱如盘，奉盘为日。各有自信，不能强同者如此已。而炮声四起，流弹可虞，穿洞蛇行，已成惯技。远自西北，坠地有声，又不知吹皱几池春水也。

午矣而警未解，李子出怀中饼啖之，藏获速饭，予曰："嘻，盱食何害。"亦既丑初，幸来迎归。人生至此，天道宁论。

人言无锡、长兴相继陷溃。一木难支，万古遗恨。非特东南半壁之忧，栋折榱崩，侨将压焉。处堂燕雀，衔泥何为。日落崦嵫，朋侣往觅新窟，在彼山麓，弥嫌修途②。莫夜潜行，百感交集。与雁晴密商远身之计，冀效亭林晚岁西隐故事，而滔滔者天下皆是也。夜弈。

【注释】

①芸：古同"耘"。除草。
②修途：亦作"修涂"。长途。

1937年11月29日

多阴。午有北风，只胜袷衣。蔡际云复书来，知前书竟不到，家人俟之于枯鱼之肆①矣。吴霭林来，杨铁夫（香港东涌凤凰山华严阁）。

啜粥出舍，横经待讲，拾级而下，乱钟争鸣，复投深林，惟恐不密。雁晴要于途，枵腹②从焉。匡围③之厄五日，陈蔡之从十人。④诗云"匪兕匪虎，率彼旷野"，吾道非耶，吾何为至此。大蛇挡径，何畏壮士之行（途际见青白蛇各一，生来未见也）；独驾入山，弥难穷途之返。遥指桐阴深处，三五人家，可许冯铗⑤归来。盈尺之地⑥，不知秦汉⑦。安问狐狸，箕尾横天，蒿目何极哉。

午得饭，稍稍读《尔雅》。苏簑崬复约晤，并以长短句（调寄《翠楼吟》），且云肇城佳丽，大足令人留连。借此一游，计亦良得，然一晤亦何易言也，其词云：

碧草凋霜，丹枫坠叶，长空万里如拭。岩顶谁共眺，群山外浪飞翻白。横潢历历。似玉雪摇空，倚天裂帛。迎风立，数声柔橹，一江寒碧。

习习，日莫衣单，望故乡何处，万山遥隔。聚离如梦里，旧愁尽新愁重织。凭高倦客。几孤负江山，钓丝秋色。青衫湿，断鸿何许，尺书难得。

【注释】

①枯鱼之肆：比喻无法挽救的绝境。出自《庄子·外物》："吾得斗升之水然活耳。君乃言此，曾不如早索我于枯鱼之肆。"

②枵腹：空腹，谓饥饿。

③匡围：孔子周游列国，在匡地遭到围困。后泛指好人被围困。

④陈蔡之从十人：见"陈蔡之厄"，出自《孟子·尽心下》："君子之厄于陈蔡之间，无上下之交也。"原指孔子及其弟子从陈国到蔡国的途中被围困，断绝粮食的事。后比喻旅途中遇到食宿上的困难。

⑤冯铗："冯驩弹铗"之省。

⑥盈尺之地：形容地方非常狭小。

⑦不知秦汉：形容因长期脱离现实，对社会状况特别是新鲜事物一无所知。见《桃花源记》："问今是何世，乃不知有汉，无论魏晋"。

1937年11月30日

晴霭，午七十二度。

授课，读《尔雅》。港报阻，二日不至，今日恶声不闻。雷通群来谈殊欢洽。

1937年12月1日

晴暖。

晨枕上忽然有远引之志，所以在此不去。辞曰："授课日日闻声，朝朝逃命，何如避地，问此中人语也。"乃蹶起，拾囊办装薓食，往授一课，意欲面姚万年决之。讲贯未终，丁冬四起，跟跄下磴。适有车来，附以西驰，别取蹊径，舍正路而不由，指岩墙为危境也（正路须经机场与铁道平行）。

投西濠口入明兴缶店小坐，定计上溯西江。在水一方，停午警解。李仆始提囊来，比及江干，征桡甫发。望洋兴叹，自崖而返，怅怅乎其何之，踽踽焉无所往。西南之滨，酒帘在望。一醉可买，百忧顿忘，同是天涯，曾经捧袂。去年今日，举目山河。流水落花，何心荆棘。亦既觐止，别寻弈徒。言登陆羽之楼，特赏弈秋之伎。名手卢辉，挽予同几。静观六局，胜读十年。盖松轩以阳刚胜，而卢辉以阴柔胜。敬如（冯）已老，庆全（李）死，百粤健儿无度越之者矣。重以盟可寻也，不可寒也。云指陶陶之居，俟我跚跚之至。

西箱之下，晚汐为期。南海贾珠之珍，麦丘老人之后。西风茆屋，怨斜日之无情；荆布竹钗，悲生涯之不易。援为贫而仕之例，权卷袖以当炉；吐实命不犹之衷，旋展笺而问字。艰得嫣笑，媲于河清。未许铅华，污其天质。然亦摘缨无罚，目眙不禁。微闻芗泽①，许拾坠钗。凭心最欢，臣朔亦饱。饮未可及一石，约欲迟以十年。与臣目成，终不过差，执子之手，归乎东路。

夜弈于明兴，宿焉。蚤苦之，少睡。

【注释】

①芗泽：香泽；香气。芗，通"香"。

1937年12月2日

晴。竟日坐明兴肆。

起盥未毕，候人告警，方与里人饭，炮声弥急，匕匕在御，肴核无心。同坐者群知予心独苦，西行之计益决，曷为久居此危城之中而不去也。而守舟终日，帆影杳然，冬深水涸，俟我于枯鱼之肆乎。里人三二，相从学棋，长日可消，百年亦暂。江阴陷。

夜镜潭导往荔枝湾投宿，叩扉而入，不辨主者谁何。则亦殷勤，习知冷暖，听乡音，了了是族中晜季（黄作睿），避公事涸迹度门于此，不与世相闻问者。无多告语，得榻为安，渴睡之余，黄粱大熟。

1937年12月3日

晴煦。

珠江居民，早茗茶肆，信如归市。晨随许、姚、蔡、陈诸乡友往焉，耳闻国事，愈不可道。旋返肆中，循例又至。自步荔枝湾头，问所谓南汉昌华阁安在，但见总角珠儿，浣溪越女，晓钟欹枕，斜日梳鬟。自有寒鸥流伴，上下东西不问。人世间有何许事，遂去不复与言。念守舟二日，投鞭难渡，本无一事，然不易予初衷也。

午登巨舸，可容百人，系绳机轮，居然飘驶，叩其所指，直溯西江。夕过西南（村名），夜宿高要，是予志也。托肆人以电告苏簃，鸣钲而西，舟之取直廉（一金），而待客周，偶然欲行一合也。隔坐张客（名祖），可共弈棋，萍水相逢，关山难越，竟有同好，败亦欣然。世事如棋局局新，人情如纸张张薄。两岸猿声啼不住，轻舟已过万重山。亦穷途之暂欢，行旅之至乐也。夜呼饭与客共饱之，更深露重。客张所携破被，聊托骈欁①。一饭之交，班荆之友，秦越肝胆②，本来如此。

【注释】

①㡒幪：本指古代帐幕之类的物品，后亦引申为覆盖，庇荫，庇护。

②秦越肝胆：比喻对立或疏远。见梁启超《意大利建国三杰传》第二十六节："我数百年来荡析离居、肝胆秦越之父子兄弟，今乃得以代议士之名誉，集兹一堂。"

1937 年 12 月 4 日

投端州光园。

夜静可闻抱关击柝之声，知去城乡不远。寻而健妇，相率登舟。儋儋（今作担）之音，聒聒盈耳。名城在望，独客无知。天方未明，假寐待旦。欲觅一妇，传道客讯。张祖得令，披星以往。鸡鸣未已，雁足已归。云主人应门，申言来迓也。未出旸谷，已发油车。苏簕八姑，江头相见。别来无恙，来日如何。为道鮀江之行，七月流火。因树之别，八月雨集。亢阳大潦，调节无方。一卧汕头，龂①肿伤齭②。觅舟三日，乃抵香港。又苦虐症，病榻经旬。家人促归，欲行不得。掀天奇变，入地无门。走马来朝，攀车永昼。辇毂之下，摩肩万余。幸而得车，又苦失程。上下中流，彷徨洲渚。水浆不入，自辰及戌。流离琐尾③，殊悉所生。世事于今，只供三叹。即此投荒一面，亦当始料所及哉。君且云昨思东归，抱衾与绸。已驾乘舆，忽展来电。交臂一失，此会茫茫。吾虽从东，东亦客也。纵以千里之驾，难践鸡黍之约。其为悢悢，又当如何。尔乃周览城区，借问何处。名城已隳，表里山河。爰有一楼，荒榛之下。闲闲十亩，弥弥一湾。三匝之栖，一枝聊托。兼金取直，独客无俦。茶熟腹酣，略咨故实。……

舍馆甫定，遂纵謦游七星岩（事见下卷新序），午荫茂树之下，背碧霞洞之麓而餐焉（洞石有郑芝龙诗）。新鲤鲜美，不负端溪。今当道常飞机致之省会，鲤鱼非杀鲜不食也。人之有机也，为国之防，彼之有机也，为河之鲤，路人皆知之矣。首乌名酒，亦传西酿，借君一杯，宏开词论。日之昃矣，遍猎名庵，遇僧唱喏，冀下一悬榻，为缓急避乱之窟。僧黠甚不得要领，信步十许里，息影光园，恣读变乱三月来日记。纪事本末，坠心危涕，谓之何哉。飨觅于市中，幽忧宛结。引杯罢咽，释匕太息。永言来日安往戴天，往事不足道甚。至言及不知更有相见期否，感时溅落花之泪，恨别惊鸟之心，以此言悲，况也永叹。

夜客舍枕上成新序一首。（端州土酒曰"首乌"者最著，语出《本草》，此药本名交藤，唐有人服之，至年百三十而发犹黑，因名何首乌，李翱有《何首乌》。）

【注释】

①龂：同"龈"。牙根肉。

②齭：古同"齼"。牙齿酸痛。

③流离琐尾：比喻处境由顺利转为艰难。出自《诗经·国风·邶风·旄丘》："琐兮尾兮，流离之子。"

《因树山馆日记》第十一册

(1937年12月6日—1938年2月28日)

《因树山馆日记》第十一册·序

  生也如寄，死也如归。偶有此生，本同逆旅。吾十有五，而志于学。自时厥后，为学为贫。不恒厥居，迄无宁岁。吾之有生，尤在旅中。日记之兴，亦历七载。卷逾四十，咸能自序。园居之篇，一二而止。文成三上，涊藩十年。揆之昔人，非无恒例。惟至前卷，寇迫枌榆。展记口噤，不知所云。自秋徂冬，日深一日。飘遥播迁，朝不保夕。私草此序，辱在草莽。风云变色，羁旅无归。大泽深山，龙蛇安往。我以衰迟，惭此笔力。坐对溪山，空致太息。荃荍居士，忧患相从。其所遭逢，视予尤苦。膏流断节，火入空心（《枯树赋》用《淮南毕万术》句）。蜡炬春蚕，见跋剥茧。自来诗人，非穷不工。即今词客，弥噍以杀。藐是流离，同为异客。南风不竞，西河除馆。鲁酒之薄，曷销离息？楚些远游，长嗟不返。何如费我几两之屐，诣彼七星之岩。一骑尘轻，万山屏障。原田疏旷，大江透迤。指顾之间，累累可数。斗柄回转，参星横斜。边陲之地，山谷之灵。下锁群峦，上应列宿。下车伊始，一蕊当前。洞名碧霞，岩名石室。空明疏宕，略容百人。喷泉可掬，悬崖欲坠。嵌釜嶙峋，不可方物。怪石高低，自成阶磴。幽岩通豁，传有仙居。石皮黝然，石破雪白。巨如伏虎，细若游鱼。斫而小之，其利倍蓰。踞石小坐，空谷生风。不信人间，留此绝境。又越一洞，指名双鱼。传蟾蜍岩，意当在是。洞口如穴，非鼠不行。童子前驱，继之以烛。举足涉潦，昂首皆礁。侧身而行，择地以蹈。但见异石，凿壁摩空。万象呈形，百思不到。或蜿蜒如蝎，蹲伏疑狮。小至蚊虫，睡媪卧佛。欢喜赞叹，几濒失足。蹩蘖里许，只在此中。不系之舟，夷犹石际。春江水暖，一叶通幽。洞中有天，下临无地。奇观至此，造物何心？惜乎子厚南迁西行不到，善长《水注》《山经》无称。流俗之言，讶为陨石。女娲不作，谁为凿天？麻姑来迟，不见桑田沧海；葛仙何处，只闻长啸数声。序于端州光园旅舍，以记为序云尔。

1937年12月6日

  霁。镜潭代存港有信八百金，外借去五十金。

  晨泊西濠口，入明兴店，已在戒警之中，委心任运而已。肆中存信札一束，家书平安，入冬已先后扫墓。高祖、曾祖安宅在邑治北乡（窖尾），二十里之遥，军兴以来，崔苻遍野，子姓不亲展墓者十几年矣。今冬乃敢一往，无外患者必有内忧，盍释楚以为外患乎，呜乎痛哉。吴上舍梦兰遗孤其敏浼器儿匄遗稿题签，即书寄之。姚万年约饭已愆期矣。

午抵石牌，道中得旧识南纸店（三多轩，高第街）遍购楮墨之属（四金），报荪簃雅好也。入图馆索"一统志""府县志"等，一无所得，馆人告予曰："是亦畏祸，束之高阁矣。"传诸其人，岂其然乎。作家书，并束文具端州，使者甫行，交丑刻喈喈复至，仆不得车，废然而返。君子见几而作，不俟终日，古训具在，请事斯语。执友李雁晴捷足先登，道不孤行，德必有邻，草泽英雄，使君与操，鸡肋奚恋，鲸浪方张，桑下密谈，怀安非计。又颇有四方之志焉，席不暇暖，突不得黔，孔墨之栖栖皇皇原来如此，夫仲子亦犹行古之道也。

夜有客弈，饶晤玄理，存一局殿上卷。

1937年12月7日

晴。是日大雪，南中犹在冰点上三十余度，夜望新月殊肥，知月大建。

及晨，秣马厉食，知彼之来素不误期，皋比执鞭，已成惊弓之鸟。只传令及门，执经来舍问难质疑，不须仆仆往教矣。

上午展卧蓬蒿之上，阅《白香词谱》，辩上去不可移易诸声，忽思积记未清，今日之我非复昨日之我。警钟未解，冒险而归，几净窗明，群书咸在，探手可索，此乐或非爽邱氏所久有也。灯光弥可爱，婉谢弈侣，彻夜细书。

1937年12月8日

晴。

课不如额，警无失时，辰巳两次，半日始解。更无余勇，惧祸投荒，汝以毒来，我行我素。终朝作字，急不择音。卧榻之侧，掩土而安。惟理发浴身，不敢卜昼，惧夫奉刀之际，灌顶之间，群呼曰"来"，则将善刀而藏，俾祖以突乎。然而无有乎尔，则亦无有乎尔。锲人、牧童视之若无睹也，是又多识数字之为祟矣。

胡体乾坚索拙书，谓旦夕分飞，如闻謦欬，言之可悲，然安所得暇日哉，检所书《三字经》一册聊塞高情。夜弈益骎骎至于道，是亦有所激而后工乎。

1937年12月10日

戒早行，一饷恋梦。主人促起，马不及鞍。舍徒而车，趁明兴携行囊。镜潭扈跸，登东安安轮，无隙地矣。仅得片席，如登瀛舟，今日可不闻恶声之至也。过眼家山，怆怀落日。暂作迁地为良之计，非有逝将去汝之心。诚虑板荡神京，下民卒瘅。铜山西崩，洛钟东应。则返武城之馆，过言子之庐，不知何日，未能遣此耳。

连茵接席，无可谈者。舟中一片卖药声，厥疾不瘳。药将安用，计无所出。弈以为徒，其一人专心致志，微夫子吾谁与归。

1937 年 12 月 12 日

晴。

晨出访镜潭客馆，未晤。李雁晴柬来，云已偕胡筠岩赴梧州，或桂或港尚未定，然则曹部将空，省中相惊甚于昔者矣。偷活此间，博沽共隐，问如何过日，但即此是天（明季屠者徐五门联）。

1937 年 12 月 13 日

霓雾。有微雨旋止，温度在七十度上下。

走答镜潭。电台三出，始晤政出多门，所叩者误也。省中告警如桓例，邦之阢陧也滋甚（日下云：以巷战胜）。危邦不入，海外亦岂有桃源哉，独其心追弈人而从之。穷一日抄谱亦十六纸（二十七局）。夕袖谱归曾子，共坐茶肆看楚汉之战，记二名局归。军前死生不知多少。

1937 年 12 月 14 日

雾。

晨枕察卖报声，金陵告失，昨夕九时事也。

补记甫告段落，街邻里敌（永丰祥）传电言谢梅村、杜英珊、林星曹诸友在此，速予相见，不俟驾而行，至则醇核就列矣。速之以来，仍是不速之客，反馔受醪，酒香领受，大逊曩日。但聆里闬之琐事，温少狎之。陈言长相，谑庸何伤。不及三爵，伴食以终。

梅村幼慧，龀而工弈，夏日致予书附云："士别三日，棋闻骤高，殊未敢信，今日诘之，则见报言，尝胜某高手也。"所谓以告者，过也，然辞不获命，应以二局，以逸待劳。情见势绌，步伐既失，践踏随之，虽小道亦有义法在焉，突围者行自偾仆也。

诸子各自还乡，镜潭亦电话告行，畏行多岐，不欲登舟送客也。夜观弈。

1937年12月17日

　　雨霁间作。
　　日理乱谱，夜观剧棋，有客永谈（李寿熙），乡音未改。

1937年12月18日

　　晴。月色佳否，闹市人无所闻见。
　　报传广州有机夜袭而后知之，月朗星希，恶枭南飞，所为绕树三匝，无枝可栖者矣。惧滔滔之不归，或薪木之难保，而辱在边鄙，一夕数惊。终食之间，吐哺握发，为此徘徊瞻顾耳。警及于夜，阖境灭明，蛰缩黑城。不知何处吹芦管，长㧱①经天，五马渡江，亦已焉哉。坐有适自江汉逃归者，云夏口斗增口百余万，连营七百里。西报谓延及九省（九省者，北路晋、鲁、豫，中路江、浙、闽、皖、鄂，南路粤，已成斗棋式之大战耗矣。哀哉，乃以吾土地为棋枰也）。

【注释】
①㧱：混乱，相冲突。后作"悖"。

1937年12月20日

　　晴。
　　晨报归舟，柬何衍璿、李雁晴（梧州），又托林煜焜处分石牌行箧，天下事不可知，早报青市毁东人纱厂，午报羊盛传大鹏湾登陆，居民争避，港澳当道辞而避之，欲行不行，且住为佳。

1937年12月21日

　　晴霁，辰六十五度。
　　终日不下楼，殊非久计，起早行街邻，品物丰昌，士庶熙攘，军兴而后，相托避秦，大势所趋，或言此港亦不克萧然事外，记汴中土戏，奉命串张冀德大战尉迟恭，开场唱词云："你在唐朝我在汉，你苦苦打我所为那般。"去尉迟者唱云："拿人家的钱吃人家的饭，人家要怎干咱怎干。"佛曰："善哉。"（会稽告急。）……
　　归庄贪与诸谊侄夜话，小住十日，遂觉依依，君问归期，试思海珠潮高，尚容襜帷之暂驻乎，四更方下榻，悠悠我思。（柬寄室人告以行止。）

1937年12月22日

沉露。

是日冬至节，念家庙祭仪，趋跄无日，一生久客，惯以节日仆仆于行，质明在海之滨，趱"西安"夷船。甫得隅坐，林年侄特来追送，啜粥街头，卖报声喧，消息可想。

舟次晤同寅张锦宏，刺之外人觇国诸语，大要南中生事，以待来年。亦视扬子上游，张弛奚若，满江黯黪，天地为愁，群以天非其时，高飞敛翼。日加申泊西濠口，则闻长笛一声，甫报解警也。人之谋我环而攻之矣。

搭尖（北人谓寄旅即发曰：搭尖）明兴，立谈片语，得见衍璠速饮一柬。未晡趁校车入村，车中又闻报警，手挈行箧，欲行不前。天生德于予，安之可也。

抵舍，舍人竟言迁校议决矣。彼能往寇亦能往，先生将何之。曰"有桂平，在翌三日停课，员生以时集于梧州（南华酒店）"。西行不到之境，今日乃不能不问关以往，接淅而行也。既无倚间，为谁负米，辞曰往教，宁说逃生，冀穷寇之莫追，作困兽之犹斗。伐檀削迹，率野而歌，以视古人，何敢多让。从此天涯浪迹，安觅赏心。鹤市寻花，顿叹流风之尽；红羊浩劫，虚企旧业之存。及身名已厌时，何心更翻行稿。破关入室，于橐于囊。重劳奚童，捆以待载。念茫茫此行，衔泥何日。漫漫长夜，朝露有期。烧尽蜡炬之灰，惆怅春蚕之茧。流寓片晷，亦惜景光。中夜闻鸡，来朝走马。

1937年12月23日

重露。在石牌，旋闻机袭省城两次，早知潮有信也。夜宿明兴。

骊歌载道，弥爱此村，未到晓钟，犹是昨夕。念十年以前，本是翁仲蓬蒿之地，则转瞬无几。行见铜驼荆棘之中，天道好还，何多所怪，特岂若于身亲见之哉？鬼伯在门，鲽鱼不瞑。晨光微动，遣使入城。敝盖敝帷，虽未辄弃。并筐与筥，难尽乱书。读时既嫌其少，行时又讶其多，愁对百城，恨不早我十年读之耳。寅宾东作，走别及门诸子，勉以苦学。昔曾子固不以舟车废学，我侪当更不以离乱废其学，语焉未详，何处钟声又到矣，勉尽赠言，各奔前路。

……

昏黄出山，烟树历落。萧萧叶落，每念良朋。车过东山晤姚万年，则速我即行。北寻不见衍璠，托其夫人致意，松轩、子春诸子后会有期。比至明兴，宵橛二更矣。闻李雁晴、胡筠岩晡前寻晤晤更迭数次，留字告别。克夕西征，及河之干，在水一方矣。时难年荒，相见之难如此。得苏誃昨日书，悉近柬皆不达，肇城亦非乐土，东归西转，忐忑心心，即借笺复之。买舟不得，皇惑可知，里人共坐，至漏垂尽。

1937年12月24日

　　雾霾不解,夜宿有信。
　　五更即走江头,冀或攀登渡船,李仆守夜担簦以送,里人蔡且呼健儿扈从,逆知非三军之士,争舟不易也。沿河蛋娘舣舟揽客,云又一舰远泊鹅潭(广西轮),人弃我取,或者较易,扁舟一叶。我生已惯中流,客与趋者如膻。同是天涯,谁不如我。赖有健者,猱越而升。大索舟中,仅留片席,则相额手,以为幸事。扶掖越数小舟,乃跨绳梯,下临深渊,敢不畏栗,敬谢送者,曲肱而眠。舟客扶幼携老之境,与子衿耳语目成之态,亦相映以成趣也。
　　午过虎峡,素称负嵎,大好河山,自西汉迄今,所托以暂延国祚,重整成旅者屡矣。桂棹兰桨,扣舷而歌,香港青山,痛史犹在。
　　日加申抵有信,讶客来之速也。此别三日,舟中已去其二,所余一日,大半在报警中度生,不堪问眠食安否,海外小住为佳耳。人言家乡石米直二石蔗糖,昔时石糖直二石米,米贵糖贱,民生可知。家书来述纫秋之言,谓以后负誉士大夫里居愈不容易。不辨子意云何。
　　夜仍观弈庆云楼(别记),晤曾子展鸿。归又与林侄深谈,三更纳头便睡。

1937年12月25日

　　雾,香港温度较省中为高,海洋多潜热也。
　　一卧香江,醒来炊熟。恩物之惠,云是耶生(彼方言:Christmas),未觉霜寒,又惊岁晚。岭梅桐叶,自落自开。鼓腹含饴,其时在羲皇以上;扶杖观化,安往入乌托之邦。几多人作感怀诗,暂借此为居游地(乡先达丁雨生中丞自题揭阳寓园联语,联云:"居然钓水采山暂借此为居游地;看到桑田沧海几多人作感怀诗。"今园已废)。
　　攲枕探报,见杭州昨日电云:"钱塘江已实行封锁,义渡亦已停航,集船南岸,备调它处。义渡码头及杭州电厂水厂自我破坏,城中万户阒寂,路绝行人,西子湖上画舫笙舟亦尽沉水底。两日来雾霾四合,黯云欲雪,虽六桥三竺,烟水依然,但湖上无一叶扁舟,有三潭寂影,寒风萧飒,凄雨迷离。独南山朱梅,西泠古柏,与后先英雄丘垄遥相瞻对。景物荒凉,大非昔日。入夜全市黑暗,大地无光。曩以远东花园称于天下,今已成为死城矣。"
　　此亦一段吊今战场文也。报又云"石城之下歼者五万,荷戈者不与焉"。昔人有知,贵不如贱,寿不如夭,而未知生不如死,否者夫亦可以悟矣。作家书,柬苏谂。雁晴驰书告别。衍璠复书云护眷还乡。一任东西南北各分离,古道夕阳,无几相见。孔怀之叹,又当如何。

垂晡理谱，涉市寻弈。与方绍钦久谈，寻对三局（别存弈记）。夜归与故人陈澂廷叔子叔岩纵谈，四更方罢。

1937年12月26日

星期。晴。

会稽卒以乙酉失守，死难者倍于君子五千之数。今生物学家言"生是自然，死是当然"。然则尚何说之辞哉。……

夜思武进屠敬山年文骈文有赋香港一篇，身过闹市，泽以雅诂，文长三千言，字字典切，贫箧中惟携许氏《说文》、《庾子山集》及曾黄弈谱三种，无可寻奢者，今日之游不尽，纪之亦不尽也。

1937年12月27日

晴。

胶济之郊有军压境矣，青潍横击，腹背之患，濡首蹈尾，身其余几，稷下谈者云："不卜岁，然则军无见日之粮乎。"

月哉生魄，犹与李、胡二三子忍隐石牌，咏歌林渚，客曰："追新月霸然，上弦既肥，以后彼机之来，不惟卜昼矣。"及之望，客言殊验。《汉书·匈奴传》曰，匈奴"举事常随月，盛壮以攻战，月亏则退兵。"叨天之功，由来旧矣，故子山文（《周尔绵永碑》）云："兵防满月，战避迎云。"

1937年12月28日

晴雾间之，夜在"新海门"舟中渡南海。

晨报历城已失，胶岛岌岌，韩复榘等焦其土，退军泰安。呜乎！秦少恩哉，虞不腊矣，岂有百万义师，一朝卷甲，芟夷斩伐，如草木焉。既不受命又炫能，令阿房之炬，不待楚人（胶湾之火主之者某也），鹑首赐秦，天何此醉。

驿人报今日有轮"新海门"航汕，凭君传语二字"平安"，且告待命西行。心乎远游者亦可轻装来此相会，或者武溪不远，求数顷之田于伊颖之上耳。

午得大学公函，知因时事严重，由本月二十六日起暂行停课，迁校至广西桂平、贵县、郁林等地，二十七年一月十五日前请至梧州（南华酒店临时办事处），如因事未及即到，以后通讯桂平（中学黄振东）云。则尚有旬日休暇，仚①云"乡关尚可苟安"，乃浩然有归志矣。遂买舟东下，蔡际云、李寿熙相送登轮，至则榜人方鸣钲催棹，卒以申正拔锚展轮，舟轻殊簸，排水之线浮水面。及寻二客与棋，并不终局，兀坐舱侧，望洋兴叹。时有远焰熊熊四射，未必同舟皆敌国，居然我辈亦清流乎。

桂平贵县郁林（直隶州），清隶浔州府（在广西治西南九百五十里，东至梧州府藤县百九十里），秦时并属桂州郡地，汉为郁林郡地，桂平为布山县地。贵县在府西南一百四十里，古西瓯骆越之地，浔州左黔右郁，限以二江，山水奇秀（《郡志》），僻处山间，地瘠民贫（宋赵善志奏状），力耕为业，不产蚕丝，人物淳和，不事诡诈（《土风记》）。吴郡陆绩尝出守郁林郡，郡志称其著述不废，归无装，取石以重其船，人号郁林石。宋周敦颐曾流寓浔州，则犹有名宦胜流之迹焉。人物自汉养奋（和帝时举方正）以下闻于⊥^②国者亦鲜矣。猺獞狼犷诸苗蛮错壤而居，亦渐与民通婚姻。《嘉庆一统志》谓近有列青衿者，土产五金之外，纻布桂葵之属为多。吾以投荒结骋其辙迹，平添掌故，胜于卧游耳。

【注释】
①佥：古同"签"。
②⊥：古"上"字。

1938年1月24日

大学来函言理工两学院决迁大湾（郁南县属），以李家祠为临时办事处，法、农、医三院往罗定，文院往罗镜（二月十八日前报到，二十一日上课）。由省河舟西行，翌日到南江口（即罗定口），易大湾车（车费二元，约行一时四十分，上午七点、十点，下午十二点、二点）南行，过罗定至罗镜。按郁南原西宁县，在罗定州北一百二十里（《省志》据《一统志》），大湾在城东南三十里，大湾村汉时属端溪县治，万历五年置县，入民国去重名，为今形势为五岭西南一重镇，环阻溪洞，当东南两山之冲，夷獠相杂之地也。寻得桃源好避秦，校令亦云"不足为外人道也"。

1938年2月19日

晨雾有小雨，午晴。

人问何日启行，答曰看天时如何，天雨斯可以行也。畏首畏尾，身其余几，以此言哀哀可知矣。辰初蹶然而起，悉索行縢，萧然半肩，不外残冬所欲，随以西行长物。破毡秃笔，累汝相从，抚念去来，黯然自失，不令家人知予心苦也。

午抵汕头，买舟"海坛"（十八元二角）。访莞父小谈，梦秋来一面。榜人促行，不及数语，洎登舟则云："以旦朝发。"既来之则安之，叶舟泛海，往来非计。忽遇馆人刘钧衡（大埔），问以棋否，曰："固所愿也。"得来全不费工夫，他又何求哉？两马一车，周流尽夜之半。

1938年2月21日

晴。

薄明发香港，得榻而不得几，磐坐舷侧，长日惟消一局棋。一经手谈，万籁如寂，夷然为伍，若见天心。连日炮轰虎门要塞，亭午舟过山陕，容有戒心，安渡难关，天之生德。未正抵白鹅潭，舟客如鲫，穿窬拥窦，献身待检，无异累臣。历途则溢千里之遥，博禄不盈五斗之稍（彭泽五斗日奉也，考见《不其山馆日记》）。饥来驱我，臣本少不如人，而亲厚者且劝其释耒而嬉，真可为辍耕太息也。鹄立舟楼，狩狰关吏，无分陛楯，讵宽侏儒，行路之难，于今尤烈，壮游之好，豪客虚言。

申初乃背肩寄食明兴磁行，饭热酒温，弥易为食。李雁晴、林本侨留书相待，即雇车（泰康路华安旅店）访之。展转东西，仿徨江海，珠江既相失，期予梧州又不果来，李子迹至香港，而予则东归矣。乱离之际，一晤其难，危城之中，二人同心，互说平安，几为出涕。旋往小北门觅何子衍璠，夜犹未深。更多息鼓，残灯明灭。车子踟蹰，明知其室则迩，而岐路茫然，非复曩日不夜之天，而时可闻后庭之曲。下车冥访，卒及何庐，灶妇应门，问客何处，无多可语，留笺代言。

归下榻明兴，草寄家书，几上见苏筱投札，卷卷于予之不能安居。奚啻五里之徘徊，弥怵三春之迟莫①。迟（音稚）觌面于海曲，待吾子之须臾，还书将意而已。

【注释】

①莫：同"暮"。

1938年2月22日

晴。

晨往寻林、李二友，雁晴出《桂中纪事诗》盈卷，云以代日记也。学人之作，朴实鞭辟，而曲折入里，语极深醇，卒卒未克入录也。二君皆浼予同宿，勿返石牌。陈景汉又传黄作睿之言邀住荔枝湾赁宅，拜其雅意，犹豫未决。

李子偕往小北小石街访胡筠岩，载驰载驱，无时不在淫威之下。比日且以未明飞至，炮火激射，目见耳闻，谓之何哉。谈须句复同东走，思见姚万年刺探近讯，隆隆相逼，难以东行，乃折而西，阅市觅书。于第十甫萃古堂见旧刻《猥杂》，晤李沧萍，云此南海城楼藏书也。粤东指为故家主人曾钊（勉士），后归顺德温氏，今又散出觅主矣。检其签钤印识而信，为之一一过目首册，惜乎善本之遇人而不遇时也。市得安康董诏《说文测议》一册（一金），吴县顾莼《律赋必以》二册（四角），聊胜过门大嚼耳。又见南海邹伯奇（特夫）书联，其句云"不关痛痒赞无益，入木三分骂亦佳",书法潦草,亦不成对语,算学家不必工对仗,姑记存之(伯奇著作见《白芙堂丛书》)。

……

晡林、李二友招饮云桂楼,予为速何、卢二子以益之。偶别三月,小楼一夜,泸江风味,别有莼鲈,不觉痛饮低斟,拼此一醉。二更筵散,归与乡人琐谈。

1938 年 2 月 23 日

晴。

里人索书,箧无笔研,则杂取诸庸保以应之。馆于人者不能不应馆人之求,不复谈风格矣。姚万年来访,未晤。

晚约本侨、雁晴、筠璿、衍璿、卢辉诸子饮于颐苑茶居。秋风纨扇,弃捐勿复道矣。王谢堂前之燕,飞入何许人家。柳絮因风,天涯何处无芳草。何子必为,罗而致之,助群饮呼博之欢,亦既觏止。一现优昙,不知心恨谁,但见泪痕湿,我则何所容心哉(付酒资十千)。夜诸友皆观战集贤居弈室,二更后散。

1938 年 2 月 24 日

晴。

枕上已闻炮声,报载前日佛山之来遇艨艟三艘尾之不已,相去只二三十尺,是即予之乘舟也。有棋可弈,忘却一切。人云饱受虚惊,我则漫无所觉,岂不善哉。然是日又盛传"东安"遭炮击沉,满城风雨,予骤闻之,自知色变,同是天涯沦落人也,已而报来曰"东安"已抵步,以告者过也。

午无俚①独酌陶陶居,勉徇②宿约,暂时相与,不吝筌蹄③,改日榴花④,再寻浪迹耳。

阅汤稼堂《律赋⑤衡裁》,余论四十一则,法益密而意益乖,其在当年抡魁⑥妙手也。夜衍璿招集锦江春,枉道相过。雁晴、本侨并坐小肆,观予作书,傍晚偕行,晤理学院诸子。藏钩把盏,万事不如,为之狂嚼大饱。夜观弈集贤居。复入温泉浴室,抑搔剔抉备尝之矣。不惟涤去旧染之污也。

【注释】

①无俚:百无聊赖,没有寄托。

②徇:顺从,曲从。

③筌蹄:比喻达到目的的手段或工具。

④榴花:据《南史·夷貊传上·扶南国》,顿逊国有酒树似安石榴,采其花汁停瓮中,数日成酒。后以"榴花"雅称美酒。

⑤律赋:指有一定格律的赋体。其音韵谐和,对偶工整,于音律、押韵都有严

格规定。为唐宋以来科举考试所采用。后世便通称这类限制立意和韵脚的命题赋为"律赋"。

⑥抡魁：科举考试的第一名，亦指中选第一名。

1938年2月26日

晴。

晨赴文学院主试骈文，诸生尚能执笔，弥愧讲贯未尽心也。聚首既难，提耳①无自，于其纳卷之际，一一评阅，并令侍侧②，随笔改正，莫不心悦，以此稍弥吾愆③耳。夜观弈。

【注释】

①提耳：指恳切教导。
②侍侧：陪侍左右。
③愆：过错；罪过。

1938年2月27日

星期。晴。

阅《说文测议》。雁晴来访两次均未晤，留约以未正来，守至未终，不克待矣，呼车东归。过姚宅一面万年，携用具一二篋，晡抵石牌校舍。途次望天河飞机场创痕斑斑，可指数也。诸舍人出迎，予以为庭无人矣。不有居者，不蔚为牧竖之场乎。未寓人于我室支床破履，别来无恙。二月前匆匆别去，早不信不复来也。究竟田舍风光，窗明几净，此来为翌日试事。

凤夜在公，亦欲补八日来日记，惴惴然惧此事之遂废，世无痴人，决无异乎常人之事。所见友朋聪明多十倍于我，而所成事业消失于得过且过者亦多矣。故人须有看不破者在也。晡几无可得食，尚不至于画饼耳。

夜萧德藩来弈两局，专以单提马应之，自叹工夫殊浅。

1938年2月28日

晴。

天方未明，梦中闻候人击警，东山高卧，又托空言，但皆不若前此之周章。衣冠既整，而后下堂可也。旋见二机回翔头上，飞自天河邻境。校人稍安，远见东隼三五，掠东而北。睽睽众目，尉情胜无。既果我腹，趋入试场，轧轧不休，勉竣公事。

入室补记，激响又传，先以二三，继以七八，高可万尺，声鸣九皋，既往复来，乍上乍下。鹳鹆鹳鹆，往歌来哭。鸱鸮鸱鸮，取子毁巢。偷眼翻腾，遥瞻俯噬。急转斜下，浓烟蠢起。砰訇震谷，历落贯珠。铜山西崩，洛钟东应。地维既折，天柱亦倾。卒尽一日之长，不作三舍之避。指时日之曷丧，欲及汝而偕亡。或曰是又落天河机场也，夫晋楚亦惟天所授，岂必晋民之秉彝？好是懿德，必使封内尽东其亩，其毋乃非天之所命也乎？

《因树山馆日记》第十二册
（1938年3月1日—5月11日）

《因树山馆日记》第十二册·序

　　去羊城东门二十里许，有村曰"石牌"。迤北十里，曰"长浜"。户甫盈百，口劣千数。以负郭之乡，无缓带之夫。以耕以牧，顺帝之则。盖不自知歌于斯者，哭于斯者，卜世卜年之几何矣！天不变，道无不变。由今之道，有所谓国立大学者，其学之大，莫殚莫究；其道大觳，使人忧，使人悲。其为宫为坛也，方四十里，犹以为小也。于是乎，画地为牢，辟人而行。刍荛者不能往焉，雉兔者不能往焉。树十年之木，不如树百年之人。一家之哭，何如一路之哭。村民何知？帝力何有？古而无死，亦非君所有也。曾不念，贾珠不来，尉佗未立，瘴雨蛮烟之地，虬龙蛇蝎，爰处爰居，则亦噩噩浑浑，与世无尤。至于四时所滋蕃，土壤所盖藏，谁戕造化之生机，永为地利之鸿宝？维村之人，不我信也。曾几何时，又有援弓引缴而至者，卧榻之侧，竟不令人鼾睡也。我以饥躯，偶来赁庑。重衾未暖，早梦待温。寇从东方来，候人传警急。东山高卧，又托空言；北山移文，请回俗驾。四无人声，声在云间，翱翔东西，叫嚣尘盖。退飞疾于六鹢，欧爵猛于鸷鹯。瞥见天末，三五在东，至七至八，望尘而北。高可万尺，响激九皋。方逸而回，乍上乍下。鹡鸰鹡鸰，往歌来哭。鸱鸮鸱鸮，取子毁巢。偷眼鼓翼，高瞻俯噬。急转斜下，浓烟蠢起。砰訇震谷，历落贯珠。铜山西崩，洛钟东应。地维既折，天柱亦倾。肆虐尽一日之长，覆巢无一箭之远。共指时日之曷丧，真欲及汝而偕亡。夫晋楚亦惟天所授，岂必晋民之秉彝？好是懿德，必使封内尽东其亩，其毋乃非天之所命也乎！蒿目荆天，何心伏莽。阼阶久立，岩墙亦安。亡国之大夫，既不足以图存；知命之君子，岂越境而后免？遂亦结缨待命，免胄争先。勿谓处士，纯盗虚声。使知两间，犹存正气。危坐秉笔，不废治书。未尝不欲以此为村之民进一解也。而山下之夫，迄无释耒辍耕者。则又爽然自失矣。

　　序曰：《石牌见机记》。以记为叙云尔。

1938年3月1日

　　晴丽。

　　夜静，钟声丁冬可数。春眠觉晓，月落乌啼。已而缺瓯齐鸣，铿铿击鼓，天乎乃使吾侪小人不安衽席①也。曲踊②三百，仓卒更衣，剑及于户庭，履及于寝门③之外。桥霜无迹，店鸡犹声。红烛烧残，赤眉④劫后。急草书数通，寄家中，寄香港九龙。与子别后，凭君传语，隐忍再宿，附舟东迁，桑下浮屠，不作三宿之恋矣。方偶舍人，摩挲薪木，西有长庚，东有猊⑤隼，蜂虿有毒，而况国乎。挟丸轩鼍⑥，含沙射人，殷其雷在南山之阳，入此土室，莫敢或遑，则闻空际霹雳之声，上下交征，其实皆惟恐不伤人也。生斯世也，与蝼蚁何以异。百年梦幻，弹指灰尘，又何以云哉。吾党小子，趋而视之。刹那之间，皇皇然归，申其两拳，皆炸余残片。杀人以梃与刃，有以异呼？今之耆杀人者，不但率兽而食之，直葢⑦将聚而歼之。疮痍所在，其室则迩牛舍之旁，张某教授之宅也，去吾侪馆宫直不五百步耳。花朝月夕，钓游之所，彼又奚择焉，视公等皆俎上待亨之物。吾观居此危城之中者，皆有求于平原君者欤。震威未摄，余烬犹燃，接渐而行，不俟终日。其曰投鼠忌器，大学可以幸免者。是掩耳盗铃，借寇兵而赍盗粮⑧之论也。

开坛典试，辨难执经，犹见中道从容，好整以暇，留明日试题，攀车而遁。未午西抵磁肆与乡人处，呼酒而酣之。醉乡可期，遂亦栩栩然蝶也。走告雁晴、本侨，投束而返。即小肆危楼施筵支几，作《石牌见机记》。日入本侨、雁晴过访，同在明兴食狗肉，生来第一遭也，其味逼似乳羊而香腻有加。二更客别去，独往观弈，不过尔尔。夜睡口热，食狗肉之为效也。

【注释】
①衽席：借指太平安居的生活。
②曲踊：向上跳。
③寝门：泛指内室之门。寝，古同"寝"。
④赤眉：指新莽末以樊崇等为首的农民起义军。因以赤色涂眉为标志，故称。
⑤猊：也称"狻猊"，即狮子。
⑥轩鼍：飞举。
⑦葢：同"盖"。
⑧借寇兵而赍盗粮：比喻帮助自己的敌人增强力量。出自《荀子·大略》："非其人而教之，赍盗粮，借贼兵也。"

1938年3月2日

晴。

今日问如何过日，吾尚不知我也。旦昏之际声呜呜然，疾首蹙额而相告矣。居无何，气笛之冲愈急，逼人咄咄，敢以身试之乎？遂决计不入危邦，检点提囊，浼里人蔡维炎杂稠人中，登轮船（泰山）觅一席地，乘桴浮于海。道之不行也与？道之将行也与？席不暇暖，谓之何哉？

舟次晤曾、柳二君，作者七人，从之者如归市。安土重迁之隐贤者，犹是人情,夫谁无去乡之情哉?而去也,天而既厌周德矣,吾其能与许争乎?此意无人识,只有东风知。一饱无时,半日已过。朝饥如捣,昼寝为甘。东舟例以辰正行,午潮未高,日中乃发。虎门之箟无恙,不知遂安渡此关矣乎。垂莫望太平诸山,半罩岚气,负岩窟宅,竞放异光,斑列拟于星云空悬。疑入蜃市,机变之巧,欲夺天功。蒸民之生鲜,知物则客也。曾经沧海,除却巫山。一付诸过眼,烟云不复,念多情风月也。投有信庄头小愒。出寻弈坛,道遇曾展鸿,多闻弈人事,高手不显,杂坐而归。

1938年3月8日

露。

拂晓检点入村,其志又将以求食也。避世避地,既不可得;避色避言,迂阔甚。与乡人处,与上大夫言,如是而言。车中晓色未破,顾指无从,蹙蹙再来,更一文不值何消说。至则闻院令甫下:"每日到堂,须自署名。"去录囚者,所余无几矣,此李爱伯所为致书阎丹初,刘知几所为□□□□□①也。

今日课特多,皇皇如也。饭侣分爨,庖人归田。书不可炊,旰未得食,已成鲍瓜之系,何暇及溺之伤。鞍马秋风,无人调护,旧矣。只爱此间,尘氛尚远,白日既匿,青灯待温。往教之余,鼓勇为记,是吾职志也。

【注释】
①原文此处空5字。

1938年3月9日

连日春温(升至七十六度),敝裘已弃。晨雨急斗寒(降至五十九度),不胜料峭。又无卖食者,枵腹从公,濡及衣履,款门待启。吾其为东周乎,徒辈畏雨,及门不及半。谆谆诲尔,求其心焉所安已耳。

午报警二次,午梦不成,栖皇①窟室之前,投笔者数矣。武城之居,陈蔡之厄,先生将何之哉?

【注释】
①栖皇:同"栖遑"。忙碌不安,奔忙不定。

1938年3月10日

早衾生寒,晨起不及五十度。报言北地大雪,战士军前半死生,向戍之言不行也。课罢,独坐馆中改题,午退食。作家书并柬苏侄,有二客(李、廖)来攻局,以缓进之法御之,皆以赢二兵胜局(录稿一局)。偕张作人往看炸弹遗迹之二(共六弹),宽二丈深丈许,在竹林柏树间也,行谈横议久之。……

舍馆皮书悉数捆载,誓言将去女,不知何日重见汉威仪,兹事非可向壁而造也,仅条次其子目,并各附一例而未及其得失焉。

1938 年 3 月 11 日

晨小雨,终日重雾,冷度下于五十,南中寒天也。

既饗,往教途中丁冬告警。谋人之国,环而攻之。不问其得天时与否,是真无宁日也矣。适有车来,或曰盍去诸师也,父兄也,所以自为者则善矣。有课业在心,所谓危不以告也。

午投明兴肆,晤里人杨达三,则曰:"连日祁寒,士不堪命,黄河一冻,大事去矣,靖康汴梁之陷正坐此耳。"有心之言,如闻击磬(家书来)。村居几日矣,不得白饭,今日乃大饱也。……

雁晴方自香港来,匆匆一晤,旋又密告予以翌二日恐有大事,风谣方炽,从惠予以翌早同出港外。比来仆仆甚矣,非不欲往,征夫况瘁耳。夜深入梦,已当卧游。

1938 年 3 月 13 日

星期。黯黮如时局,何日开朗。坐待一饭而西,观一少年(梁)与卢辉列阵,卢让单马三战三北,即此已为弈坛罕见,局中自多佳着,记其二局东归村馆,免得诘朝戴星冒露也。局促兮夹室,夷犹兮支床。不见琴书,乃见狂且。幸来旧庖,知调斋斋。居夔三徙,不及萧斋。每念王室,但悲身世。

1938 年 3 月 14 日

瑟缩有加,授课终,补日记,午后渐豁,又有掠屋而过者。萧冠英来谈课事,刘钧衡来坐,客去作记订谱,投笔者再。夜冷,最低四十六度。

1938 年 3 月 15 日

晨风浏溧,重裘授书,聊作皋比之拥。日旰大雾,楚之君臣不得高卧矣。

午未入舍,百响齐鸣,疾趋安往,卒徐行而安之,诸舍人群攒居穴。任运委天,历炊许方蠕蠕出窦。求食居无,何又营营而至,或云四十余架也。

移书苏簃,慨乎言之,略云:"归来十日,稍戢恶声,今日放晴,又扬威赫赫矣，涸迹嚣隘之间，亦遂混混忘之。村居寥旷，上无遁形。候人传烽，皆成瓮鳖。日无五斗，知其不可而为之。月攘一鸡，以待来年而后已乎。读书不成，而去学棋，则又飞鸿在心。举棋不定，貌是棘地。何惜余生，俯仰无端，行自笑也。"

港报（《循环日报》）言：周（德裕）、钟（珍）对局三日，首二夕均和，第三夕周先胜，当有佳谱，作柬曾展鸿索之，并抄寄近谱一局质之。

缓响遥传，鹰鹯已逸，复见天日，还我河山，便觉举步皆宽，此间可爱。倚窗纵诵唐人诸赋，低徊曲折，即此是雅颂之声。

报载本月香港寒暄最高八十四度，最低四十七度。忆丙辰五年上元日在武汉之滨，一日之间从八十四度递变至四十四度，可作南中一年观也。夜有月窥窗，无人邀月，素心千里，残照半床。

1938 年 3 月 17 日

晴雾相间，晨五十七度。

拂晓返村，不及蓐食，勉完额课，亭午脱归，吾甚矣惫。慨然于安眠饱食，真是第一等福分事，庖人夜发痁疾，午炊又无着落，亦运而已矣。只求让我斜陈一榻，便栩栩然有濠濮之思。而急铃频传，出走者至于再至于三。荧荧斯记，可为不绝如缕也矣。曾涤老云："求如姚先生之聪明早达，太平寿考，从容跻于古之作者，卒不可得。结庐宽带，邈若山河，平不哀哉。"

下午寂然无声，可以伏案，居然偷得浮生半日闲，殊拜天之惠我不浅。

1938 年 3 月 18 日

晴。

春眠不觉晓，恁处吹到钟声一丁二当。隆中人依旧高卧，曾不反侧，繁声急撞，坎坎伐心。瞿然曰："吁，寇又从唐家湾来哉。"天下无道则隐，大隐者其在金门乎？杂抽旅具，未整衣冠，趋守校车，往投嚣市。固为避地，亦为充枵，粗饭一瓯，二日来又成画饼也。里中子弟，待予弥厚，孑身传食，不以为泰。

亭午遇诸弈徒茶肆，殊爱此中多乐趣，更于何事学忘机。日之夕矣，牛羊下来，君车既远，我马自归。近小人之居，湫隘器尘，在所不计，其夜蛋袭之。

1938 年 3 月 19 日

晴。晴黟间作，丝雨润之，而告警之声不断。方食，守陴者发炮隆隆，非能驭空，不能守土。

久不得与文学之徒寻章摘句，念蠖居亦非安宅。四郊交绥之际，不废弦诵之歌，适子之馆，行吾之道。商贾盈途，市虎无惊。咿哑管弦，粤讴盈耳。饿鹰当头，视若无有，南荒虬结之民，夷然自有不易轻犯之概，在胜清定鼎之后，传祚二君，犹复称师负隅，前仆后继，君子于以多田岛之死士，愧洛邑之顽民也乎。

入讲坛讲贯北江（《出关与毕侍郎笺》）、会稽（《答陈迈夫书》）及旧作（《石牌村中与妇书》）三首，俾知文辞之美，功在洗练，抚弦动曲，殊移人情。及门中有以讲解稍缓请者，予曰："相见不易，吾党之小子不知所以裁之，非历诸作不克尽其异同之故，遂不自知操之太急耳。"诸生似有神会处。敝舌焦唇，竟得一乐。退公晤古公愚，半年未一见也，贻以《行卷》一册而别。

1938年3月20日

星期。晨黢雨，只可夹衣，决无机可乘，入山为安，待车东门，滂沱大雨，行者敛迹，车空不能，自行兀坐，车中默背庚文，忽忽不知已越径穿林，逸兴文情与之俱远。及村大霁，旋又四合，当轩面圃，对卷怀人，赴洛离家，所以兴怀其叹一也。发家书。董绍良来投刺，未晤。寄书长不达，况乃未休兵。比来知好音问疏阔甚矣，苏谂前旬一书，十日乃达，但揭大学转折遂多，一庭之内，一官之间，气候不齐，云泥路隔有如此者。

初更有同舍人信步山麓，笑言宴宴，此禾本应自有，今亦属难得。

1938年3月21日

是日春分，晨盛黢，五十七度。食时成雾，午有霁象，日昳复霡，微雨间之（胡筠岩入村来访）。

清晨毕课，独坐山楼，尔有遐心，亦徜徉于此尔。此地有新篁稚柏，可庇荫尔。有支床败几，可憩息尔。有翁仲铜驼（秦阮翁仲，南海人，身长一丈三尺，始皇使守临洮，声振匈奴，翁仲死，铜铸其象置咸阳宫司马门外），可庄严尔。有壁书①贝编（《酉阳杂俎》："佛经旧用贝多叶书，故称贝编"），可浸淫尔。有原壤孺悲，可师友尔。有荒冢陈骨，可忏悔尔。沟渎潺潺，可洒尔耳。凿石历历，可砺尔齿。孤梧童童，可张尔盖。牝鸡喈喈，可醒悦尔梦。又有稍廪稰禄，以养尔廉。有七十三千，以卫尔道。有雷空殷崩声，可发尔凌霄之概。有车马邻萧声（车辚辚，马萧萧。字作辚。然《秦风》："有车邻邻。"），可慰尔四方之志。干旄在野，载驰载驱。五岳来归，穿床可坐。风吹柳下，雾滴桐间。东鸿可西，秋心不冷。

【注释】

①壁书：亦称"壁中书""壁经"。汉代发现于孔子宅壁中藏书。

1938年3月22日

晨重黔，未御雨具，立桐阴斯须，翛然意远。馆课日重，大叩小鸣，洎午未完，乃公事也。阴云蔽亏，时雨凌厉。流沙坠瀑，沟浍皆盈。笠屐不来，衿袜尽湿。砾釜告罄，粝饭不充。不意我以哺啜来，是区区者而不予畀也。故谚有之曰："饱食不如饱睡，昼寝甘之。"

温《资治通鉴》晋武帝诸卷（卷七十九至八十二），奇字古诂，未及考记。夜梦家中各事，历历在目，归家我比杜陵难（侯乙符句），谅哉。

1938年3月23日

重阴。

连日在七十度上下，南中正春茂也。课后思入图馆借书。校人催考最急于催租。评乙洁量，又消半日，邻村花好，游屐来迟。荃谘柬有云："病后窗前，异葩盛放，凉飙入牖，幽鸟离巢，如此闹麈，竟不知春已在人间也。"

午方与舍人饭，佥说数日霓蘴，偷安旦夕。予曰："久违雅教，殊切怀思。"语未终而鞶鞈之声又警告矣，几欲落荒而逃。旋又解铃息警，回环佳毕（《尔雅·释器》："简，谓之毕"），恍聆清磬鸣球，且云："白雪之音，绿水之节，高山仰止，欲罢不能，借甚高风，徒劳味道耳。"此真空谷之跫然者矣。……

夜未昏，同寀①五六人，恣敖槃涧之阿②。楚语齐讴，相引为乐。个中之趣，自非知者。如何可言，唯诺都俞③，相望终古已耳。野行未止，山雨欲来。拂拭轻尘，沾溉④飘袂。徐步安之，眼前路皆尔尔也。入室弈徒二人来，息心三局，未发一言。退而省之，寸心得失。虽克自知，而进退之故。尚有未了然者，它日以问弈工而后记之，而更亦已深矣。洪北江云（《与孙季逑书》）："又或放情于博弈之趣，毕命于花鸟之妍，劳瘁既同岁月共尽，若此皆巧者之失也。"夜或秉烛驱役，魂梦若为，今吾咨諆⑤道之。

【注释】

①同寀：同僚。

②阿：泛指山。

③俞：文言叹词。犹言"然"。表示应答或肯首。

④沾溉：比喻使人受益。

⑤諆：谋划。

1938 年 3 月 24 日

晨六十六度。重黔不解，天际有乌云而已。

馆课如额，免于逋播①，今日又添一课。亭午始蔽其辜②，挟策负书，筋力为礼，吾庐无恙，余怀信芳，勉谋飧饔，虔披《通鉴》。

【注释】

①逋播：指逃亡。

②蔽辜：犹抵罪。

1938 年 3 月 25 日

晨卜晴，共料恶声之必至，辞曰授徒，戒行之具粗备矣。毕一课而传至，趱车西出，及明兴肆犹及饔饭，怵思离乱，藜藿皆甘，何曾日食万钱。子劭日食二万，伯蔚亦自叹及身而已，后嗣其殆乎。不谓我生之中已及见，如干亲故，不堪回首。当食而思，亦泰过矣。……

归肆与里人流连丙夜，枕上闻雨雷声，如倾河倒海，亦北方所无者。

1938 年 3 月 26 日

黔。

警中以小车往旧贡院都讲①二课，论庾子山文宗，举《黄君墓碑》示诸生，则有索阅日记者，箧中不携一册矣，然非入室者亦不轻示之也。今晨起已三竿。倒屣②而出，归已午正一刻，勺水未入口，里友鬻糜羹饷之，拜而受飧，居然便便矣。苏諆书来云"杨铁老罹病（小肠热），卧医院榻上，尚殷殷以著述为念，属函问尊见，其所著书（《二徐说文同异校补》）续作与否，将俟一言而定，老人精力，殊令后生愧死"云云。弥不胜东南硕果之爱也，二徐改古信今，为罪为功，迄未论定。唐本《说文》略余《木部》，劣二百文，许君原文仅时时见于《淮南古注》《经典释文》及《一切经音义》等书。西爪东鳞③，流沙坠简④。既伤予生之已晚，益钦铁老之余勇。聚古今之众諴⑤，鞠是非于一堂（《战国策》："事败而好鞠之。"注：鞠，穷也）。津逮⑥方来，不在禹下。然犹未敢以私意径复之，有负良友矣。书中又援爱伯先睡心后睡眼之言，日治书夜治睡，并吾儒分内功夫。自分此层尚有见得到处，改日当辞而出之（依段氏当用词字）。

【注释】

①都讲：古代寺院讲经时所设之职掌。即为"都讲"者，须负责发问，俾使听众容易理解文义。

②倒屣：古人家居，脱鞋席地而坐。客人来到，因急于出迎，以致把鞋穿倒。
③西爪东鳞：原指画龙时龙的身体体被云遮住，只是东边画一片龙鳞，西边露一只龙爪，不见龙的全身。比喻零星片段的事物。
④流沙坠简：指散佚而残缺不全的典籍。
⑤谳：案件，如谳牍（判案的案卷）。
⑥津逮：比喻引导（后学）。

1938年3月27日

星期。黟。

入村与否，听天而定。企受一饭，乃徂东山，而冥冥之中已有辘辘者在，非不欲往，畏我善邻。御风而行，实逼处此，以与我粤民争此空也。未见弹影，可闻枪声。彼机之来，我炮临之。并不知命在何时，则亦与安之若素。言女禀云："夷然视之，不过点缀空中景物而已。"所为姑作壮语耳。无可如何，丁丁然消受一日，得陈景汉一对局，今日易局无虑十数，此其可存者也（附卷末）。

缓钟解严，日之夕矣。东归无车，横欹一阕。总对里人下盲棋一局（不临枰以口呼之），丙夜一点，里人烹牛牲之属助饮，是又人间所不经食者，而粤人之侧，无轻弃之凡材也，馆胶岛日，尝令家厨市以饷客，客有谑者曰："牛之性犹人之性与。"（方言谓之牛鞭，然则可应之曰："虽鞭之长不及马腹乎"）。

1938年3月28日

晴。

凌晨返视馆课，六鹢①退飞过宋郊。师徒弦诵不辍，是又司机者所未如之何也。已垂午未进食，得饼充之。

阅报，屡燹名城，自焦其土，浩浩万劫，不堪卒读。记晋张方劫惠帝，迁都长安，军人妻略后宫分争府藏，割流苏武帐为马帴（毛晃曰："流苏，盘线绘绣之球。"苏犹须也。又散貌）。魏晋以来，蓄积扫地无遗。方将焚宗庙宫室，以绝人返顾之心。卢志曰："董卓无道，焚烧洛阳。怨毒之声，百年犹存。何为袭之？"以方之愆戾，犹钠其言。天既厌周德矣乎？

石头曰："中华民国维新政府者（上海电）：以今日告类闽省府令，五月一日起，全省男子一律穿短装为原则，旧制长衣准穿至二十九年底（中央社福州电）。"夫不有怨其身之不达，迁咎于祖父坟茔者乎，然尚未闻自掘之而自毁之也。如知其非义，斯速已矣。昔王尼谓人曰："伯蔚（何曾子，绥字）居乱世而矜豪，乃尔其能免乎。"且曰："伯蔚比闻我言，自己死矣而不及永嘉之末也。"

夜有二客来弈，不终。

【注释】
①鹞：鹞鸟，此处指日本飞机。

1938年3月29日

晴。

是日罢馆课，得少暇日。爰有树檀，婆娑其下。藉田如何，近在辇毂。子能往寇亦能往。伫挹远风，足将行而趑趄①。斥候②扬旐③，太白经天矣。……

是日目击十六隼北飞南返，于其来也，袖《通鉴》一册遁于丛薄之际。攀柏入穴，进退有据，遂觉天下事非不可为。

录《华字报》一则，路透社廿八日伦敦电云：《孟者士打卫人报》今日著论日军谋打通津浦线，已有三个月之久。今南北两路之日军仍被华军隔断，日军在津浦路作战显遭惨败。日军全部作战计划全望此次能打通津浦路成功，故彼等死里求生拼命挣扎。一切精锐部队已调上前线，但卒未能击破华军之坚厚防线。同时其自身地位亦常被中国游击队困扰。中国各路军队改守为攻而获大成功者，以此为初次。日军作战久无进步，国内人民已渐觉悟前途之危险，各报亦微显露政府欲设法缩小战区之意。但今已太迟，其军阀将局部冲突事件弄成两国大战，使两国无从妥协，非战到底不止，但现在去战争终局尚远云。此亦近三月来春秋也。

残照苍茫，孤筇偃蹇④。鸡埘牛舍，可以栖迟。灯下为衍璿校谱，幽谢杂客。人有不及，可以情恕；非意相干，可以理遣。卫玠所以终身不见喜愠之色也。

【注释】
①趑趄：亦作"越且"。想前进又不敢前进的样子。
②斥候：古代的侦察兵。
③旐：上绘交龙并有铃铛的旗子。
④偃蹇：犹困顿。

1938年3月30日

晴霭，夜行多岸帻者。(《通鉴》九十二卷："刘隗岸帻大言。"胡注："岸帻，帻微脱额也。")

毕课归途中，营营慧星，三五在天。上穷碧落下及黄泉，犹吾大夫崔子也，吾将安往哉。落在田间，何处非首邱之地。风景不殊，举目有天渊之异耳。读《通鉴》（五卷），勒升其扣事（八十九卷）。

盘中何所有，门外看夕阳。平畴晚风，引人入胜。偕二三子登彼北邙，暧暧野人之村，阁阁春蛙之声。聆舍人言皖北江东离乱消息，黯然慨永嘉胡马之乱，行道靡靡，中心摇摇，比归莫矣。阅报载吴铁城挽阵亡殉难士民联云：

或为猿鹤，或为沙虫，有如先轸孤忠，壤甲赴戎师而死；
孰无妻儿，孰无父母，敢忘夫差故事，呼门记越国之仇。
呜乎！此所谓"冤霜夏零，喷泉秋沸；忠臣解骨，君子吞声"之会也。夜校局。

1938年3月31日

晴。

定计旦日浮海，寻春无尽。孤负韶光九十也，姑复撞一日钟。日中未食，谋我者早已四更造饭而来矣。家常便饭，又胡足记。

午果腹明兴肆。翻柜头陈刺，李雁晴、林本侨、萧鸣籁并曾过我，陈达夫自苍梧来函。遭时之乱，相见之难，书意黯然，况近佳节。雁晴投以诗简，更多恨别哀时之作。节存一二，以代纪事。

《丁丑除夕宿南江口舟中》云：
舣舟江口夜，细雨岁正除。呼僮市鸡黍，把酒联裙裾。滩声挟蛮语，灯影绘清娱。敲棋论军旅，欹枕梦莼鲈。达观齐物我，浪迹易亲疏。干戈何时息，归守旧田庐。

《送胡筠岩返桂林》云：
自君家桂林，君归我孤寂。我有离乡思，君乡更难即。极目送车尘，但见远山碧。

《别桂平》云：
夜别浔州地，凄凉若野僧。洗愁惟有酒，煎虑忽无灯。故事听流火，征途怵履冰。萝松留后约，清梦绕行縢。

晡登添男茶肆见弈工展艺。三等手朱剑钊限二等手黄汉二先六十着杀局，不能则以负论，记存二局（别录），亦得未曾有也。托卢辉致衍璿弈谱三册。夜蠖居小肆，阅《通鉴》不盈一卷。（托许纯青汇国币三百金入宏信庄。）

1938年4月6日

晴。

言偃之庐，弦歌未歇。曾参之居，薪木依然。讲贯既完，遂及我私。薄浣我衣，薄理我发。危坐终日，补记万言。惟恶声之来，不能不自引，深藏岩穴耳。

夜贻书内子，盛陈战绩，学则少而易能，思则老而逾好，过庭书谱，突获我心，以见王亦能军，予何畏彼哉。

夜群舍人聚弈，等于刀锯之余。自视亦无术以亨小鲜，不必相期以宁济海内，皆庚翼所谓"此辈宜束之高阁，俟天下太平，然后徐议其任"之类也。郭璞自知其命尽于日中，赵揽预言石虎宫中有变，精于术而死于术，择术不可不慎者如是夫。

中夜闻鸡不成寐，燃炬读《通鉴》。

1938年4月7日

晴。食时七十五度，只堪单衣。

午完课有徒问所业，传警已急，不终告也。归途已迫在头上，窜身土室，从先生者七十人。砰然十余响，草木震动，山谷共鸣。投石落弹，近在肘腋①矣。比入室又安然可读书，天下事不过如此，读《通鉴》。

夜偕饭侣周游村园，多西行未到之地。绿竹猗猗，有水弥弥。花明柳暗，一亭翼然，校人传刘义亭，乃今见亭后有碑记刘义事。日落月初，未能手抚而读之。中日中法之战，外御其侮。辟雍泮②侧，犹遗野炮二尊，传为义当日磨田用兵之所。后之作者，式而过之可也。亭榭之间，夕风习习。上弦清景，掩映成三，而有遐心，未能遣此。行歌互答，时读我书。

【注释】
①肘腋：比喻切近之地。
②泮：古代天子诸侯举行宴会或作为学官的宫殿。

1938年4月8日

晴。食时七十六度，春已深矣。春分以后，上巳以前，新绿坌①生，杂花交发时也。头白可期，蹋青无侣。聚徒而课，钟声乱之。仓皇辞殿，局脊②呼天。东以车来，与之俱西。辇③下道左，创坑累累。半间古庙，一龛弥陀。栋折梁崩，塑像不完。御者指告曰："此昨午坠弹之所也，歼厥二人，一蛇殉焉。"地之相去，不及寻常，凌轹④千秋灰尘，一旦淫机以逞，谁则无罪哉？
……

李雁晴来言，冷摊上有铁老署名送予之词稿，然则流落人间者不知尚有何书，黯哉奚也。姚伯鹏、万年昆弟来访，伯鹏留久谈。丙夜杨达三设馔，辅以麦酒甘之，又苦蟹。

【注释】
①坌：涌出。
②局脊：踢脊，踢踏。谨慎小心貌。

③辇：古时用人拉或推的车。
④凌轹：欺压；压倒。

1938年4月9日

晴煦，只堪单衣。

报台儿庄大捷，俘馘①各以万计。军兴九月，以今而言，津浦线为两军必争之局，徐州遂系一线之安危。台儿庄在其东北，踞运河北岸，为津浦陇海两线之生死关头，军民腾欢可知也。中夜酒后入睡，爆竹震耳，人送急报及于床笫，曰济南克复矣（实仅及商埠）。

午在警报中往授北江文三首，声出金石，一乐也。晤文院同人，多色喜者。闻胜勿喜，闻败勿馁，默祷国运，如日方升。午晤衍璠，茶肆共坐良久，所为论定各局，莫非精到之言。晡欲挟予饭于颐苑。天涯何处，不欲往也。里人共弈，分食意甚得以谈，余尽《通鉴》三卷。（得一局饶陈景汉一马，附卷末。）

【注释】

①馘：古代战争割取敌人的左耳，用以计数报功。

1938年4月10日

星期。晴。

早起略览书史，比以避险，托命西陲。三日以来，荼①毒市肆。西亦险也，不可以居，遂浩然有东归之志。边上举燧②，市楼应钟，且住为佳，少安毋躁。深巷屏迹之中，飞蝗蔽天。鸣枪四起，已过腊鼓③，谁复除年？童子闻声，伸首阈④外。纵非刻舟求剑，已如坐井观天。然犹目击手指，或相三四，或相五六。射弹星集，恶隼霄凌，几命中者屡矣。又告飘然高引，寇祸深眉睫，何地可为，性命忍须臾也。

午鬻正陈⑤，举肴罢咽，历时炊许。烽烟稍纾，已有传言，西广华街大利工厂，制衣之所，落然弹一，毙女工百余，伤者数百耗矣。哀哉！提携褓负，畏其不寿，何恩生之？何咎杀之？粥粥诸殇，国人其能勿殇乎！检李华之旧楮，当有吊今工场之文，摅汪生之哀思，更无《哀盐船文》之序。文章遇合，已无足数。天道恢远，弥不可知，王室其如毁矣，鲂鱼赪尾，亦命也夫。

日落入村，阅曾展鸿来书，几经转折矣。书言对于象艺，向主公开，以求精进。与公志同道合，故一见倾心，此中大有宿缘也（附来近局评语，交石光瑛君转，尚未见。又谢侠逊寄示诗联一纸，实不如觇我数谱也）。夜补日记。

【注释】

①荼：一种苦菜。比喻苦难。

②举燧：燃起告警烽烟。
③腊鼓：古人于腊日或腊前一日击鼓驱疫，因有是名。
④阈：门槛。
⑤陈：排列，摆设。

1938年4月11日

晴。莫春三月，华南草长，蔚然有首夏清和之象。而举头见隼，楚幕有乌。静察炽氛，经年难了。已非分辩是非之日，都到挤争生死关头。师直为壮，曲者为老。两军相遇，哀者胜矣。昔有恒言，今岂殊古。铤而走险，急无能择耳。港《工商报》载长沙昨午二十七飞轰湖南大学清华大学六十余弹，陨难者二十余人，耗损二百万。念万物莫非刍狗，科学乃成刀剑，亦为之哑然失笑。其不然者而畏首畏尾，身其余几哉。又念翩彼飞鸮，集于泮林，食我桑葚，怀我好音。恶鸣之鸟，犹餐佳果而改鸣。跖跛氏珪知衔崔逞之浪谑（《通鉴》百十卷：珪……以逞为侮慢心，衔之），此何以云哉。

比夕月明星稀，大惧乌鹊南飞也，戒①阍人守夜，枕戈待旦。

【注释】

①戒：通"诫"。告诫。

1938年4月12日

晴丽。长沙之役闻于国中，师徒动色相告，顾不能先去，以为民望也。今日尚无掠空过境者，日昳乃毕额课。……

晡方食，有机声甚迫，未聆报警，应非谋我者，而女奚大呼曰："机来矣。"停杯投箸，奋袂而兴。窜投深岩，不及十武，而满天飞跃，跂望即逝，非敌也。我也低才数百尺，国徽旳①然，来自北山，填兹南粤，不图今日见此英姿。或抃手以迎之，或屈指而数之（十九架云），有备遂无患乎。鳃鳃然揣南中自此多事也。风雨二崤，陈蔡十日，买山无计，入海路赊②。与张作人小步涧滨，商榷避地。以董爽秋卜宅龙岩洞，可以暇日，轻装往归之。夜诵读如常时。

【注释】

①旳：古同"的"。
②赊：遥远。

1938年4月13日

晴。晨七十四度。

毕课，闻人言北南机息翼西南机场，近在牖下，逆料日内必有剧棋。盖棋劫①之势已成（《通鉴》一百四卷彭超曰："为征南棋劫之势。"胡注："围棋者攻其右而敌手应之，则击其左取之，谓之劫。"），背水之师方阵也。

禺中返于舍馆，斥候报钟。俄顷之间，我机振翼掠经屋角，翔于九皋。每三机为一小队，三小队为一队，卬首蠹空，二队横斜，声闻于天，外御其侮。已而枭獍②越国，公嗾夫獒，寡人处南海，固料君之必莅吾地也。既处不共戴天之下，敢负必报不谷之言。与君周旋，则对曰唯左执弓弭，右执囊鞬，一飞冲天，一鸣惊人，高下在心，左右咸宜。或奋击以冲霄，或穷踪于海峤，博浪之椎一击，却高之鼓不鸣。三机俱焚，群黎皆跃，我亦一机罹难，技师张伞，仅以身免。又一技师李某殉焉，坠骨农场③。亲见华元之免胄，何啻孟明之誓师。珥笔有期，爱书可券。柳塘春意漫，花坞夕阳迟（严维句）。绝好天容，睹此时局，亦命矣夫。……

自食时至中晡（胡注："日加申为晡中，晡正申时也，申末为下晡。"），严始解，下晡又有掠境而过者。月上与张作人二三子（作人言民国十年尝在东，言听予演讲，不足道也），夷犹草际，俯仰云端，犹虑今宵，寝不安席。记唐末韦端己长安清明诗云"早是伤心梦雨天，可堪芳草正芊芊"。结云"游人记得升平事，暗喜风光似昔年"。惜抱（《五七言今体诗钞》）评云："伤乱而作此故佳，若正序承平而为，是语则无味矣。"而予所怅触④者又别有在也。月明如水，可读书。

【注释】

①棋劫：围棋的劫争，亦用以喻争战。
②枭獍：亦作"枭镜"。旧说枭为恶鸟，生而食母；獍为恶兽，生而食父。
③农场：指当年国立中山大学农学院农场，现为华南农业大学校内农场。
④怅触：感触，触犯，触动。

1938年4月14日

晴。薄阴，食时七十七度。港报载钟周之战，后四局得先者皆胜，钟第四局之负也，弱着迭出，卒不克胜周（局评存《香港观弈记》）。夜月蒙眬。

晨报来，言昨日空战落敌机八，我伤者二而不伤人，队长黄新瑞微伤入医院，不及殉难者，其讳言之邪？夫死者尤国之雄也。闻飞队已北返，午乃闻警，高空有声，穴居避之。（晚报言飞将军李焜荣、吴伯钧陨难。）

夜读。

1938年4月15日

阴。晨七十七度，有初夏意。

课罢日中而戹，既竭吾力。有旧徒来问书翰之法，子张尚学干禄，于我徒也何诛。诲人无方，深为先生愧之。

家书来。荪谂柬来问安居，此事正难言也，逾午逃穴者三，把管不定，燕淮十六州之父老又将如何，手倦意阑，裁书不具。

夜与诸舍人散步山麓，密云欲雨，不敢远猎，盘游于畋。硕人在涧，相与掇京朝之旧话，骋儿时之琐谈。洛咏燕谈，后生拾为掌故；桑间鸟语，谛听皆成和声。则亦天涯之暂欢，田间之幽味也。灯下尽《晋纪》三卷。

1938年4月16日

晴。午七十七度。夜月如盘，三更尤净。淡云旋郁，四更无光。

特戒庖人，早为之面酪湩①一器，习为故常。速张（作人）、李（俊白）登高，效桓景避难之意（谣言：今明二日，大袭羊市）。辰三刻犹未成列，而海上传警已起帆唐家湾（中山县属），羊市汽笛急鸣，校钟闻而响应。若为性命，不能再忍须臾矣。例以来复五日入市授文学院馆课，今日只可请急②（《通鉴》请假概作请急）。

村落投荒，驱彼北邙。有村曰龙眼洞，同寅淮人董爽秋教谕营居于村野，田可二十亩，环以篱笆，署曰佩园。园中桑竹梅杏、韭蔬鸡鸭之属略备，洼土成沼，架柯为亭。盈寸小鱼，以数百计。种植隙地，知留半弓。草草一椽，大资容膝。校官卜宅，已冠尘寰。村外约一箭之遥，城嚣无三舍之隔。矧在恶袭市之秋，得于荒野间。请吾子之须臾，不待方丈食前，已享暂时清福。主人杀鸡，中馈为黍。且有尊酒，助君野味。即此是濠濮之赏，何事作鼎钟之思哉。遂聆霄空，迥③殊凡响。彼以机来，我以炮搏。上天入地，大珠小珠。今日所闻机关枪之发者尤密，正不知珠崖何处，又殃及池鱼几许。

洎威稍戢，主客共游。由野而村，环峦涉渚，穷所谓洞者安在。曰粤人之所谓洞，乃系旷野之意，非必有深岩幽壑矣。一村尽樊姓，已无士族者存。长者传闻多言清祚甫定之年，阖村顽抗者历有岁月。清师既克而屠之励④，余兄妹二命，自成眷属。蕃息⑤及千，顾今亦以吴孟子讳之也。事关一王之政，邑志既不可修，已在百年以前，口碑亦止。于是低徊凭吊，对兹山环谷抱之地，魋结⑥舌驮⑦之民，庶⑧其保不可臣侮之气，常留于草茅⑨之间者乎。"仗义半从屠狗辈，负心多是读书人"（明季屠者徐五楹联），所见者少，岂不然哉。既醉而睡，一醒已暝色苍然。主妇治飧，极尽东道之谊。

畏行多露，东月欲浮。李生荷戟为王前驱，张子并肩高歌弹铗。抵舍下晡矣。几上有石教授（槱谦）复书，附曾展公评谱十二局，琳琅珠玑，机锋百出，读而忘寝，而灯火管制之。三更下榻，皓魄浸窗，一年明月此宵多。

中夜觉有踵门者入室搴帷矣。作人云："市报警，可起而衣也。"语未已，校钟已鸣，视漏丙夜未尽。噫嘻！人之谋我，宵旰之勤如此哉。襆被于肩，瑟缩穴口。李仆来归，尚知将护。支床草际，与作人共之。明月松间，自相淹照，揽兹清景，乃以逃命来也，伤哉。四更解警，乃占半夕之安。维时阴云氤氲，不复见月。机行不利，折而投巢欤。"箕好风，毕好雨"，非所知矣。

【注释】

① 湩：乳汁。
② 请急：请假。急，古代休假名。
③ 逈：古同"迥"。
④ 励：古同"厉"。
⑤ 蕃息：滋生，繁衍。
⑥ 魋结：亦作"魋髻"。结成椎形的髻。
⑦ 驶：同"快"。
⑧ 庶：但愿，或许。
⑨ 草茅：指民间，多与"朝廷"相对。

1938年4月17日

星期。晨薄阴，午稍霁，二更月明，宵云翳之。（马荦飞文孙信职将乃祖名刺来谒。）

辨色看天，云烟过眼。夜来虚警，托庇天时。亭午放晴，事其殆矣，果也命尽。日中庖人方爨，如闻末命①，曳匕而奔。灶婢学官，入则同穴。回旋搏击，隳突②叫嚣，自东而西，自南而北。不敢以目，耳辨之如目睹也。察声寻响，当祸市城。激炮连珠，皆从西至。历时四刻，盘旋不舍。方眷西顾，不但过境已也。已而登楼四望，浓烟蠡起。其雷殷殷，北山之南。城北环区无幸焉矣。哀我人斯，天胡此醉。此亦曰天意，则不必有人道之存矣。

忧心悄悄，西首皇皇。客从城来，相聚问讯。或曰："小北仓边路等处落十余弹，殀数十人，伤三倍之，圮屋数十，断肢残体，迤路多是，伤心哉，不必秦与汉也。"

专郑铭往明兴取钱及用物葵扇之属，莫归，所言略同。然里人方迟予不至，欲以车迓云。

竟日校录展鸿评谱，汇入《香港观弈记》，聊以自娱，并无好事者可以传之。入夜有戒心。屡窥窗月，冀其不明。

【注释】
①末命：泛指临终时的遗教。
②豗突：冲撞，破坏，横行，骚扰。

1938年4月19日

晴霭，东南风紧，不雨苦旱。（报言昨午小北门之难，死者过百，伤三百余。）

心念北城诸友，走①李仆往视胡筠岩、何衍璿、林本侨、李雁晴诸子（复石楸谦函），尤以筠岩所住小石街为可虑。仆来悉雁晴已赴香港，嗟余未能一行。本侨函云："筠岩适在贡院上课，免受大惊。"休沐之期，诲人不倦，宜天之相，吉人也。

晨勉上一课，归舍为安，而远钟又告警矣。不如遁身荒谷，避彼弋人。畏天之威，覆车可鉴。惟是入山未深，入林已密。荒榛蔓草，既少人行。蜂虿蝎蛇，实生草泽。属者苦于少雨，食叶虫虫满枝。填谷废垒之口，一蛇当道，盘要②熟睡，修③可盈仞，夫谁使子与若辈④争履此土也。块⑤坐路旁，稍读《通鉴》。牧童驱犊，迭和书声，遂亦于此忘机⑥矣。

午食吐哺者再。如此渡生，殊不寂寞。……

昔者仲任阅市，远出荒郊（《后汉书》："王充……上虞人……家贫无书，尝游洛阳市肆，阅所卖书……遂博通众流百家之言"），今宜官妙篆，无烦削札（卫恒《四体书序》曰："师宜官……矜其能，每书，辄削焚其札"），钟昏磬夕，伴我良多。夜读《宋纪》。

【注释】
①走：往来。如走脚（跑腿）。
②要：古同"腰"。
③修：长，高。
④若辈：你们。
⑤块：孤独；孑然。
⑥忘机：消除机巧之心。常用以指甘于淡泊，与世无争。

1938年4月19日

多翳。日昳欲雨不成，东南风大作。百物失润，大似高秋。午七十九度。

晨读罢乃往教课，谣言犹炽。警报来，与吴荫甫北走，匿于荔果园中，班荆而谈。傍午又归授一课，不胜脚力矣。

午睡未酣，天高风急，袖书窜谷，一卷可完。南北朝对峙，中原之民播迁略尽，时人多言见局亦非三二年可了。东民西徙者应有一千六百万人。《通鉴·宋纪》

（一百二十六卷）云："魏人几破南兖、徐、衮、豫、青、冀六州，杀伤不可胜计，丁壮者即加斩戮，婴儿贯于槊上盘舞以为戏，所过郡县赤地无遗，春燕归巢于林木……"呜乎！王谢堂前之燕，且欲飞入寻常百姓家而不可得，悠悠黄河，吾其济乎。……

前传云历城克复，事及其边鄙而已。而台儿庄之役，外报至比之滑铁卢之战，且云东军增五十万，我军倍之，东战场将有震古大战也。

初更坐植树亭下，风云变色。披襟当之，祷雨不来，行则无禾，岁且洊①饥，民不堪命。二客相从，倚谈为适。夜读至乙夜三点。

【注释】

①洊：古同"荐"。再。

1938年4月21日

晨重黩不雨，蒸郁①欲绝。未午已超八十度，毕二课，汗涔涔②下。返室更衣，当户望云。洄洑③交流，风飘潮涌。一声长笛，又有袭我者挟弹而来。嘻，异哉。天变亦不足畏邪？相戒昼寝，与作人共坐听事，偶语④斋头⑤。已而狂风满楼，雷电交作。惊蛰已过，谷雨克期。四时行焉，万物生焉。予醉欲眠，天何言哉？乃作人入告云："人从市来，竟有弹落西濠口，适雷殷电，时也其然。"岂其然⑥乎。急电询明兴里人，其邻无恙，时方大雨，未知户外事云。比晚知人言謷也。《晋书》云："乐广赐客，酒杯中有蛇，既而疾，广意厅壁角弓影。复置酒，客顿愈。"此《鼠璞》（宋戴埴撰）所以云"大率奇事易失实"。虎石蛇弓不止一例矣。

夜弈别存谱。

【注释】

①蒸郁：闷热。

②涔涔：形容泪、血、汗等液体不断流出或渗出貌。

③洄洑：亦作"洄洑"。湍急回旋的流水。

④偶语：相聚议论或窃窃私语。

⑤斋头：指书斋。

⑥其然：犹言如此。

1938年4月22日

朝甚雨，炊许沛然旁流，园农额手。未午雨止，昃霁。

馆课特忙，泥涂而往，邹县①弟子知管仲晏子而已矣。春风在林，时雨及物，藐是群卉，莫不食德②而饮和。而道术授受之师，若徒乃冥顽不灵，叫嚣函文，虽视之同于化外③，亦不免内自咎矣。午毕所课，以漫天云雨，人必不利于飞，可安然入市，过诸友一叙契阔④，自我不见，于今半月也。

抵明兴，杨达三沽酒市脯，犒劳有加，诸乡人并云："旧雨不来，东车相迕矣。"登添男楼，粤东弈人大率在焉。赵坤曰："此间衮衮，舍一二人外，皆非子敌也。"记朱剑钊与客弈二局。晤衍瑢云："十三日小北门之烈弹，其室则迩不能十丈，幸时适外出耳。"危机四伏，晨夕不保。秋草朝露，乐子之无知。大夫所为咏苌楚⑤之诗也。

晡有嘉肴，乡音满室。一杯在手，消愁更愁。处江湖之远，不胜庙堂之忧；虽燕安之时，无殊积薪之上。群情恟恟，予羽谯谯。伤无力于奋飞，如作茧以自缚。东望海上，一苇可杭⑥，曾不崇朝，抱关有责。或劝其赁庑沙地与洋人居，无所取材，只自溷⑦耳。彻宵星朗，一邑花开。邻之厚君之薄也，救扶之不暇，而暇问花事哉。诘朝不雨，不出走香港则入寻幽谷耳，不能寄生芸芸之中，措⑧吾躯于赫赫之下也。

【注释】

①邹县：现在称为邹城，简称"邹"，古称"邹鲁圣地"，位于山东西南部，是思想家、教育家孟子的诞生地，素有"孔孟桑梓之邦，文化发祥之地"之美誉。

②食德：谓享受先人的德泽。

③化外：指政令教化所达不到的地方。

④契阔：久别的情怀。

⑤苌楚：即阳桃。《诗经·国风·桧风·隰有苌楚》："隰有苌楚，猗傩其枝。"描写不堪忍受生活的忧患和压迫，向往草木的无忧无虑，无牵无挂。

⑥杭：古同"航"，渡河。

⑦溷：苟且过活，混日子。

⑧措：放置，安放。

1938年4月23日

晴。（家书来，即于报端复之。）

质明蹶起，适彼乐郊，东门之下，候车返谷。今日本有文院之课，以此讲学，如居武城，心所谓危。今我往矣，舍馆未定。边燧已传，二人同心。张子与我，各袖一卷。施于中林，蛇影鸟声。时来相侣，不知残春。尚在人间否，此焉盘谷。待李愿归来，且读且行。谁讪①会稽之翁子，不耕而食，敢笑罾岁之孙休，挹慧地雕龙之镂钵②（彦和出家改名慧地，见《南史》本传）。赏河间三豕之校雠，可为"风归丽则，辞翦黄神"者矣。

亭午可以归，与人在中途。声犹在耳，进退维谷，俯仰皆非。伏莽数丛，其声弥近。回驾岩穴，绝尘而奔。巨响激自西南，余威震于东北。地维为折，天柱亦倾，又不知断送生民几许。吾其能与许争乎？民欲与之偕亡矣。

日旰求食，仆迎以归，明兴电言："殃及河南（珠江之南群曰河南）。"庆父未除，鲁酒虽薄。即此过日，何计忧天。甫饭又以警，告脚力不任矣。舁床夹书，横陈洞口，居然睡去，或误为羲皇上人。昏时可以消摇林下，折巾宽带行也，婆婆又传市谣，期以旦日摧毁学府。准言者无罪，闻者足戒之条，尤以迁地为良，不能安于室矣。

夜对饶可将二局存。

【注释】

① 讪：讥笑。

② 鈦：长针。

1938 年 4 月 24 日

星期。晨黔蒸，八十三度，午雨晡尤急，夹衣不暖，七十二度，宿龙眼洞。

相约早行，不立岩墙之下。盥佩未备，钟鼓交鸣。衽席不安，邅①云休沐。张子作人，辞楼偕亡。维时方指辰正初刻耳。君子见机而作，虽云不俟终日，然不亦疲于奔命也乎。度长浜村诣龙眼，犉鸣于岗，妇馌于野，藉田方忙，催耕盈耳。种瓜得瓜，种豆得豆，各尽地利，无违农时。举世间一切事功勋业，只此学稼学圃，乃应天顺人第一等事业。吾侪侈谈学理，蔚为文章，其所以异于市上之买空卖空者，能有几希。利科学以杀人，假哲学以泯性，大宙之乱所以终无已时也。

行可十里，方及藩篱，珮园主人，逆卜有客。盖云无师旷之聪，闻警跸②而知君等之必至也。手栽园果，木瓜甘蕉，屋角杝③边，薄言采之。以此待客，奚啻珍羞④，语次时艰，凄然荆棘。燕云十六州之父老，冤霜夏零；辽卫五百里之畿郊，愤泉秋沸。董爽秋、康辛元二子辞尤激发，诠次⑤一则，昭谂⑥来兹⑦：

天津张伯苓，自清末助严范孙文编修，修成南开中学，士论归之民国，三四年间增设大学，今为私立大学之最有声者。去年（丁丑）七月卢沟桥事起，南开大学蒙机弹之毁，独酷张氏四十年一手经营之业。遭邦之难，一旦灰尘，举世惜之。其爱子回祜习飞术归国，今春江阴轰沉陆奥舰之役，又死焉。先是意大利机师某尝教授国中，旋奉命客东，助纣为虐。既俘国人之及其门者，待以殊礼，乃悉以彼之航机之秘密告焉。我机知其信号，如此遂谬为敌机，绕陆奥舰者三匝，陆奥舰者，彼四巨舰之一也。既示以不疑，复东飞吴淞，投假弹以坚之，返而集于舰上，一机奋下，人机俱毁，犹未中要害也。后机继之，卒沉巨鳌，忠而忘家，张公子有焉。闻张氏面当宁者曰："我一生之事业与送老之爱子，皆尽献国家矣。"呜乎烈哉！

……

如是夫过午，时雨绵绵，袁子来弈。凡十余战，不悉记矣。垂晡阴霡，葛衣不耐。主妇启笥，挟纩⑧奇温。志在必归，道阻且长。尊酒家常，盘飧市远。野村况味，饫人良多。听雨苑庐，悠然意远。

【注释】
①遑：闲暇。
②警跸：帝王出行时清道，禁止行人来往。
③柂：古通"篱"。篱笆。
④珍羞：亦作"珍馐"。珍奇贵重的食物。
⑤诠次：选择和编排。
⑥谂：规谏。
⑦来兹：泛指今后。
⑧挟纩：披着绵衣。亦以喻受人抚慰而感到温暖。

1938年4月25日

霁。

天方未明，假寐待旦，亦有喔喔轹釜①之声，灶下人豫为朝，将视朝者早炊也。蹑②作人起而冠履，不待面谢居停（见《宋史·丁谓传》），悄然启关，驾言就道。看山雨后，听鸟枝头。沟塍潺潺，松槚苍苍。并欣欣以向荣，独墨墨以为怀。虚墓③劳人，相望终古。

辰初抵舍，加午退食。追天之尤阴雨，力讲程课，溉以史实，是亦教诲之而已矣。午不胜筋力之惫，偃仰北窗，自校新谱，而钟声又乱之，获罪于天，无所逃也乎。

夜有舍人共坐，邻舍生隙突，叩彻屋宇，谁谓此是大学之道乎。

【注释】
①轹釜：见"轹釜待炊"，形容生活艰难，出自《吕季臣诗序》。
②蹑：踩，踏。
③虚墓：虚墓是空的坟墓。谓预先筑好以待葬的墓室。

1938年4月26日

黔霉。晨七十一度，昏时小雨如丝，夜凉，洎晓始知雨湿庭除。

馆课特繁，午归，呼馆舍之纪纲者而呵之，诘其尚能纪之纲之否？唯唯引去，居然肃清群丑，寂然无蠢动者，但令守在四夷，大可读书也。忍能对面为盗贼，但觉高歌有鬼神（亡友陈师曾所集杜句）。惜不得于金人瑞，赌说快事，时扪虱陈之。

张逊之旋来小谈，度有所闻矣。复蔡际云书，定购中华书局《辞海》一部，直七金。晨入图馆浏藏籍，晤杜定友约夜饭，丙寅、丁卯与陈达夫共爨旧校之友也。温《文心雕龙》一卷。……

晡走茶山下，饭于杜庐，十二年不见矣。主人扑美酒，调酱面，拳拳有加，为尽数杯。款谈至二更，归途山色如墨，无烛不行。入室邀唐某对三局并佳，从此别为《畤厂①坐隐集》，自记佳局，以今夕言之，要不落二等手下也。

【注释】

①厂：同"盦"。

1938年4月28日

晴。亭午重黔。闻黄埔有落弹声，作人来假①五十金，始用腰扇障日（语见《南齐纪》）。

课毕倦卧一榻，缓钟除警，始知在戒严中授课，可为谆谆焉耳矣。本日《国华报》市报载警察局调查三月份户口（《齐书》曰"黄籍"），户二十二万一千六百七十三口中，八十九万三百二十五（男口：五〇五六七七。女口：三八四六四八）。中日战事损失统计，据经济专家估计，自八一三沪战起截至本年一月止，中国约一百四十万万，日约六十万万，内计中国军事消耗约廿万万，房屋财产约四十万万，工商损失就税收短绌约四十万万。日军事约三十万万，军用财产十万万，房屋机器十万万，工商业损失约十万万云。……

午有投刺，署甘肃张生，自青岛间关来见，因知河北近日情状。蔡内侄来勾书。夜弈存三局。

【注释】

①假：通"叚"。借，兼指借出和借入。

1938年5月1日

星期。晴间黔，午霁，自理臣须，六一句云："休把青铜照双鬓，君谟今已白刁骚①。"如此种种，予何能为。

比来早睡，苦不能熟，今晨日半竿矣。钟昏大鸣，奋袂而起，视漏指辰初一刻，念昨夕董爽秋走使招往村庐渡日，此时命驾，䎃字载途矣。皇遽进面酪，更衣未整，嗷嗷戾天，舍之东偏，蛟窟无恙。未营菟裘以将老，亦赋大隧于庄姜。等于自扪自埋，敢云盖天盖厚。目于眢井②，画地为牢。譬彼溺人，仰天西笑。

淮人吴生荫甫，崎岖蒙笼，相从谈艺。难得佳士，不觉晷移。……

大半长日，看小字本《通鉴》，目力竭矣，遂感停食，灯后以弈息劳，弈无深入处，中夜不睡，屡起订谱。

【注释】

①刁骚：头发稀落貌。

②眢井：废井，无水的井。

1938年5月2日

　　颇苦热，晨八十度，午八十五度。午避机袭，举燧立逃，又苦客扰，屏息北堂之下，天人之际概可知矣。……

　　夜有剧棋，妙得新法（存别录），中夜不睡，苦热屡起，今夕始簟，无已①移之就地，地砖其凉，乃遇走虱，明攻暗袭，体无完肤，《淮南》云（《说林训》）："大夏既成，燕雀相贺；汤沐既具，虮虱相吊。"兹非其时也，四更卧听雨声，爽然若失。

【注释】

①无已：不得已。

1938年5月3日

　　雨过麦油，萧然垄畔，弥望久之。今雨不来，旧雨如何。迨天之犹阴雨，颇有鸣驺出谷之思。讲贯甫终，公车载道。人闻市乐，则出门向西而笑。青莲诗云："十年罢西笑，览镜如秋霜。"自我不西亦已十日，春夏易序，人天俱杳，镜鸾①慵②览，刀环自抚（范泰《诗序》："昔罽宾国王获一鸾鸟，三年不鸣，其夫人曰：'尝闻鸟见其类而后鸣，何不悬镜以照之。'王从其言，鸾睹影，悲鸣哀响，冲天一奋而绝"），顾国家于我已矣。车敝③马羸，老兵弱卒，舍此它去，谁与为欢。

　　午投明兴，乡音未改，进粥数合，易衣以行。言指茶居，弈工半在，快然相与，胜于廊庙衣冠也。携迻来记谱，恣人指评，或推之或敲之，得失之故，如指诸掌。记得卢辉、朱剑钊二局。下晡饭乡人处，既旨且嘉，陶然魏土。

　　夜卢辉、何衍璿伉俪过予磁肆，为眉批《香港观弈记》如干则，莫不精到绝伦。寻与卢辉弈一局，予惯执后手，旁有帮腔者，衍璿曰："对一等手而执后手，有一着不入一等棋着，无有不败，而此皆非恒人所能循。"信也。二更客去。铎三复设馔治酒，酣宴至夜深，五木五兵，各从所好，坐有涉言索书者，应响如环，予羞以笔墨与世相见素矣，今夕只许谈风月也。

【注释】

①镜鸾：镜中之鸾鸟，亦指镜子。

②慵：困倦，懒得动。

③敝：破旧，坏。

1938年5月4日

　　晨黲，八十一度。港报：上月共得日光二百零五小时，温度最低六十一度（四月一日），最高八十五度九（十七日）。

凌晨东归，将往教之，不闻来学也。今日之事，徒为政①于徒乎，何讥。还见林本侨刺云："专访是诚，交臂之失也。"裁简复之。

午食传烽，不遽登楼，栖息北堂，泠然善也。已而果来，鹰瞰尘表②，终食之间，蛰穴者四次，尺蠖之屈以求伸乎。荃谂被书，刺询机宜。东鸿欲西，南溟③未靖。烽火三月，一书万金。恨别感时，倒不如，今还又。警解堂空，就听事栏前，看远山，读《通鉴》，领略此间幽处，一年不能得几回也。

【注释】
①政：匡正。
②尘表：世外，世俗之外。
③南溟：指南边的大海。

1938年5月5日

晨八十二度，午薰风解愠。日下春，飘风欲来，海雨先至。初更后风雨益狂，二更息。报载汕头有风为灾，恐害稼也。正风雨时，肃坐胡床。风虎云龙，盈山充谷。楼台多少，气象万千。

早胡筠岩来访，适课未晤。午避烽自穴，已成循例。荃谂书来，为笺答之。读史。

1938年5月7日

晴。颇苦热，二更有大雨，热未全解。石光瑛（楙谦）文学来，未晤。

二旬不为文学之徒讲肆矣。晨沐浴冠履，乘舆已驾。空氛不靖，举足趑趄①。君所为轻身以就兹馆者，以为贤乎。立庭阶聆辘轳之声稍远，今吾往矣。

晤公愚、萧鸣籁、吴康诸文学，相与道旧，曰一回相见一回好，人生能得几时老，并不胜怃然②也。方登讲坐，李雁晴为购得《常州骈体文录（附结一宦文）》（光绪十六年广州初印本，八册直三金有半），思之三年矣，诸生并见之，则语之曰："此有清一代，常州一州四十七家丽文也，而洪氏父子居其三焉。惠氏父子、苏氏父子并洪家而三矣。"雁晴又于冷摊中拾得《抱香词室》一卷，杨铁老所签贻者，不知何故流落人间。太守不德，致令合浦之珠播迁交趾也欤。是日为诸生讲《哀学篇》，亦兰成江南之哀也。此篇作于乙亥莫秋，逆知中国之祸，有必至载籍南迁，辞馆引去，心所谓危不俟终日，夫子曰："赐不幸言而中，是使赐多言也。"自诵曩篇，犹为宛结。

午粥于磁肆，旋往添男楼晤何衍璚，假予梁江枫《象棋比赛汇刊》。附姚邑吴梅圣《新梅花谱》一册，前年还粤所已见者，岂曰探讨已尽，茶余睡初，资为良侣尔。诸名手不常对局，今日见苏钧霖、朱创钊分枰抗礼，欣为存谱，得四局并佳（入别录）。

夜宿明兴，棋酒茗谈，致不落寞。暑盛多汗，又屡袭于蚊虱，令人思归耳。

【注释】

①越趄：亦作"趑且"，形容疑惧不决，犹豫观望。

②怃然：怅然失意貌。

1938 年 5 月 8 日

星期。晨阴有小雨，午晴，夜见月。早起阻雨，浩然欲归。补日记毕，午饭无同牢者。

与唐秋光对五局，今日休沐也，晚酌后又对二局，分先全胜，比来较有悟入处。夜寝恍惚，壬申夏月息影胶岛寓庐时，浮李沈瓜，同乘共载。醒来念三年不见，东山犹叹其远。况乃过之思何可支，万里尚非无涯，矧乎不违颜咫尺，而此面终古，此分宵①九逝。刘孝绰之所怆怀②流水不韪③，王子渊因而兴感也。"孤云去去，三五在东，后此还云，知又何日。"

【注释】

①分宵：半夜。

②怆怀：悲伤。

③不韪：不是；过错。

1938 年 5 月 10 日

晴。宵晨其凉，三易寝衣，晨六十八度。

昧爽，钟声不解事，无故到枕边，非先生鼾睡时也，盥佩未周，已闻诡响。倒屣引去，深藏岩穴。但聆高射炮之声，如此渡日亦已惯矣。就馆课草①，退食已午，扑麦酒自劳，饱尝酣睡，遂忘此境尚在戒趋中也。……

方飱，空中作响，室外掌声应之，知有国机入境也，已而三五成群，低飞环跃。三三为队计，为队计三。民具尔瞻，王赫斯怒，毋滋它族，实逼处此，以与我争此空也。然而明月渐圆，江潮告涨，卜昼卜夜，皆无宁日矣乎。

初更三刻，山月弥明。有客对枰，丝丝入扣。佳局难得，胜会不常。一阵未终，边烽已举。早在山人一算之中，念横舍所在，间于白云、天河两机场。近水楼台，池鱼可虑。杖蕢而去，荒垒是问。榛莽蛇蝎，不暇计及矣。二更之后，蹑屩言归，空魄正中，室火有禁。与张作人坐廊下，话至夜分。我机敛翼，而严未解，要不能守旦矣。

1938年5月11日

晴。夜月多明。

枕上听机声几满天空，料今日有一场恶战也，未敢贪睡，起焉而又假寐，以待质明。视立于庭中者，胥色然而喜。举头见明月，不见汉家旗。此空之非我有者久矣。

勉毕二课，归以俟命。日加巳而警作，众机奋起，将灭此而朝食①也。午解警，不果战。微闻惠阳、思明二州以去日告急，维桑与梓②其免矣乎。

已下晡昏时，坐隐历一时。甫完一局，下子如杀字，欲于安中求险，险中求安，所为敛手沉吟，撚须③冥索④也。芜城月净，鼓角声喧，又是机来，众灯齐灭，溷投兔窟，静聆鸮音。砰砰十余弹落西南隅，反映有光，余震及阃⑤，一场苦劫，星河自横。燃炬订谱，见跋乃息。

【注释】

①灭此而朝食："灭此朝食"，形容急于消灭敌人的心情和必胜的信心。出自《左传·成公二年》齐侯曰："余姑翦灭此而朝食。"

②桑与梓：桑树和梓树，意指家乡。

③撚须：同"捻须"。

④冥索：潜心探究。

⑤阃：在两扇门中间竖立的短木。

《因树山馆日记》第十三册

（1938年5月12日—6月15日）

《因树山馆日记》第十三册·序

  维子之居，容膝而足。维子之啄，极于满腹。维子之生，百年能几。维子之知，一粟何似。蚊虫嚼血，便便待死。春蚕饫叶，长眠而已。猛虎得食，饱焉如醉。鄙夫暴富，多行自毙。乃谋国者，人满为辞。不安岛栖，爰谋陆居。芾不蔽膝，何事宽裾？席之不织，而驾安车？而又见夫有八荒乎？鸿濛带衿，缠纬骈垡。娲石未补，禹樏不暨。曰纮①何穷？曰裔何至？曰埏何缘？曰极何洎？弃其国俗，中风狂走。吞象以蛇，掩天只手。飞蝗戾空，欧爵为数。淫威横流，孛星如帚。生也何恩，杀之何咎？天道宁论，帝力何有？螽蚕有毒，困兽犹斗。而共戴天，而忍其诟。使巷出貀，桁出犬鸡。后羿可作，夸父非迷。虽出于东，而没于西。泉沸霜零，风苦日凄。寇也能往，我亦能往。指不若人，知所以养。惟楚有材，辇金异壤。必有勇夫，岂吝重赏。举头见日，即此是天。惊回阵雁，气夺饥鸢。凭御空下瞰，掉翮高骞。投鞭泚水，纪功燕然。我生不辰，逢天亶怒。一枝无时，遂初罢赋。孝标四异，颜驷三遇。栖皇道左，艰难天步。大义噩噩，微言浑浑。心焉是宅，众妙之门。风之泱泱，鹑之奔奔。人之无良，我恶乎思存！

  序曰：《石牌见机记（二）》。又以记为叙云尔。

【注释】

  ①纮：通"宏"。宏大。

1938年5月12日

  晴。初更翳①，二更又明。

  晨往讲坛，未及阶②而戒警，相率入穴，出而复入者三，虽曰见惯，已是当头，何止岩墙之下也。报来言（《越华报》）："昨日机队四批先后出海，沿海搜索，毁两舰三机并各仓库。"午传言今日弹落旧校西偏（德政路）。危机四伏，难乎武城③之居矣。诎④护洞中，尽日阅《大梅山馆集》，复得一乐。……

  发家书。初更步月，浮云翳之，冀今夕可安枕也。入室抄谱，未二更而警作，穴居以临之。思思明州与岭东接壤，不无可虑，谕儿辈权宜处理之。作人来阅近日文篇。

【注释】
①翳：晦暗不明。
②阶：阶梯。
③武城：指正在战争的地方。
④诎：通"屈"。弯曲。

1938年5月13日

晴。多霁。家书来言："大雨，水骤涨，农人浚外砂堤一角，疏注之。"夜月翳，东风殊紧。

早课未完，疏钟间作。比日之警，令人怵心。虽有逝将去汝①之思，难为接淅而行之举。月试年考，转瞬即是。为日苦短，所虑弥长。午入馆检所忘书，匆卒②逃出。夜有客共坐，膏灯猝息，不令人顷刻安居矣。其间校谱自娱。百年劳梦，瞬息灰尘。谁通邑名山，无须强作自解之语也。

【注释】
①逝将去汝：诀别之辞。
②匆卒：见"匆猝"。匆促。

1938年5月14日

霁。初进荔枝。

质明起而冠佩，趯早朝公车，偷眼徂东山。晤姚万年，刺问近事，以决行止。苏谂期以昨日入省，闻晋之乱，临河而返，自念城市之安远逊村落。文院之课，难绾①寸心，翻然言归，为笺报之。

比来牖下月光，屡讶寇袭。涧边竹响，辄诧警来。竟风月之皆非，而江山多不可问矣。读《通鉴》。

校谱达夕，夜已分，月分外明，不敢即安，虑有扰梦者，然竟无恙。

【注释】
①绾：挽，牵；控制。

1938年5月15日

星期。晴。卯刻未中，已有踊跃用兵者，而能安席乎？每念王室，噫呜袁安，吾行何之，苍茫传变。终日移录梁江枫所选《华南名谱别汇》一卷，聊纾抑塞之思。有警即逃，不足纪数。

昏黄，与作人、荫圃诸子相羊①北阜南浦之间，亦闻呜呜，以为我王车马之声也。见舍中人出室奔穴，始知妙音发于空际。向例不以月未东上而来，是真环而攻之矣。幸去洞未远，窜伏其间，二更分乃悄然入室，人言报有载"虎门封锁者为之举棋不定"，不知先生何以久凥②此危城之中而不去也。

【注释】

①羊：同"详"。
②凥：古同"居"。

1938年5月16日

晴。晨八十三度。

鼙鼓①声中抽讲二课，等是元城病留，未能微服避桓魋之厄，敢待黄巾下拜，欲以弹琴解匡简之围乎。发寄快函，属儿辈随宜处理。荃谂柬来，言不果行，深以居此危邦为虑，是亦我不可去，汝不果来。启箧而视，纵无传书，充几而陈，讵少汗简，又不任传人，难必写定无人之惧耳。

午蛰穴中者皆伏地不敢声，以盘旋上下者适临下土，闻急响之机音，必有动地之激裂，不在白云而在萧墙之下也。天意竟如此，且尽杯中物。麦酒一尊，不成醉耳。

晚工学院友黄秉哲、胡慕瑗柬招市饮，不敢往也，折简谢之。呼庖人略备小酌，与同席张、吴、周（庸）、江（兆云）、何（观洲）、李（俊白）、辛权作天涯之欢，亦尽共槽之乐。粢②盛未腆③，情意拳拳。瓶之罄矣，继之以歌，令人目想神游于鲜鱼口、天桥、大栅栏等处民丰物昌时也。坐散已二更鼓，约唐秋先下三局。炳烛覆视，步伐不乏可议，谱之佳恶吾自得之。三更独倚栏看月，信乎所谓卫叔宝之渡江，苍茫交集。王长史之登山，怅眺极多者矣。（《滕王阁赋》）

【注释】

①鼙鼓：是古代军队中用的小鼓，汉以后亦名骑鼓，古代乐队也用。
②粢：特指祭祀用的谷物。
③腆：丰厚。

1938年5月20日

雨。

侵晨坐路隅看报，枝梧其词，卜彭城（今徐州）非我有矣。

买车东门，枯坐车中，居然睡去。昨夕之倦甚矣惫，是日又特忙。手不停披于群徒之作，口不辍讲于百家之荟①。日之方中，退食自公。薄酒一卮，高谈满坐。既饱而浴，席地而安，积瘵顿消。悠然之趣，如在南山之下也。绿槐菱翳，青鸟殷勤。一卧沧江，千年碧血。

荃谂报束至云:"锋镝②声中,再承手谕,循环来旨,奉书泫然。丧乱荐臻,龙蛇遘会,知愚③同尽,室阁为墟。眷睇羊城,沉吟浩劫。遂勒临崖之马,撤已驾之舆。空余天涯明月,五处共看,马首断云,千里随梦(杨载诗:马首塞云起。杜诗:低空有断云)。茫茫此会,知在何日。从者居危城之下,处飞镞之间,目击惨凶,弥增述作。萧楼存芜城之赋,仁和申盐船之哀。所为动魄惊心,千金一缣者矣。永寿惇史,沾溉方来。每诵新文,辄深忾慕,天之未丧斯文也。当有实式凭之者,奈何作鳃鳃之语,增人无限宛结也。朱门肉臭,路陈死骨,少陵所慨,今何不然。周余黎民,尽是去家之人;不夜笙歌,谁知亡国之恨。索居怵息,出户彷徨。何以为天,不可终日。闲亦好深湛之思,嗜奇有癖,而难绾不羁之想,安心无方。况复风多死声,楚必不竞。故园虽好,雅集难期。俯仰一身,不觉欲涕,匆匆勿罪。呜呼!中心危者其辞哀,以思予又何从进一解也。"夜早睡。(家书来。)

【注释】
①萟:古同"艺"。
②锋镝:指战争。
③知:古同"智"。

1938年5月22日

星期。重黢。午八十五度。日加未有雷,已而云作雨急,旋止。夜须摊衾。

休沐,清理日常起居,修书复荃侄。山中习静,大资午睡,密云稍淡,遂有机来,又将治具避之矣。雷振云兴,风横雨紧,逢天之怒,乃安斯寝。夜勘钩稽,亦惟日不足,三更方灭烛。

1938年5月23日

禺中大雨,午七十九度,黄昏又雨。

馆课如额,以课坐石室浏览群籍,大半捆载未西,所存者亦勤矣。……

器儿禀来,言日来常有风鹤之声,乡间食粮缺乏,家中食粥而已。日记盈箧,命仲赟往香港,仲儿到港亦以禀来。毕生托命,乃只在此记乎,坐友朋责言,敝帚千金①,毋为猿鹤②耳。

晡后笠屐往就镊人,是亦不远秦楚之路者矣。夜诵文篇,洪氏棣萼(符孙、麟孙)所存。

【注释】
①敝帚千金:比喻东西虽然不好,由于是自己的,却看得很宝贵。
②猿鹤:借指隐逸之士。

1938年5月24日

黔雨相间，晨七十四度，午七十七度。

午完馆课。雨凉不觉费力也。家书来报："冢妇再索得男（五月十九日，四月二十日亥时）。"锡名曰绍衣（长孙绍闻，闻夜德言也）。

夜登上宫访张作人久谈，作人与陈达夫最为石交，比亦酷好予文，索近稿一卷，检以诒之。平生未尝轻以文字求人惠存，惧下类于考子之行卷，深巷之杏花也。永夜莹然，无入而不自得之境，时时见之。

1938年5月25日

晴黔相间，入夜有雨。

回首乡关，何心苜蓿。晨出授馆，袖其日记以行。戒纪纲者曰："俟我二十五小时不来，则吾必在港上矣。"时局如此，马无下鞍之日也。课毕往明兴小坐。

午及茶居，商旅萧条。卖艺江湖者更不易得食，百粤丰昌之地，外患之兴亦渐替矣。今日观弈，复无所得。日之戾矣，不如归去。道上闻警，其声呜呜，然属者非。天雨不入市，利彼纸鸢之畏雨耳。乃天未放晴，而不肯旦夕相忘，不以寡人之处南海，遽曰不虞君之莅我地也。停车引避，攀天梯登"华安"五层楼，雁晴之卜居也。萧鸣籁、陈昆山并在（林本桥未晤），乱中一会，肠结九回，而交相爱护，且爱惜所业之学，交游遍天下，正不易多得一二人。侧闻汕边事殊紧，悠焉忧之，难获萍逢，姑为燕笑，话及当年梁园之游，又色然以变。曾日月之几何，而江山不可复问矣（兰封已失，开封不可守，今后交绥郑雒之间矣）。牛羊下来，鹰鹯犹戒。重过小肆，问讯频频，传香山岛濑泊有胶船，港币骤高（加九二，较省币），可谂消息，遂决以旦日香港一行，身外无长物也。大埔饶聘伊投其家，太史《桐阴诗集》二册未及浏览。

1938年5月26日

多黔。夜宿香港有信庄。

方晓，杨达三叩门约行，比登"泰山"轮，日未加辰。晤张葆恒云："事未至若何，顷因欧洲小国捷克事，德国几乎以干戈，彼遂乘间扰及边陲，今德捷已纾，目前可无急转之局。"予曰："使昨夕得子一言，不买此舟矣。"既行弈佳，展枰对坐，葆恒又介其友雷泽鸿来弈。入午，舟客围攻，易予而槊，凡十易局，客仅得一和局（稿存七局）。天命其未改乎？鼎之轻重未可问也。

晡抵有信庄头，有自故乡来者。寒梅已花，井闾无恙。然来者孔多襁负而至，虑祸至之无日也乎。飧后乘桴渡海寄《因树山馆日记》第十二册存荃簃，不知此身飘泊何所也。夜过弈坛，方兴土木，曹部一空，又未知飞入何家。夕多谈乡事。

1938年5月28日

晨发香港（传兰封已复），林有光送之江干（仲儿随）。名士过江，容我一榻，讶今入省之客何若是多也。曰昨夕车轨折，舍车而舟者以此"佛山"舟言过三百也。少安毋躁，且住为佳，展我一枰，料检①比来录谱中得失成败之迹何如。邢子才"日思误书，亦是一适也"。舟客亦有识予者曰："弈乎？"曰："否。"而不相识者数辈更仆而进。有一局至三小时，有一小时已易数局者（存对吴中一一局，别录）。自辰泊未未尝离席，先生之业可谓勤矣。然而术不加进，学更可知，敢云百尺竿头，乃其至非尔力耳。

日加未三刻泊舟江头。甫抵肆，肆主人许纯青曰："先生胡为以今日来也。今日之虐几遍市廛，吾侪居此皆不知命在何时。君不见尸车载道，柩辂②满途乎。"闻言未毕，浼一少年（赖玉轩）出雇汽车，谐贾百方，途艰莫致，乃以羸车。鹿鹿过市，行行百武，警旗又扬，今日何日。市之人相惊至此，乃伯有之真至也。岂止为厉，直聚而歼之矣。

念我不可以东道之不可行也，折泰康路，登华安楼。彬彬之徒林、李、陈、萧而外，范錡、刘钧衡亦在焉，而警弥急矣。相率下楼，蹲于垣侧。漫天烽火，柱折维倾。已及一年，兹事何奇，但横炸市区以今日为甚，且我已在田间惯也。远自海外，来躬其盛，华安楼颠③故设机关步枪，计射弹高度不达千尺，亦随机放矢，的的作响者六七次，料非至极近极低时，不为此虚发之矢，寇深至此，人命安比朝霜，顷刻灰尘，并非遐想。

已而磅礴之声稍间，皆幸尚在人间，而毗邻白屋④正不知屠送几许。日落趣车而东。闻里生言，亲见宪兵司令部一荷载者，弹片横飞，首为之落，其肢体犹正立如守卫状也。

夜以弈禳之，与唐秋光对二局。

【注释】

①料检：犹查点；清理。
②辂：古丧车，载运灵柩的车。
③颠：头顶，也泛指物体的顶部。
④白屋：古代指平民的住屋。因无色彩装饰，故名。也指平民。

1938年5月29日

晴间黟，午八十九度。（几上有佳札，不一一细读也。）

晨起往步田野，恐将与之小别也。入室治事，未及什一，市中四友（雁晴、本侨、鸣籁、昆山）已驾车来，言沙面外人所居侨地闭闸断桥，不令飞渡，祸降自天，安所逃哉。

披市报云，昨日落弹百五十余，圮屋六百余，间毙六百余人，伤九百余口，此其可稽者也。降灾涂毒，无分畛域①。东山、荔枝湾、河南、北城、市政中区罹难殆遍，断肢残体发掘未竣，而下井投石，晨已拜赐者，午又重受之致，于役掩尸之员横死者二十余焉。提携襁负，畏其不寿。一弹命中，万骨为枯。不信苍苍，乃有知者。坐未定而边人又举燧矣。入山未深，入林尚密。以作一窟，谁有百年。时也天地为愁，草木震悲，风云变色，精魂何依。虽曰必有凶年，不图至于此极，据高肆焰，何求不得。吾何畏彼哉，亦运而已矣。今日不谋于邑，而谋于野，中心之捣或稍纾耳。

午返舍饭，未及盥漱，传烽火又至。如此危邦，不可以处，决计以明日行。专人买舟，舟不可得。来言又死伤五六百口。天乎！与其杀之，不如勿生，如以杀之为乐，则非所敢知矣。此行遥遥，再来何日。写试题五通②，托存辛志平。垂晡杂取旅具，皇遽辞舍，抵肆商，诸里人百计不知所以行之。乙夜闻江头维舟旅人已满，又人来言已下关，不得其门而入矣。子何为是栖栖者与？（托明兴数予行期，发电报汕转家中。）

【注释】
①畛域：界限，范围。
②通：遍，如打了三通鼓。

1938 年 5 月 30 日

星期。如守夜者然，未尝贴席①，中夜有里人自香港来，则已通车可知，与陈维炎趋赴之，至则行矣。自东徂西，抵黄沙江边，创痕累累。时方丁夜，泛舟中流以俟时，漂母一杯，甘之如饴。迨天破明，刺傍轮下，轮曰"广东"，攀而后上。本约雁晴三子同行，三子者或江或淮，原不同而其趣一也。宵夜忽车忽舟，一夕三易，不及通约，只以一鞭行矣。攘得一席容膝，居然九重②之安。读书不成，展枰无地，默思失着如何方为正着，时有妙解，寸心自知。又时时睡去，五日以来不止鞍马之劳矣。醒来又沉思冥悟，或展图相对，依稀绿竹森森，流泉汤汤之间，声丁丁然，户外屦二之境也。终不去一席，岸然如守藏之史；只于一饭，怵然戒市脯之难。

昏时太平诸山在望者久矣。守此何为，为检疫乎，则溥③施种痘矣。旋蹱关吏传言："有钱者登岸，无者原舟折回省城。"诘以："几何？"曰："人四十金也。"启箧中所有，勉溢此数，则晏然④而卧。而舟客动色者十而八九，谁料逃命之余又骤沐⑤兹新令也。

初更后方移舟因岸，尽驱不如令者如干，百人麇于一隅。比余登舟，未及十人，有深目者⑥曰："有银乎？"将肱篋视之，则曰："但言几何耳？"曰："五十也。""然则子盍行乎。"如得了将军令。秀才们闻道请时也，向不多挟重金，恃其随处有可缓急⑦，兹役之逃，幸焉耳。

二更乃抵有信，往复二日有半，险阻艰难备尝之矣。息影果腹，卸我缁衣，支床横欹，薰风南至。（晚报言羊城遭祸如昨二日，哀哉！）

【注释】
①贴席：安卧于席。喻安稳。
②九重：指宫禁，朝廷。指帝王。
③溥：通"普"。普遍的。
④晏然：安宁，安定。
⑤沐：受润泽，引申为蒙受。
⑥深目者：指外国人。
⑦缓急：即"缓急相济"，不论在平时还是在紧急之时都给予帮助。

1938年6月3日

晴。午八十八度。

晨张葆恒自九龙电话："明日入省，然则子盍行乎……"

晡张葆恒来访，坐谈久之，晚共一杯，洒①不得许多垒块②也。约以旦日西，非不欲往，视为畏途耳。报言天灾今日犹及珠江南河夷疍家③之民及百也。

【注释】
①洒：古同"洗"。洗涤。
②垒块：比喻心中郁积的不平之气。
③疍家：旧时分布于珠江下游各支系的水上居民、流动渔民称作疍家人。

1938年6月4日

晴。

午西报言广州正有机横行，延至沿江一带人头如鲫之地也，其害烈于上星期六日。予今晨不偕葆恒西上者，其闻不能以寸耳。晚报言："亘日来，朝四次拜弹，百余创区，二十死，残盈千。"天何言哉。

午曾展鸿翁袖所著《弃炮陷车局》一卷相示，谈顷别去。校谱消暑，是日对客三局，得一局殊佳，明日以质曾子也。

1938年6月6日

晴。午八十九度有奇。石牌转月朔家书来。

晨报言昨日羊市又死难二三百人，旧校门前落一弹逾五百磅，穴深三十尺，广四十五尺。校内地窖落一弹，死五人伤数十（据校长邹鲁通电）。族侄燕方自省会来，述灾情尤悉，北城居民转徙略尽矣。

见武汉当道追悼空军死难之士张效贤、杨慎贤、陈怀民、孙金长联云：

博斗太空，顾成功即成仁，无负十年教训；死生常事，惟为国不为己，永怀万古云霄。

录此以志其事。辇下手笔技止于此，尚有祭文一首，更无足道，不必致慨于金辽之朝也。

尽日录谱一卷。

晚报盛传今日羊城蒙祸尤甚于前，其数达五千口，黯无天日，惨绝人寰。大学又落弹三，伤二十人。蚩蚩者氓，如火益热，音书烽火，契阔死生，有不暇为亲交者痛也。

1938年6月8日

晴。晨蒸溽，汗珠可掬，午达九十度有半，入夜二更犹八十八度，今夏第一热也。

晨作家书，抄毕展公新撰弈谱。与乡人处，满耳离乱之音，非无简编，废书三叹，久不知省中知好失所何状，何衍璿自西南村来一函，尚未能忘情车马之劳，可谓好整以暇者矣。

晡张葆恒来，惊魂未定，聆其所述羊民惨状。如当年过芝加哥城之宰牛场也。往复三日，不见知旧。大学虽免巨创，已星散矣。李、胡诸文学计必西行，来日非所敢期，更尽一杯，敲残半局。曾展翁入坐指点十余着，着着成春（入别录）。夜广州电话，水火具罄。

1938年6月11日

晴。时有欲雨意，午九十度。终日楼居，时参一局，曾子午至，推敲移时。

陈侄有年晨自羊逃出，言省会栋折柱崩、骨飞肉醢之象，为之酸鼻。大学玄关被弹时，彼适隐宫侧树下，去弹落处不可二十武，石破掠空，木摧激矢，或百步或五十步，创夷满目，不意自全，信间不容发也。比日我闻烽烟满耳而已，潮汕接壤东闽，五百驿骚，一夕数惊，黄河悠悠，吾其济乎。闻姚氏学苑典籍已辇庋田间，斯亦守阙汉宫、抱残柱下者之责也夫。

1938 年 6 月 15 日

晴。夜及见月。

客里不知身是梦，一向贪荒。家国蜩螗①，人天氾滥②。当铜历下，寄食天涯。业日就荒，术不加进。此意惟东风知得耳。乡夕出浴人海，把臂入林，载鬼一车，渡溪三笑。侧身小肆，瀹③荈刻香。下士闻道，大笑之，不笑之不足以为道乎。海天遥望立多时，等是有家归未得也。

【注释】

①蜩螗："蜩螗沸羹"，指如蝉鸣和沸汤翻滚。比喻喧闹、纷扰不宁的意思。

②氾滥：亦作"汜滥""泛滥"。

③瀹：煮。

《因树山馆日记》第十四册
(1938年10月12日)

《因树山馆日记》第十四册·序

  语云：日计不足，月计有余。
  凶人为恶，亦日不足。四方多故，未再稔矣（吾粤岁再孰①）。
  自从兴武，以至今日。造次颠沛，不遑终食。笾豆寡欢，文史顿属。海峤托命，空抚刀环。泉估与居，复生髀肉。一年报取，劣盈四卷。前卷脱稿，绵历三月。田园将芜，安问收获。我躬不阅，遑论魏晋。其为已，有如此者。
  锋镝未消，名城屡坠。水深火热，天灾流行。吾闻狂人，视人皆狂。人以为苦，彼以为欢。医者进药，以为酖也。此非鸩我，胡不尔饮？亲者制肘，以为敌也。此谓厚我，盍不尔縶②？一龟出匣，升木傅翼。嗜杀如醪，恶生若雠。不仁哉造物，于彼乎何尤？盖天下之生久矣！戊寅中元节日，任初自序于香港有信庄头。

【注释】
①孰：通"熟"。
②縶：栓，捆。

1938年10月12日

  晴爽。李雁晴书来。
  港中里音甚嚣尘上，适从何来，遽集于此，曰："晨四时登大鹏湾之陆矣。"曰："弹下汕市一次矣，二次矣。"曰："潮安、潮阳、揭阳均拜其赐矣。"曰："轰澄邑南港百余发矣。"曰："环邑东之五小乡并落弹矣。"曰："省会电讯不通矣。"无以缩酒，寡人是征，寡人岂亡国之余，不鼓不成列者哉。然而烽火之惊危及宗祐播迁于外，痛念乡枌。我疆我理，南东其亩之谓何，吾能与许争矣乎？
  以近事书报荃谂，晡来电话询乡事，乡心怦怦，如听鼙鼓之声。

《因树山馆日记》第十五册
(1938年12月12日—1939年2月22日)

《因树山馆日记》第十五册·序

　　杯渡山下之居，十有五旬矣。平生所爱名都野村，率往往不能信宿，或则仅于心目中如或遇之。

　　香港互市，百年之间，漠然徒见山高而水长；薏苡辇车，葡萄入汉，信乎善视吾家所寡有者。

　　臣之少也，十过，都无好怀，四海罢游，视同传舍，维舟渡头，足不涉地者数矣。粤以戊寅之年，躬百六之厄。临河而返，又息西行之辙（庚午入川不成①；丁丑往桂乏成）。去国安往？遂同南冠之囚。湫隘嚣尘，则亦安之。人生时时作退一步想，亦觉无入不得，生意满前。耳如聆击壤之歌，身如跻羹墙之闉。其居也偊偊，睡也徐徐，梦也栩栩，觉也于于。伐檀之后兮，弈无侣；弹铗归来兮，读无书。尚能少日于此，相与临风而陨涕者，有敬礼定文之会，松阳若琼之徒也（《兰雪集》，见《浙江通志》）。任初自叙于香港有信庄头。

【注释】

①庚午入川不成：此处之"庚午"或有笔误。1933年8月17日在四川重庆开会，黄际遇决定参加，并于1933年7月26日到上海，但购不到入川客船舱位而无法成行（见《万年山中日记》第十一册）。

1938年12月12日

晴。

曰归曰归，胡不归。岂不怀归，微君之故（有言《式微》章，即古人之联句，亦无本之论也）。干戈四海，方苦驱迫之忙；廛宅一区，未卜归来之日。摇摇轻扬，伥伥何之。过言子之庐，弦歌①未歇；追赵壹之去，穷鸟安栖。采药此山之中，山中人似曾相识；问菊正华之日，华②落后空余傲枝。作赋章华之宫，徒尘藩溷；置酒睢阳之苑③，怯诵《离骚》。消愁更愁，宁哂④鲁酒之薄；求仁得仁，讵⑤为卫辄之臣。冉有曰："夫子为卫君乎？"是犹致惑于门人，天涯间踪迹之至密也。乃辱取信于曾子（刚甫为先大夫而《七十寿序》中语）。邹县好辩，未解匡章之疑；昌黎说师，何赘⑥李翱之答。问道解惑，惑也滋多。即竟见心，心在何许？何若缁流⑦

泯迹⑧（卢纶诗："泯迹在缁流。"），云岫无心，桃李不言，鸥鹭忘机⑨（陈与义诗：知公已忘机，鸥鹭宛停峙。用《列子·黄帝篇》意）。削⑩《伐木》之章，息劳人之驾也哉。

【注释】

①弦歌：古代传授《诗》学，均配以弦乐歌咏，故称"弦歌"。后因指礼乐教化、学习诵读为"弦歌"。

②华：古同"花"。

③睢阳之苑：指兔园，也称梁园。

④嗤：讥笑，嘲笑。

⑤讵：岂，怎。

⑥贅：古同"缀"。

⑦缁流：僧徒。僧尼多穿黑衣，故称。

⑧泯迹：灭迹，从世俗社会中消失行迹。谓退隐。

⑨忘机：常用以指甘于淡泊，与世无争。

⑩削：删除。指删改文字。

1938 年 12 月 29 日

晴。

1939 年 2 月 17 日

晴。

静斋辰初徒步来过予，信建履也，有客不果谈。

雁晴来告："来朝走马，从兹天南海北。"又几程矣，李生勉乎哉，吾知其必有合也。

1939 年 2 月 18 日

晴。

祖腊①起早，爆竹声迷，携此孤筇，寻彼行迹。豫②计满山落叶，秋虫不鸣。陵苕③未花，春蚕自茧。独寻人去后，空见日斜之时。呜咽坠泉，飂飕④萧木。水流花谢，乐子无知。幸石头之犹亲，晒流水而无惭。来拜老人，坐看云起。上下今古，吸纳烟霞。骋会心之所之，亦当头所几见。未知明日山岳，如许茫茫；怯听送岁鼓箫，度此寂寂。世与我而相遗，此邦亦不可以久。今之前吾适矣，今之后予亦不自知其何如。

【注释】

①祖腊：祭名。祖祭祀路神；腊年终大祭。

②豫：同"预"。

③陵苕：花名。凌霄花的别名。

④飅飕：飅，风声；飕，同"嗖"。形容风雨的声音。

1939年2月20日

先大夫忌日。晴。往香岛。

1939年2月21日

晴。往香岛。

1939年2月22日

晴。往香岛。

《因树山馆日记》第十六册

(1939年6月1日—7月7日)

《因树山馆日记》第十六册·序

又是一年,景物欣欣向荣。

未闻殷殷之声,已转霏霏之象。絪缊满目,造物何私?薮泽岩阿,馥芳待发。挹襟岚气,结襟春风。画桥南北岸西东,曲唐好处都行遍。鸭江水暖,阿谁先知?蜗角蛮争,干卿底事?枝头可友,竹亦我师。花落成章,猿啼亦韵。山中采药,一饱无时。松下当风,长言不足。万事岂容人有意,一春多被雨无情(宋人句)。

如此江山,几番风雨。

1939年6月1日

重阴。

来此一年矣,去年今日顿踬①出国门,衣履而外未携长物。坐看早莫,为生涯传舍,固所惯然,遂尔悠悠,亦岂始料之所及哉。每一念至,何以为怀。悲甚焦琴②,痛深覆醢③。苦睡待旦,冥坐视天。哀我人斯④,曷其有极⑤。

【注释】

①顿踬:困窘,处境困难。

②焦琴:原指焦尾琴,后指人才遭到埋没。见《后汉书·蔡邕列传》:"吴人有烧桐以爨者,邕闻火烈之声,知其良木,因请而裁为琴,果有美音,而其尾犹焦,故时人名曰'焦尾琴'焉。"

③覆醢:倒去肉酱。《礼记·檀弓上》:孔子哭子路于中庭,有人吊者,而夫子拜之。既哭,进使者而问故。使者曰:"醢之矣。"遂命覆醢。后用以表示师生间的深厚的情谊。

④哀我人斯:见《诗经·国风·豳风·破斧》:"哀我人斯,亦孔之将。"

⑤曷其有极:见《诗经·国风·唐风·鸨羽》:"悠悠苍天!曷其有极?"

1939年6月21日

晴。

亭午传言："汕头侵晓，疆事失官，日未仄已非我有。"年来饱受虚惊惯矣，尚冀传之非其真也。无何耗讯叠至，外报揭言由二点进袭，然则澄海南北港、潮阳达壕埠实当其冲矣。比夕广播声中已不为讳，从此遂为亡乡之人矣。楚囚相对①，尤重丞相之愀然②；鲁难日滋，太息庆父之不去。③何以为国，如此人生。角黍当筵，停杯投箸。

【注释】

①楚囚相对：形容人们遭遇国难或其他变故，相对无策，徒然悲伤。
②愀然：形容神色变得严肃或不愉快。
③太息庆父之不去：见《左传·闵公元年》："不去庆父，鲁难未已。"比喻不清除制造内乱的罪魁祸首，国家就不得安宁。

1939年6月27日

晴。

今日报端不见潮安发出通电，首邑不守概可知矣。乡变以来，海通梗塞，犹是锁港攘夷之故习，而不虞君之苾我地也。喁喁里人，漫漫东望，风尘海上，涕泪天涯。何时复出上蔡之东门，令人黯然金陵之王气矣。

1939年6月29日

晴。

是日予五十五岁初度，念家国陵夷①至于此极，只身投窜，不宁厥居②。何一生事业之可言，更九天女娲之休问。惟将迟莫，未有涓埃③。孤负居诸④，弥悲落莫。当年蓬矢桑弧⑤志，今予东西南北人。黯澹家园，称觞奚属，消愁更愁，对酒罢歌。长为永感之民，羞对畔嗟⑥之侣。徒爵人意，善为我辞。事已无可复言，义又岂容再辱。宇宙虽大，何处投间。江海之宽，遇人不淑。饥来驱我去，出门欲何之。于焉独走荒滨，径赴幽壑。高岸深谷，倏忽⑦桑田。白云在天，斯须苍狗⑧。深叹所见之未广，痛悔陈迹之皆非。弃我去者，昨日之日不可留。乱我心者，今日之日多烦忧。且放白鹿青崖间。长风吹林，幽音变调。迸泉飒飒，野鹿呦呦。亦有碁石，而乏隐傅。块然冥坐，淮右善讴。倪⑨所谓方山子者非邪，我岂若小丈夫然哉！回首江南天欲莫，算潮水，知人最苦。

【注释】

①陵夷：由盛到衰。衰颓，衰落。

②厌居：喻指住所逆气不舒心。

③涓埃：细流与微尘。比喻微小。

④居诸：见《诗经·国风·邶风·柏舟》："日居月诸，胡迭而微。"后用以借指日月、光阴。

⑤蓬矢桑弧：同"桑弧蓬矢"。古时男子出生，以桑木作弓，蓬草为矢，射天地四方，象征男儿应有志于四方。后用作勉励人应有大志之辞。

⑥畔喭：不顺貌。

⑦倏忽：顷刻。指极短的时间。

⑧斯须苍狗：同"斯须改变如苍狗"，泛指事情变化无常，使人莫测。

⑨俶：洒脱不拘，不拘于俗。

1939年7月7日

晴。

天长地久有时尽，此恨绵绵无绝期（白居易《长恨歌》）。死别吞声（杜甫《梦李白》其一："死别已吞声，生别常恻恻。"）生离恻恻。终古之恨，不殊人天。颠沛经年，怆凄此日。君山流涕，微子兴悲。旷千载之奇，灾于吾身。而亲见大江东去，安归也。残照西风卷半旗，同指山河，凡兹生气。（器儿自南雄托龙川黄生袖安禀来，亦归家不得矣。）

《因树山馆日记》第十九册

(已佚，只余序)

《因树山馆日记》第十九册·序①

　　新都燕徙，故国乌啼。鹎鵙在门，蟏蛸在户。

　　分异三年②，谪宦乃尔栖迟；时亦一舸，苍茫靡所投止。叹至尊幸蜀，没奈何天宝宫人；自师挚适齐，更休问梁园宾客。其间旦暮闻何物，蛙蚓营营瓦釜鸣。格桀钩辀，不离飞鸟；呕哑嘲哳，甚于巴人。以备九州之身，而卒囏③立锥之托。一寒至此，须贾尚念故人；十载不除，至忠终成蔽路。开府北羁，犹拜滕王之叙集；杜陵西去，更无节度之馈遗。解嘲乏文，进学罢解。宾戏不答，仆消奚辞（李爱伯有《答仆诮文》）。会南学东迁，招徕从亡之客；爰西行北粤，又是逆旅之人。吾观先生何为危城之中？窃知公子早有四方之志。惠州本非天上（《苏集》中语），长安近于日边。何崟④阻之备尝，实怀安之名败。乃脂车辖，载裹糇粮，走马来朝，刺舟宵夜。亦问津于沮溺，擅指路之牧童。乞火僧寮，受飧馌妇。夜行昼伏，遇饥鹰之退飞；微服绝粮，遭野人之与块。每念王室，敢惮驱驰。深谢斗杓，照人行役。所经辙迹，东坡此地即西湖；言溯曲江，南海有人瞻北斗。朝云墓下，嗟绛桃（昌黎侍姬）之不果来；风采楼前（曲江邑治有文献公祠，祠前风采楼，额署"后学陈献章书"），拜白沙而不忍去。武水清且涟猗，庾岭险殆绝兮。深山大泽，实产龙地。去邠踰⑤梁，至于亶父。设帐兴学，帛冠茆茨卑宫。曰⑥：

　　夫差，汝忌越王之杀汝父乎？

　　观从者，而知公子必反其国也。

　　同指山河，视兹息壤。

　　庚辰立冬，任初自叙。

【注释】

①《因树山馆日记》始于1936年2月13日，讫于1940年11月7日一直未辍。现只存十五册，第六册以及第十七册（含第十七册）以后各册已散失，总册数已无从知晓。其第十九册《序》由于收于"国立中山大学丛书"的《黄任初先生文钞》中，因此有幸得以保存（遗憾的是未存时间）。

②分异三年：黄际遇于1938年5月30日前往香港，于1940年11月7日前重回学校，历时二年半不足三年。

③囏：古同"艰"。

④崄：古同"险"。

⑤踰：同"逾"。越过，超过的意思。

⑥曰：原文作"日"，黄家器批注《黄任初先生文抄》本校改为"曰"，今从后者。

《山林之牢日记》①

（1945年3月18日—4月16日）

1945年3月18日

  星期。黟，晨四十九度，午日见。

  黎明信步里许，看邓村山桃丛李，苓落参差，绀朱绘素，自成罄逸，又见一年春矣。归为侍读诸生讲《孟子》三章，西汉文一首，亦邠卿题辞所云："聊欲系志于翰墨，得以乱思遣老也。"有山上村乡人来迹予问同寮消息者，深林人不知，明月来相照，尚非其俦也。

  读司马《通鉴》十二卷（至二百八十四卷），山中方七日，世上几沧桑，燕云十六州之父老，已呜咽百年矣（《太平天国修状王韬对策讨房橄》中警句）。夜澡。

【注释】

  ①山林之牢日记：1938年广州沦陷以后，日本侵略者曾经三次试图进犯粤北，与北方南下的侵略者连成一片，打通粤汉铁路，为此在1939年12月、1940年5月、1944年11月分别发动了三次大规模的向粤北进攻的战役，史称三次"粤北会战"。前两次粤北会战，日军均以失败告终。1944年秋，第三次粤北战役，日军先后攻占了韶关、乐昌，打通了粤汉铁路，广东省国民政府迁向西部山区，在坪石办学的中山大学再度被战火波及。1945年1月，日军突然侵入宜章栗源堡，坪石亦陷于包围之中，学校仓促通告紧急疏迁，部分师生经乐昌、仁化、龙川抵达梅州设立校本部，农学院部分师生则迁往梅州五华，其中部分师生于1月20日撤抵连县三江镇。1944年夏，理学院组织第一批教职员家属溯武水至湖南临武县牛头汾圩，临武人士邀请黄际遇到力行学校讲学。1945年1月，坪石沦陷，黄际遇避居临武县五帝坪，此处不靠村庄，周围树木荆棘，芜秽不治。4个月后，黄际遇重返力行学校讲学。《山林之牢日记》应是这个时期的记录。山林之牢，见韩愈《祭河南张员外文》："彼婉娈者，实惮吾曹。侧肩帖耳，有舌如刀。我落阳山，以尹鼯猱。君飘临武，山林之牢。"

1945年3月19日

  黟𪱷，哺微雨。

  例课毕。漫游附山村落，二里外至欧家村，三五人家，负山自给，村童识面，争馈食品,礼爱野人真也。归庄,有馈生豚者,庖有肥肉,不素餐兮。亘日读《通鉴》八卷(至二百九十二卷)。

张作人觉任复书来。夜有佳谱。

1945年3月20日

黟晴相间,夜山间有月,月下对局一谱。

读《通鉴》二卷(至二百九十四卷),都二月卒业,偷活草间,聊补半生史荒之憾,《春秋》何以托,始乎鲁隐公曰:"所见异辞,所传闻异辞。"《通鉴》何以托,始于周威烈王二十三年曰:"初命晋大夫魏斯、赵籍、韩虔为诸侯。"名不正也,开战国之始也。故胡氏身之叙曰:"《通监》之作,实接《春秋》左氏后也。"温公自言修《通鉴》成,惟王胜之借一读,他人读未尽一纸已欠申思睡,是正文二百九十四卷,有未能遍观者矣。而今而后,吾将知免夫。补篆。

1945年3月21日

晴。午华氏表七十六度。泽周、永炎远来久谈。

庭前山桃犹红,李花已落。天时人事,荣悴何常哉。观耕山麓者久之。

读毕沅秋帆《续资治通鉴·宋纪》二卷(《孟子》:"颂其诗,读其书。"孙奭云:"颂歌其诗,看读其书。"读亦看也,与西语同)。

1945年3月22日

小雨,东北风作,五十四度,上弦无光。

读沅《鉴》宋纪八卷(至太宗太平兴国三年)。日课粗毕。

1945年3月23日

东风犹健,未御重求①。

《宋纪·诏》:"自今下元节宜如上元,并赐休假三日(太平兴国六年十月庚辰)。"《陔余丛考》其以正月七月十之望为三元日,则自元魏始。今吾州州俗无下元节,吾家以是日尝新,曰"报五谷主"。

【注释】

①求:"裘"的古字,皮衣。

1945 年 3 月 25 日

　　读沅《鉴》八卷（至天禧三年）。

1945 年 3 月 27 日

　　晨雾，五十九度，食吐霭，惜无书可暴耳。夜月圆洁，曾经照人。月轮高兮，不必梵王宫殿也。
　　日课毕。读沅《鉴》七卷（讫皇祐二年，五十二卷），既竭目力焉矣，越缦、湘绮诸名家并以阅宋后史为畏途，湘绮七十之后乃完其愿，然储为有用之材者，史尤其要也。

1945 年 3 月 28 日

　　风清日丽，春日晴和，人意好时也。
　　讲习写篆，读史四卷，山中日月长。东山月上，坐草间久之，中夜犹起。独对人影，正中不成三人。自来此间，三更圆缺。腊饧春鼓，都在烟雨之中。孤负清光，只成余恨。亦天宝难时之杜老，同江陵危运于子山。偷活余生，犹留片土，馈粮与块，不至在陈，已云幸矣。……

1945 年 3 月 30 日

　　天际无云，蚊始出，灯炎如豆，难伏案之，迟月不上，早睡。
　　课诵了村塾事，浏览《宋纪》十四卷（讫元祐三年）。……

1945 年 3 月 31 日

　　晴。温不可袷，入夜桐油亦告罄，不及守月出矣。
　　本期及门李泽周、王本林、唐仁亨、胡旸章诸子，旦日讲习山下李家村，十里而遥，便问人事也。晨呫哔①方罢，诸子远来问讯。馈遗有加，豚蹄糖饵。文字为贽，缪篆殳书。山民无以为酬，乃标日记一事为讲题，引徵数十家，终于治学之法。亦在乎是自已达未，娓娓忘食，人散夕阳在树矣。斜倚胡床，弥伤况瘁。（木林述纪河间题焦山联："凌万顷之茫然；障百川而东之。"器宇极是，并存之。）

【注释】
①呫哔：亦作"呫毕"。犹占毕，后泛称诵读。

1945年4月1日

晴。星期。无早课，涉草堂小丘，迤西人径爽然，非久无人行者。曲折赴之，一里而奇。有屋四五，负麓成村，乃曾经我目之欧家滨也。童子二三，欵①予入室。十万买宅，百万买邻，此间民风殊敦朴也。

阅《宋纪》十四卷至靖康元年。

【注释】

①欵：同"款"。

1945年4月4日

黟，晨六十三度，风作，降至五十五度。泽周来夜谈。

读《宋纪》（至绍兴三十一年）十卷。

1945年4月5日

晨雨旋止。昨日学僮谒告，方知今日清明也，掌馔农人并归家扫墓，子厚云："马医夏畦之鬼，无不受子孙奉养者。"即今一日素餐，二食庖已无，藜藿莫为之采矣。荆楚岁时，记冬至后一百五日谓之寒食，禁火三日（俗云冬至百六是清明，并首尾言之），合应膺节景也（注：据历，寒食清明前二日）。

读《宋纪》十四卷（讫淳熙十一年）。

戊戌变政百日而政变，清廷太后谈粤色变。癸卯殿试，闻姚秋园老言，以第一人及第者本拟朱汝珍。太后滋不悦于粤人，乃拔刘春霖（天津）易之，而滋无行矣。又翌年举经济特科，名揭梁士诒、杨度也。太后并梁字而恶之，乃相率东渡，亡命南人不可相国，于传屡以为言。《宋纪·淳熙八年》："成都缺帅，帝问孰可者。王淮以留正对。帝曰：'非闽人乎？'淮曰：'立贤无方，汤之执中也。必曰闽有章惇、吕惠卿，不有曾公亮、苏颂、蔡襄乎。必曰江、浙多名臣，不有丁谓、王钦若乎。'"然自东事之兴，郑黄接踵，叔熊之后，弥无以间，执谗慝之口①矣。

【注释】

①谗慝之口：专进谗言的恶人的嘴。谗，说别人坏话；慝，邪恶。

1945年4月8日

　　食之时雨泷泷，炊许有霁象。
　　读《阮史》六卷，《宋纪》毕。

1945年4月10日

　　薄鬓微寒，辰五十度。
　　早课毕，徒五六人道历邻村（太平水），杫落萧疏，桑麻相望。户不满半百，民朴无华，竞引还家，似曾相识。又郊行里许，河水弥弥。武水支流，河床少石，澄可见底。居人名曰："沙河"。舟楫利焉大好，避乱之乡也。阅《元纪》八卷。

1945年4月11日

　　晴。
　　泽周专足致张觉任连县（初五日），书速吾行也，吾之饭糗茹草，已若将终身矣。报载叶生述武夫妇已抵连，相失八旬，回何后也。
　　阅《元纪》八卷，补篆。

1945年4月12日

　　晨五十四度。
　　徒来归，馈鸡卵十枚（市贾枚十五金，坪石四十五金），亦自行束脩以上者。李生永炎来。
　　童子编竹为笼，以获田泥中鱼鳅（应作鲻），问之，曰"竹筍"。即《毛诗》"敝筍在梁""无发我筍"之筍。弹铗归来，居然有鱼，市远盘飧，不必兼味，已是山中珍错矣。阅《元纪》十卷。

1945年4月13日

　　午七十四度，只堪单衣。山多樟木，燃以御蚊，相生相克，见造化之自然。
　　早诵罢，闻泽、周挈二童子躬耕山麓，为爽看花之约，趋而往视之，共坐田间，遂了半日，路旁过者多识我矣。彼且为无町畦，亦与人之为无町畦云。为客少读半书。

1945 年 4 月 14 日

　　天气新时也。
　　读毕毕沅《续资治通鉴》，凡二百二十卷，起宋太祖建隆元年，迄元顺帝至正二十八年七月，都二十六主，四百一十一年。……
　　叶述武间关归来，夜述厄状，尽耗其所有。若详纪之，一幅流民图也，衣冠士族渡江时无此惨矣。

1945 年 4 月 15 日

　　星期。晴。初暑，午七十九度。
　　拂晓偕述武郊行，至太平水小村，相理学院图籍。新移村屋，兵劫之余，存者仅矣。归答胡生刀法及毛读二事，遂以永日。

1945 年 4 月 16 日

　　晴。农事须雨矣，午八十二度。
　　阅《明纪》五卷。

附录一
《旧世新书——盛成回忆录》（节选）
◎ 盛 成

我在广西大学的时间最长，有五六年。当时学校人才济济，学生素质也高。我记得陈寅恪也来到广西大学任教。

在学校期间，我写了《德苏必战论》和《美日必战论》两篇文章，写第一篇文章时，德苏正签订《互不侵犯条约》，不久即爆发战争。第二篇文章发表不过一星期，日本偷袭了珍珠港。两篇文章引起了很大影响，大学把我当成了预言家。

后来，我看到桂林形势不好，加上中山大学又催我催得很厉害，我便决定离开桂林。

4月3日，我离开桂林前往中山大学。我们坐一辆大车出来，从学校到良丰镇，学生们一路放鞭炮欢送我。我们由桂林到了衡阳，又由衡阳到了韶关。

当时中山大学在广东与湖南交界处的坪石镇，属于湖南宜章县，位于武水之边。武水又名溱水，溱即秦水之意。秦始皇是否派兵通过粤岭，沿秦水下达韶关，攻克广州，可供学者研究。古书上讲，秦始皇是湘水到漓江，再由漓江下去的。但根据溱水的含义，可以推测秦始皇并不只是从漓江一路攻克广州的。

中山大学位于坪石镇的中心。文学院在通往车站的路北，理学院在武水西岸，法学院在理学院北边五里的沙坪坝。法学院对岸是工学院，师范学院在乳源（陈公博的故乡），医学院在乐昌，农学院在宜章的笠源堡。

我们到坪石车站时，法学院政治系助教刘显琳来车站接我们。我们同他一起住在一个人家里，不久搬到了对面路东小山上的一间大房子里。那儿原来是中山大学"先修班"的住处。

下午，社会系主任兼法学院院长胡体乾、经济系主任梅龚彬、政治系主任万仲文来看我，并让我当我法学院的教授代表。

开会那天，代校长金曾澄、教务长邓泽（植）仪、老教授代表黄际遇（号任初）等都来了。黄际遇是广东潮州澄海人，他致欢迎辞。说："我们费了九牛二虎之力才把他请来。我们这个学校是从'学海堂'下来的，'学海堂'是他的先人手创的，我们希望他不要辜负他的先人。"我说："我虽然出身汉学家庭，但从小对师承和家学观念不强。我所遇到的有学问的人都已过去了。我真正接触的东西不深。所以谈到家学渊源，我很惭愧。谈到师承，我的外祖父的外祖阮元被人称为'仪征相国'，我没有见到，我的外祖父是民国二年去世的。我希望你们教我。尤其是黄老师，他是大家的老师，也是我的老师。希望他多鞭策我，不要让我顶一个大师之名而无大师之实。'学海堂'四变而成为今天的中大,《十三经注疏》在南昌刻版,后在广东印行。现在的中大,尤其文学院,还是过去汉学的大本营。"

我讲了"学海堂"与"诂经精舍"的不同。阮太傅在浙江时。在孤山办"诂经精舍",供的是许慎的牌位,以《小学》为主。来广东时,他认识到"丘陵学山,不至于山;百川学海,而至于海"。学问不仅要专,而且要通。"诂经精舍"对宋学没有沟通。"学海堂"时期,汉宋兼包,不偏于汉,也不偏于宋。不但把讲汉学的江藩请来,也把讲宋学的方东树请来。有本有末,先专后通,可谓近道矣。

我去中大的时候,学校的经费十分困难。当地只有一个交通银行办事处。办事处主任是江苏泰州人,名字杨濂。他的舅舅李中楚从前是江南商业学堂的,与我先兄盛白沙同班。于是,学校校务会决定由我出面解决学校的经费困难。见到杨濂后,他建议我打电话给李中楚,由重庆把中山大学的经费汇到桂林,由桂林转过来。他又让我打电话给桂林"行营主任"李济深,让他派宪兵押车。联系好后,由校方打电话给教育部长朱家骅,朱又打电话给李中楚、李济深。

一天,车队到了,大家十分高兴,所有欠薪都发下去了。校长的姨太太还在坪石办了一个银行,街上顿时活跃起来。

下半年,校方又来找我。因为桂林在六月沦陷了。他们不知如何了解到我同赣州交通银行经理徐世润是同学,让我去赣州同蒋经国商议调拨款项。我不愿意去。

原载:盛成《旧世新书——盛成回忆录》,北京语言学院出版社1993年版,第65～67页。

编者注:

盛成(1899—1996年),是一位集作家、诗人、翻译家、语言学家、汉学家于一身的著名学者。1997年、2000年盛成的夫人李静宜分别将《旧世新书——盛成回忆录》《盛成诗稿》赠予黄际遇的后人黄家教、龙婉芸夫妇。

附录二
《黄任初先生文钞》序
◎ 张　云

民国三十四年十月二十一日，是黄师任初罹难的日子。于时抗战胜利，我先归广州，期待着阔别三年的把晤。讵料天不做美，黄师沿北江南下，道过清远峡，失足堕水，返魂无术，就这样惨痛的告了永别。

黄师学贯中西，有过人的美德。豪快诚挚，使人乐于亲近。他魁梧奇伟的身材，端庄严肃的道貌，更令人油然起敬。可是他不但不扳起老师宿儒使人难看的脸孔，还喜欢讲述滑稽的故事，使听者往往捧腹。每当嘉会，酒阑兴发，击箸而歌，声震屋瓦，激昂慷慨，有古燕赵豪士风。

我在坪石掌理中大时，黄师慨然降尊，屈就记室，事无大小，莫不躬亲，职权所关，必谦虚研讨，减轻了我对事务的关怀，而增加了我奋进的活力。尝对人言："青出于蓝，我当辅之，以成大业。"诚挚热烈的心情，令我感激到无可言状，惟有尽着弟子敬师之礼，事之如父而已。

我在职时一切的书札和题词，多由黄师代笔，虽片言只字，受者如获珙璧。夺他人之美，我常表歉意，而黄师却常引中国社会文字应酬之习惯以为解慰。嗣更以积极的鼓励，以代消极的慰安，说："有为者，亦若是，世上无不可之事，汝天赋高，努力多读多作，自然有成。"当时我感到无限的兴奋，可惜以动荡的时局。流浪的生涯，开卷执笔，都无暇晷。日月易迈，荒疏无成，静言思之，深自惭愧！

黄师是个有旧学根底的学者。但又研究现代学问，专考数学，为我国数学界有数的人物，历在武汉大学、河南大学、青岛大学、中山大学等校任事，或为校长，或为教务长，或为理学院院长，或为数天系主任，都以科学数理专家的姿态出现。与黄师交游较浅的人，只知他是一位新派的科学家，但一经深谈，莫不惊其对中国文学有湛深的造诣。当其在坪石领导数天系时，远处十余里外之清洞底文学院中文系的学生，竟环请其讲授骈文。黄师欣然而起，善诱循循，尝谓："此义务功课，较诸受薪而为者，兴趣更浓。"其诲人不倦的精神，真是令人敬佩！

黄师治学过程，待人接物与生活状况，在他日记里可以看出来。他写日记很用心而且不间断，数十年如一日。书法秀健，词句典雅，内容不拘一格：或记高深数理的推算方式，或记象棋的得意步骤，或抒身世家国之感，或叙眼前景物，兴之所之，拉什写记。黄师某年由沪返汕，厄于水，致散失其一二十年间所作，极感痛心。然今所存者犹五十余本。黄师日记，大部毁于水，而身复死于水，数亦奇矣。

黄师生平文艺作品十九存于日记中，今阅其日记，不论整篇零简均极美妙，百读不厌。所以自从在广州举行了黄师的追悼会之后，我便提议把他的日记全部影印出来，但以目前物质条件所限，对此还不易办，结果才决定将日记中有永久性的作品，及其他单篇文字先行抽选付印，同时并列为中山大学丛书之一，这一方既可使后学得人手一编，而起向往之思，一方也可使丧失良友的人们，在哀伤惋悼之余，看了这部集子，有低徊想念的机会。

这是民国卅四年冬日的决定，请了作人、雁晴、祝南三教授主持编纂的工作，满拟在民卅五年内可以完成。但以各人的功课繁忙，直至卅五年底，我赴美讲学的前夕，还未编妥，我只得再三敦促，并声明将来印刷的费用，完全我筹集，无论我在什么地方，都可负责，相约加紧进行，以期早日出版，而了却我们纪念黄师的一段心事。

但自从我赴美以至回到广州，中间足经三个年头。这个心愿，尚未完成，极感焦急。延宕的原因，自然由于环境关系：一则生活不安，再则雁晴已离粤，意见集中不易。至本年夏初，作人来告："选稿已竣！可备誊录。"我感到无限的快慰。适六月下旬，我再承乏中大，对于纂印工作，获得人事上的便利，暑期中即行付印。至此乃可结束我四年来萦系着的心事。

但于进行付印中，有应特别提及的，就是武汉大学广州校友会，为表示对黄师的敬意，在生活困难的现在，仍捐助港币壹百元，为补助印刷之需。这种尊师重道的精神的表现，是值得我们钦佩的。

黄师文钞编纂既成，编辑同人要我写个序文，以述缘起，在我自然是责无旁贷，而志所乐为。不过，我于中国文字是个门外汉，对于黄师作品，本无资格论列。黄师文章的温醇典雅，境界高超，以我钝拙的笔墨，自难形容。所以我只能真切把景仰黄师的心情，来一个朴实而坦白的叙述，就当作序文。其实这区区的叙述，又何足以表示我怀念黄师的心情于万一呢？

孔子诞生二千五百年纪念日，张云于广州石牌国立中山大学校长室

原载：国立中山大学丛书《黄任初先生文钞》，国立中山大学出版组发行，1949年版，第1～5页。

编者注：

张云（字子春）于1913年考入华中区的国立武昌高等师范学校（现武汉大学前身）数理化科学习。黄际遇于1914年应聘到武昌高师任教授兼数理部主任，授数学物理等课程，成为张云的老师，自此他们结下了深厚的亦师亦友情谊，并一直保持到生命终结。

附录三
《黄任初先生文钞》序
◎詹安泰

　　大道未丧，斯文在兹。修名已立，芳风不坠。是以龙门载笔，将以藏之名山；魏祖论文，谓为经国大业。胎息既深，寝馈弥众；雅郑迭奏，藻饰宏开。自南朝之雅士，暨北地之胜流，靡不穷气尽性，握椠怀铅，希从绣虎之奇，莫惮雕虫之诮。况乎负隽上之才，究天人之学，言行有盛德之风，艺业备述作之茂，有若澄海黄任初先生者，其可不永广其传，昭示来学哉？

　　是则有张君子春，南州英彦，天算名家。称孔门之高第，任马帐之传经，为辑录遗文，将付剞氏。以余与先生同州郡，稔先生之为人，属缀片言以当喤引。余以先生扬历中外，掌教上庠。目如耀星，舌如闪光。边孝先之腹笥，崔季珪之朗畅，抗座论乎徐陵，妙清言于乐广，固已青土蜚声，河洛鹰扬，群士臻向，东南物望者矣。自名高于天下，宁假士安之序太冲？倘声希于骥尾，窃附彦升之誉文宪。

　　夫核雕象刻，递有专家，故不失其精。泰岱华嵩，不捐土壤，故能成其大。先生束发受书，英年蹑屩，万卷能通，三冬足用。小学雅训，尤所婢研，得许郑之心传，知戴段之未逮，斐然有作，卓尔不群。顾神明在抱，故步难封，理广照而弥周，气深函而愈厉。凡倭国晳氏之书，历算天文之术，旁推交通，兼究并习。俯钩重渊之深，仰探九乾之远。譬馆沧海，莫际其澜，如人天都，谁窥其阃？斯则茂先博物，未足方其闳通；彦渊书厨，犹尚逊其遍洽也。若乃振采摘藻，云蔚霞蒸，极貌穷形，吹尘镂影，或上鲍家之封事，或为甘蔗之弹文，或游金谷之名园，或过王珣之别业；并皆睹物兴情，随时摅抱。张仪檄楚，以古郁称奇；孝山颂师，以壮劲标胜。陆士衡之激扬，鲍明远之跌宕，独有千载，时复一遭。犹复远本班蔡，法其典则；近承汪洪，运以神思。用能兼赅众长，独树一帜，深穷黄泉，高出苍天，大含元气，纤人无间也。

　　属天方荐瘥，人惊丧乱。黍离麦秀，时或兴嗟；穷谷空桑，宁能无感？中情结辖，放为邹宋之大言；孤愤慷慨，隐于庄韩之寓语。即交亲还往，联语哀章；亦百炼千锤，惊心动魄。凡兹瑮碎，散见日钞，片羽吉光，举堪传世。昔求阙、越缦，别有专钞；常熟、湘潭，不无分辑。兹编有录，略仿厥例，各存面目，粗见纪纲。至夫天算之式，象棋之谱，字用佉卢，图例梅花，别俟影行，此不具载云尔。

　　　　　　　　　　　　　民国三十八年夏，饶平后学詹安泰敬序

原载：国立中山大学丛书《黄任初先生文钞》，国立中山大学出版组发行，1949年，第7～8页。

编者注：

詹安泰（1902—1967年），字祝南，号无庵。广东省潮州市饶平人。中山大学中文系教授，著名古典文学学者，文学史家和书法艺术家。

附录四
文理兼通的黄际遇教授

◎黄义祥

广东澄海县人黄际遇（字任初，别号畴盦）教授（1886—1945）曾于1927年至1928年、1936年至1938年、1940年至1945年任教于国立中山大学。

黄际遇第一次到国立中山大学任教虽缺具体资料作证，仅有一处地方提及。国立广东大学于1926年8月17日改名为国立中山大学后，曾停课一学期进行整顿、革新，将理科改称自然科学科，将数学系改为数学天文系，并筹建天文台，此乃全国各大学之首创。此时，学校改革措施之一，是向国内外聘请著名学者来校任教。黄际遇教授就是此时聘请来校任教的。

1927年3月1日，国立中山大学举行了隆重的开学典礼，学校出版部为此出版了《国立中山大学开学纪念册》其中有各科、系基本情况的介绍。在《国立中山大学自然科学科最近之实施与计划》一文中提及该科原有教授（按所列名字）共十人，"本学期更添聘教授黄际遇、王若怡、叶良辅、陈可忠、李敦化、大学委员兼教授朱家骅、兼教授张禄、华祖芳、张巨伯……皆系一时之选，负名望于科学界者"。黄际遇教授是作为著名学者应聘而来的。

黄际遇教授来校是1926年度第二学期，这学期在这本纪念册所载数学天文系课程表中，没有标明任课教师的名单，故黄际遇教授所任课程不得而知。而从1927年度第一学期起，自然科学科（1929年4月改称理科，1931年9月称理工学院，1934年7月至1952年称理学院）各系课程也标明任课教师名单。从有关资料可以看出，黄际遇教授与当时在校的许多名教授一样，担任多门课程，课时相当多，且课程门类不断增加，甚至从理科跨过文科。

1927年度第一学期，《国立第一中山大学日报》（当时全国成立了第一、第二、第三、第四及其他一些地方成立的中山大学约十所，孙中山创办的这所为第一所中山大学）于1927年9月29日和10月3日刊登的《自然科学科本学期各系课程表》中，列出黄际遇教授担任的课程、课时是：数学天文系一年级的进级代数，每周4课时；数学天文系二年级、三年级的必修课和化学系二年级选修课数论，每周2课时；数学天文系三年级的必修课微积分，每周6课时；物理系二年级、化学系二年级和矿物地质系二年级的必修课微积分，每周3课时。上列共四个学系六个年级讲授三门课程，每周课堂教学达15个课时之多，若没有高深学问，是很难做得到的。

1927年度第二学期，他在原任课程基础上又开设三门课程。《国立中山大学日报》（全国除本校作为唯一纪念孙中山保留中山大学名称外，其他各地中山大学均改为所在地之名）在1928年2月15日和16日刊登的自然科学科各系课程表中，黄际遇教授除为物理系一年级开必修课微积分、每周3课时外，还开设了数学天文系二年级和三年级的必修课行列式每周3课时，数学天文系三年级必修课微分方程式每周3课时，必修课函数论每周3课时。一学期讲四门课程，每周授课12课时。

这期间，自然科学科创办的学术刊物《自然科学》于1928年5月问世，黄际遇教授在该刊物的第一卷第一、二、三期分别发表了论文《音理余论》《一》《错数》《MOnge方程式之扩张》。

1928年度第一学期，黄际遇教授请假去了北方，原打算销假后回校执教。不料于1929年1月间，尚未更改为地方名称的河南中山大学查良钊校长给国立中山大学来函，"略谓黄君现在伊校，任校务主任，兼数学教授，学子倾心，同人敬爱，一时万难听其回粤，希为慨允，另聘专才等语……本校只以勉副雅怀，谨从台命，他时有缘可假，仍希再赐教益为词"①，函复河南中山大学校长。

黄际遇教授任教河南中山大学不久，即被聘为该校校长，进而来函，欲与国立中山大学交换教授。其来函意略谓："学程长进，端赖良师，博访专家，自不容缓。顾吾国内席珍可聘，寥若星晨，而贵校中则泰斗多罗，素称渊数。楚材晋用，古有尝闻，捐彼注兹，理堪相助。可否定期交换，酌予讲座轮迴，倘承枉屈高轩，俾共发扬文化，料能赞许望即还书等词"②。本校函复，略谓育才国家，天下为公，"事若可能，乐从同意，惟需要像从何科，条件如何拟定，仍希还示酌办"③。除交换教授外，还来电索赠本校出版之教育论文索引二册，学校已转教育学系邮寄该校。④

1936年2月，时任国立山东大学文学院院长兼理学院院长的黄际遇教授，应聘回来国立中山大学任教授，列入不分系教授（不久为工学院教授），分别为理学院、工学院、文学院任课。为理学院数学天文系新开选修课程连续群论，并开设必修课程微分几何；为工学院化学工程系、电气工程系讲授数学；为文学院中国语言文学系主讲骈文研究。1938年10月，由于日军的入侵，广州沦陷，黄际遇教授移居香港。

1940年秋，在代理校长许崇清教授主持下，当时迁至云南省澄江县国立中山大学，再次历经颠沛流离，艰辛地迁往粤北坪石办学。黄际遇教授再次被聘回学校任教，担任学校校长室秘书兼理学院数学天文系主任。被誉为"岭南才子"的黄际遇教授，在大量行政事务缠身的情况下，不仅主讲本系的数学课，还继续为文学院中国语言文学系讲授历代骈文。他常风趣地对人说："系主任可以不当，骈文却不可不教"⑤。他的教学十分生动，据1943年在坪石铁岭读中国语言文学系三年级的学生何其逊回忆：当时黄际遇教授"爱穿一件玄色长袍，胸前缝有两个特大的口袋；左边放眼镜，右边放粉笔。据说这种独特方便的服装是他的独创。头堂课时，全班学生都笑出来，而黄老对此却并不责怪，还是一个劲儿地在摇头晃脑、拖声咬气地吟咏汪中的《吊黄祖文》。而且还伴随着那抑扬顿挫、悠扬悦耳的潮州口音，以手击节，用脚打板，连两眼也眯缝起来，脑袋也在不断地划着圆圈"⑥。同学们都习惯他的教法，对他那潮州哼声也感到亲切悦耳。他还用篆文书写黑板，"既写得快，又写得好,真够得上铁划银钩"⑦。同学们都觉得,"上黄老师的骈文课,真是如坐春风,如饮醇酒,无时无刻不享受着文学艺术的熏陶"⑧。他的弟子很多,当时的教育部长陈立夫、曾任中大代理校长张云,都是他的学生。

不幸的是,在庆祝抗日战争胜利的大喜日子里,国立中山大学分散在各地办学的师生陆续返回广州原校址过程中,黄际遇教授坐船返校,于1945年10月21日途经清远时堕水遭难,时年60岁。

黄际遇教授执教数十年,"道德文章,为时景仰"。逝世消息来,"闻者惜之"。由代理校长金曾澄,新任校长王星拱和原代理校长张云、教务长邓植仪、总务长何春帆等发起,于1945年12月16日在广州市区文明路国立中山大学原校址附小礼堂举行黄际遇(任初)教授追悼会,由教育部特派员张云教授主祭,张云、张作人两位教授先后报告黄教授生平事略,"对其道德文章推崇备至"。金代校长、邓教务长等相继上台演说,深切悼念黄教授。治丧委员会并决定,组织黄际遇教授著作出版委员会、筹集奖学基金,以作纪念。

从1945年12月19日至31日,《国立中山大学校报》对黄际遇教授逝世后的悼念活动予以大篇幅的报道。12月19日,在《校闻》栏目中,报道《黄任初教授追悼会日昨举行》。12月22日,在《专载》栏目中,刊登《黄任初教授追悼会祭文》。12月24日至31日的《专载》栏目,连续7天刊载《黄任初教授追悼会挽章(即挽联)》。

敬献挽联的有:国立中山大学前校长戴传贤(戴季陶)、前校长朱家驹、前代校长张云、代校长金曾澄,教务长邓植仪、总务长何春帆、研究院院长戴朝阳和各学院院长、系主任、教授及其他有关人员罗雄才、陈宗南、张作人、萧锡三、刘俊贤、任国荣、戴笠(戴辛皆)、刘侯武、陈安仁、吴尚时、李慰慈、黄巽、万仲文、林仰文、阎宗琳、何学骥、郑师许、罗炳门、杜定友、何绍钦、卓炯、李雨生、李文尧、朱子范、陈邵南、卢文、吴三立、周魁、张掖、胡章、胡金昌、许淞庆、何衍璿、叶述武、邹仪新、郑衍苏、沈国华、丘陶常、曾纪经、苗文绶、丘文立、朱志涤、朱志沂、黄昌谷、容肇祖、罗潜、吴康等140多人,以及各有关单位,如工学院全体员生、研究院农林植物研究部、农学院农林植物研究部、文学院全体员生、法学院全体职员、医学院全体职员、农学院同人、地质系全体同人、先修班全体教职员、附中全体员生、学校会计室、学术文书室、黄际遇教授治丧委员会全体委员、潮州八邑会馆等。

此外,《国立中山大学校报》于1945年12月26日还报道了《本校潮籍死难员生追悼会昨假附小礼堂举行》的情况,"黄任初教授暨祥发、祯祥两轮死难员生,本校业已举行追悼会,叠志前报。本校潮籍员生,以同乡死难,悲痛特深,昨二十三比上午十时,特再假附小礼堂,遍请各机关同乡联合追悼,与会者二百余人"。

及后不久,黄际遇(任初)著作出版委员会出版了《黄任初先生文钞》,被列为"国立中山大学丛书",稿费用作"黄任初先生奖学基金"。

原注：

① 《黄任初先生未克复行南来》，《国立中山大学日报》1929年1月18日。

② 《河南中山大学欲与本校交换教授》，《国立中山大学日报》1929年7月24日。

③ 上揭《河南中山大学欲与本校交换教授》。

④ 《河南中山大学索赠丛书》，《国立中山大学日报》1929年10月24日。

⑤ 何其逊：《岭南才子亦名师》，《中山大学校报》1984年11月10日。

⑥ 上揭何其逊文。

⑦ 上揭何其逊文。

⑧ 上揭何其逊文。

原载：《凝聚中大精神："中大精神与校园文化建设"大讨论文集》，中山大学出版社2001年版，第281～285页。

黄义祥，中山大学校史研究专家、研究员。

附录五
国立中山大学旧址图片

◎黄小安

国立中山大学南门牌坊（正、背面）建于 1935 年（民国二十四年）。摄于 2014 年 1 月

国立中山大学法学院奠基石　碑文：

中华民国二十三年（1934 年）十一月十一日国立中山大学法学院奠基于此

董事　胡汉民　萧佛成　邓泽荣　林云陔　陈济棠　许崇清　林翼中　区芳浦　邹　鲁立石

校长　邹　鲁书石

国立中山大学理学院物理数学天文教室，建于 1934 年（民国二十四年），现为华南农业大学 4 号楼。摄于 2013 年 11 月

国立中山大学天文台建于 1936 年（民国二十五年），拍摄时为华南农业大学农村政策研究所。摄于 2013 年 11 月

后　　记

◎ 黄小安

记得小时候家中有一排书架，架前通道是我夏天午睡的地方。每次放学回家，把凉席往地上一铺，此处便是我的天地。书架上放满了书，都是父母常用的，无甚特别。但是，其中一层摆放着一包包用牛皮纸封存的东西。这是些什么？因为历史的种种原因，我父亲黄家教从未很清晰地告诉我们，只有在他打开晾晒一番时，我们才从旁悟到点滴。原来这些就是我的祖父黄际遇（字任初）的遗物，包括其个人日记及中国象棋谱等手迹原稿。

20世纪60年代及80年代，父亲与祖父的好友均有编辑出版《黄际遇先生文集》（以下简称《文集》）之议。中山大学中文系黄海章教授两次均预为之作序，父亲亦积极参与其中。由于种种原因，《文集》未能出版。父亲将黄海章教授1982年写的《〈黄际遇先生文集〉序》送载于《中山大学学报》1990年第1期，而使此序得以保存。他还将此序恭敬地誊写了一遍。1995年，父亲将祖父日记手稿赠予潮汕历史文化研究中心永久保存。然而，我们已隐隐感觉到父亲对此事的萦怀。

2007年，我和我的先生何荫坤先后面临退休后日子如何度过的问题。先生提出凭我们之力整理祖父日记的建议，我亦有尝试一下的念头。于是，我们便开始有意识地收集资料，做前期准备。2009年8月，我有幸受邀到汕头做摄影交流。不知是心血来潮，还是实有牵挂，在当地摄影界朋友的陪同下，我走访了潮汕历史文化研究中心，寻视曾伴儿时午梦、既熟悉又陌生的"伴侣"。时光荏苒，原50册棋谱《畴盦坐隐》已佚，日记亦只余《万年山中日记》24册（共27册，佚第15、16、17册）、《不其山馆日记》3册（共4册，佚第1册）、《因树山馆日记》15册（佚第6册以及第16册以后各册）、《山林之牢日记》1册等共43册在此落户安家。翻开日记，桃花依旧，人面已非，这更暗暗坚定了我抹抹尘埃的决心。

2008年6月，由陈景熙、林伦伦两位学者编著的《黄际遇先生纪念文集》出版。2014年7月，潮汕历史文化研究中心将日记合编名为《黄际遇日记》（以下简称《日记》）交汕头大学出版社影印出版。此二事对我们来说，除具先导及鞭策意义外，在资料的征集、整理、编注等方面均给我们提供了较大的方便。在此，感谢他们为此做出的努力。

然而，影印本毕竟是手写的，虽说撰写日记时间离今不算太久远（80年左右），但读写差异之大超出想象。日记大多为毛笔楷书，亦不乏篆书、行书及章草，文字大量使用古体，有得即记，文不加点，不假排比，多为治学心得，包括历史、文学、数学、楹联、书信、棋谱（中国象棋）等内容，是祖父在工作之余用以自我鞭策的个人流水簿。因此，杨方笙教授认为，"（《日记》）给人的印象就像一座知识迷宫，万户千门，不知从何而入也不知从何而出……是部很难读的日记，除内容广博外，还由于它全部用的是文言文，有些还是华丽富赡、用典很多的骈体文，文章里用了许多古今字或通假字，而且绝大部分没有断句、不加标点。如果读者不具备一定的文字学知识，几乎触目皆是荆棘，无从下手"。蔡元培先生曾云："任初教授日记，如付梨枣，须请多种专门学者担任校对，始能完善。"要将如此卷帙浩繁的《日记》译为简体字，整理归类，便于今人阅读，以我们夫妻二人"业余爱好者"的身份，应无可能。这十年间，应验了杨教授之语"触目皆是荆棘"，我们也曾有放弃之念头。但是，常有人为了修订整理各类史料"打扰"我，尽管祖父日记影印本已经出版，他们依然很难查找到各自所需。这让我想起中山大学中文系陈永正教授对我说的一句话："小安，你作为后人，有责任将文物变为文献。"祖父的日记不仅有上述之亮点，更有其重要的写实性与记录性。作为后人，我明白了我的"试错"，才能让更多的人有机会去完善。正是长辈、专家、朋友们的关爱与鼓励，使"无知无畏"的我有了"舍我其谁"的胆量，"不够完美"也许正是这套丛书的特点。

我们将《黄际遇日记》分类编为七部分，即"国立山东大学时期""国立中山大学时期""师友乡谊录""畴盦坐隐""畴盦联话""畴盦学记""畴盦杂记"。这七部分既是一个整体［用"黄际遇日记类编"（封面用字选自黄际遇先生手稿）作为其丛书名］，又可独立成篇。其中的注释部分，本是我们在整理《日记》的过程中作为辅助的一道工序，资料来源除了《辞海》外，主要还是以网络资料为主，然总感觉把这些资料藏于书箧有点可惜，因此将其简化后作为注释一并刊出，希望对大众能有一定的参考价值。

基于本类编的特殊性，特此说明以下几点：

1. 本类编为日记体，根据祖父日记手稿影印本整理而成。由于手稿中存在一些看不清楚、看不明白的字词句，难免导致整理时出现与原文不一致或者语义较含糊的情况。

2. 祖父的手稿，为其日常记录的随笔，故日记中出现的有关书名、学校名、机构名、人名、地名以及英文名称、数理化公式等内容难免存在错漏和前后不统一的问题，为了尊重作者的原稿，在此保留日记原貌不做更改。

3. 本类编中的日记撰写时间距今80年左右，日记手稿多为毛笔楷书，亦不乏篆书、行书及章草，且多为繁体字，兼用通假字、异体字，现全文改为规范简体字,但无对应简体字及简化后有可能导致歧义的繁体字、异体字则保留原字(包括人名、地名),以不损日记原意。

4. 关于节选的说明。本丛书为类编,会将同一天的日记内容按照类别进行拆分或做相应删减,因此书中篇目多为节选。为了简洁,在目录与正文中不一一标注"节选"二字。

转瞬间,距黄海章教授作《〈黄际遇先生文集〉序》又过去了30多年,当年曾参与编辑策划《文集》者大多已作古,健在者亦到耄耋之年。我们在此用此序作为本书的"序"之一,部分缘于黄(海章)公公与我家的世谊,但更多的是缘于我们对先辈们言行文章的崇敬。在此,要感谢的人很多。首先是今年已96岁高龄的母亲龙婉芸,她是我能将此事坚持到底的最大支持;同时告慰父亲:您一直萦怀于心的事情,我们尽力了,如今,我们特别能理解您为什么一直不敢将此重任寄托在我们肩上。其次是我的哥哥与两位姐姐,多亏他们分担了照顾母亲等许多家务琐事,让我能够专心致志。再次是在康乐园看着我们成长的中山大学中文系黄天骥、曾宪通、陈焕良教授,他们都已年过八旬,黄叔叔主动为此书作序,曾叔叔、陈叔叔不厌其烦地解答我的问题。还有就是我的小学同学钟似璇,他不仅帮忙查找资料,还在数学及英文方面给予指导与校正。最后是中山大学出版社的领导与编辑,因他们的敬业与"宽容",才让此书顺利付梓。另外,我的先生何荫坤,为了编注此丛书,自修了许多课程,留下了十几本笔记、上百支空笔芯和三块写坏了的电脑手写板。虽然他去年因病离世,未能等到本套丛书付梓的一刻,但他是相信会有这么一天的。他那副一步一步验证祖父日记中棋谱所用的中国象棋,我将永久珍藏。

黄小安
2019年4月20日

2009年8月,黄小安在潮汕历史文化研究中心查阅资料